JN027306

吉右衛門

「現代」を生きた歌舞伎役者

渡辺 保

慶應義塾大学出版会

吉右衛門　「現代」を生きた歌舞伎役者　目次

八、人生の終わりに　325

吉右衛門の死

吉右衛門の訃報を聞いた時、私は足元の大地が崩れ落ちていくような、喪失感を味わった。戦後の多くの名優たちの訃報以来、そのたびに寂寥の思いをかみしめてきたにもかかわらず、これほどの異様な喪失感は体験したことがなかった。

それは吉右衛門が単にかけがえのない名優だったからだけではない。歌舞伎にとって歴史的な、一時代を画す象徴だったからである。むろん過去の名優たちは吉右衛門に限らず時代を象徴していた。しかし吉右衛門の場合、その時代は近代から現代への大きな転換点であった。しかもそれはようやく歌舞伎が未来につながる可能性を含みつつあったのに。吉右衛門はそういう歌舞伎の命運を背負って逝ってしまった。それまでの歌舞伎は、芸術的な密度が高くとも、その一面で趣味的な愛玩物であり、いわばいい意味での骨董品であった。現代人がギリシャ悲劇やシェイクスピアを現代の古典劇として受容するようには受け取られていなかった。その歌舞伎を吉右衛門は骨董品ではなく、現代の古典劇にした。歌舞伎の歴史は吉右衛門によって、近代から現代へと大きくその演劇としての歴史的価値を転換したのである。

吉右衛門以前のことを考えれば、戦後の歌舞伎は三つの世代に分けることができる。すなわち第一世代は——戦前からの名優三代目中村梅玉、七代目松本幸四郎、七代目澤村宗十郎、六代目尾上菊五郎、二代目實川延若、初代吉右衛門ら、前近代から近代へと生きた名優たちの時代。それは歌舞伎の最後の光芒ともいうべき絢爛豪華な時代であった。

これに続く第二世代はその名優たちの子の時代である。七代目幸四郎の三人の息子——十一代目市川團十郎、八代目幸四郎（初代白鸚）、二代目尾上松緑——を中心に、初代吉右衛門の弟十七代目中村勘三郎、六代目菊五郎の嗣子七代目尾上梅幸、五代目中村歌右衛門の次男六代目歌右衛門の六人が代表する時代であり、いわば第一世代の近代性を完成させた名優たちの時代であった。

そして吉右衛門は、そのまた子の時代に当たる第三世代の一人であった。

吉右衛門は、八代目幸四郎と初代吉右衛門の一人娘藤間正子の次男として昭和十九（一九四四）年五月二十二日、東京に生まれた。兄藤間昭暁が父幸四郎の後を継いで市川染五郎（現二代目白鸚）——「高麗屋」になったのに対して、吉右衛門は祖父初代吉右衛門の養子となって母の実家「播磨屋」の家を継ぐことになり、初代吉右衛門の波野家に入って波野久信になった。

昭和二十三年六月、数え歳五歳の吉右衛門は、東京劇場で初代の嗣子として中村萬之助を名乗って初舞台。昼の部で『俎板長兵衛』の長兵衛倅長松、夜の部の『逆櫓』で駒若丸を勤めた。

すでに十三歳の少年だった私は、この昼の部の舞台をよく覚えている。

劇中の口上があって、舞台真中に吉右衛門の萬之助、上手に父方の祖父七代目幸四郎の寺西閑心、下手に母方の祖父であり、今は養父になった初代吉右衛門の幡随長兵衛が並んで芝居を中断して客席に向かい、萬之助初舞台の口上を述べた。その時の、二人の祖父の嬉しそうな老人の顔が忘れられない。しかしその二人の祖父もやがて世を去る。七代目幸四郎は翌年一月に、初代吉右衛門は六年後の昭和二十九年九月に。

その後、吉右衛門は父幸四郎や兄染五郎とともに所属していた松竹から東宝へ移籍し、帝国劇場の新築開場の昭和四十一（一九六六）年十月、二代目吉右衛門を襲名した。披露狂言は昼の部で『金閣寺』の此下東吉、幸四郎の松永大膳、歌右衛門の雪姫、松緑の佐藤正清。夜の部で『関の扉（せきのと）』の良峯宗貞、幸四郎の関兵衛、歌右衛門の小町と墨染である。第二世代の幸四郎や歌右衛門や松緑に引き立てられての襲名だったが、萬之助改め新吉右衛門は第二世代と違って、長身瘦軀、歌舞伎の定式の大道具からはみ出すばかりの、野性的な存在だった。この襲名後、今度は十二月の国立劇場開場二か月目の『菅原伝授手習鑑』の通しに、吉右衛門は「車引（くるまびき）」の梅王丸でようやくその本領を発揮した。若さ溢れる、力いっぱいの演技で、父幸四郎の松王丸、梅幸の桜丸、八代目坂東三津五郎の時平に拮抗したのである。

父の世代に次ぐ第三世代は吉右衛門の他に、三代目市川猿之助（現二代目猿翁）、七代目菊五郎、兄の九代目幸四郎（現二代目白鸚）、片岡仁左衛門、十二代目團十郎、中村梅玉、坂東玉三郎という八人。吉右衛門はそのなかで古典、それも義太夫狂言の時代物を得意として中心的存在であった。

なぜ彼が同世代八人のなかで中心的な存在であったか。それは彼の得意とした役柄と彼の芸風による。ここにいる八人のうち女形の玉三郎を除く七人が立役である。立役は役柄によって三つに分かれる。すなわち荒事、和事、実事である。荒事は力を表現し、和事は柔らかい色事師を演じ、実事は誠実な正義漢の役である。化粧（かお）を見れば一目でわかる、荒事は隈取をとり、和事は白塗り、実事は人間の普通の顔色に近い「砥の粉」を使う。

吉右衛門は当り芸が多いが、そのほとんどが実事である。荒事には「車引」の梅王丸という傑作があり、『勧進帳』の弁慶があるが、和事はほとんどない。それに比べれば『忠臣蔵』の大星由良助はじめ、熊谷、盛綱、石切梶原など、当り芸の大半が実事である。すなわち吉右衛門は世にいう実事師であり、その芸域は意外に狭い。しかし狭いゆえに深く、しかも一手専売、いってみればそれだけ手堅い商法である。それも一つは吉右衛門が天性実事に向いた芸風だったからである。

むろん同輩六人のうちにも、たとえば由良助をやる人は、吉右衛門の他にも白鸚、仁左衛門、團十郎といる。しかし由良助は吉右衛門に限ると思えるのは、逆にいえば、他の人たちは由良助以外にも当り芸があるからである。たとえば猿之助、菊五郎、仁左衛門、團十郎は早野勘平も塩冶判官も若狭助もやり、それぞれ当り芸でもある。吉右衛門だって道行の勘平、若狭助は見たが、やっぱりこの人は由良助なのである。

すなわち吉右衛門が八人の同輩のなかで中心的な存在になったのは、歌舞伎の世界の中心的な役柄を得意にして、ほとんど他を顧みることがなかったからである。たとえばいくらキレイなおかるや顔世、あるいはいい男の勘平がいても、一座に由良助がいなかったならば『忠臣蔵』は成り立たない。由良助役者が一座の大黒柱になるのはそのためなのである。

芸域の狭さはそればかりではなかった。狭いゆえに深くなる。そのために吉右衛門には二つのことが起こった。一つは役を深く掘り下げるために、その役の本質、取り分けてその役の人間性に到達した。彼は敬愛する初代吉右衛門の芸を継承すると同時に、初代とは違ってそこに描かれた役の人間

――現代にも通じる「人間」を発見した。

もう一つは、先祖伝来の型を身体化すると同時に、そこに現代的な意味を付与することに成功した。古典の様式と現代的なリアルな感覚との融合に成功したのである。思いがけないほど現代に稀な古怪さを実現すると同時に、そこにリアルな人間的な感情を繰り込むことに成功した。

その結果、たとえば『俊寛（しゅんかん）』では家族とは何か、『矢口渡（やぐちのわたし）』の由良兵庫では敗戦のなかで武人はどう生きるか、『一條大蔵譚』の大蔵卿では独裁軍事政権のなかで人はどう抵抗すべきか、あるいは『新薄雪物語』の幸崎伊賀守では人間の絶対的自由とは何かを描いた。これは初代吉右衛門の芸の面白さとは違ってシリアスな人間の演技であった。

ここにおいて歌舞伎は過去の遺産、道楽の骨董品ではなく、現代に生きる演劇として再生した。現代人に必要欠くべからざる演劇になったのである。ここで歌舞伎は近代から現代へと、吉右衛門によって生まれ変わり、歴史的な転換を遂げた。

むろんそういう試みは吉右衛門一人のものではなかった。しかし吉右衛門に於いて誰よりも本質的であり、それ故に吉右衛門はこの近代から現代へという歌舞伎の歴史的な転換の大舞台の主役になったのである。かくして吉右衛門は数々の当り芸を見せた。その詳細は後に述べる通り。

しかしその吉右衛門も、令和三（二〇二一）年三月歌舞伎座の『楼門五三桐（さんもんごさんのきり）』の石川五右衛門の興行中に病に倒れ、多くの人々の願いも空しく同年十一月二十八日、七十七歳で世を去った。

その訃報を聞いた時、私の感じた喪失感はここに原因がある。それは一俳優の死の悲しみではなく、歌舞伎の一時代の陥没の恐怖を意味したからである。

歌舞伎はどうなるのだろうか。その未来への役割を担っていた吉右衛門を失ってどうなるのか。大黒柱を失うということは、その柱の示していた規範の喪失である。そう思った時、私は茫然たらざるを得なかった。この時、私にできることは何か。たった一つ、吉右衛門の仕事を検証し、それを後世に伝えることでしかなかった。したがってこの本は吉右衛門の伝記ではなく、吉右衛門の個々の舞台の景色を描いて、その意味を検証するものである。全体像よりも断片。その断片にこそ神が宿って正確な吉右衛門の芸の全体を示すだろう。その全体はこの個々の細部によって読者の心のうちに結ばれれば、これに過ぎる幸いはない。

一、荒事の美しさ

飛び梅の美しさ——梅王丸

『菅原伝授手習鑑』「車引」

荒事は歌舞伎の花、そのなかでも「車引」の梅王丸は荒事を代表する役の一つである。

そして吉右衛門の「車引」の梅王丸は吉右衛門生涯を通しての傑作であった。吉右衛門襲名直後の国立劇場では、その若さ、若い力によって傑作であり、その晩年には芸の力の円熟によって優れていた。すなわち生涯のその時々において、その時々の芸の位置において優れていた。

梅王丸は人形浄瑠璃『菅原伝授手習鑑』の登場人物である。『菅原』は菅原道真の人生、ことに道真が政敵藤原時平の陰謀によって九州大宰府に流罪になった事件を描いて、その大きな政変に巻き込まれた周囲の人々の悲劇を描く。その一人白太夫は道真の領地山城国佐多村の下屋敷の管理人であり、当時としては珍しい三つ子の男の兄弟の父親であった。三つ子誕生を吉兆として喜んだ道真は、成人した長男の梅王丸を自分の御所車すなわち牛車の舎人（御所車を引く牛を飼う職業）とし、次男松王丸を、その頃はまだ政敵ではなかった時平の舎人に、三男桜丸を天皇の弟で皇位継承権第一の斎世親王の舎人とした。

その梅王丸は『菅原伝授手習鑑』全五段の内、初段の「筆法伝授」と三段目の「車引」と「佐多村」、四段目の「天拝山」、五段目の「大内」に登場する。しかし最も重要なのは「車引」であって、その他の場面では脇役にすぎない。

「車引」の舞台は京都の吉田神社。ここへ参拝に来た藤原時平の行列に、偶然遭遇した梅王丸と桜丸が襲いかかった。すでに道真左遷によって梅王丸は職を失い、この政変に連座した斎世親王も蟄居、桜丸も浪々の身の上。二人はその恨みから時平の行列を襲った。しかしその行列には松王丸がいたうえ、時平の威光によって二人は敗退してしまう。ドラマとしては単純な短い幕である。しかし、この幕が人形浄瑠璃から歌舞伎に輸入された時点で大きな変化が起こった。登場人物を全て荒事で演じるという演出ができたのである。たとえば現在の演出では、梅王丸は車鬢に二本隈、紫と白の童子格子の着付け、黒の丸ぐけの帯という典型的な荒事の拵えであり、二度目の出からは三本太刀になる。隈取でいえば松王丸は一本隈、桜丸は剝き身、時平は公家荒れ、金棒引きは猿隈といった具合で、隈取をしないのは仕丁くらいである。こうして梅王丸は、「車引」の主役になり、荒事という役柄の代表的な役になったのである。演技的にも元禄見得はじめ荒事の見得が数多くあり、最初の回廊の場からの引込みには荒事の典型である飛六法が使われている。

荒事は人間の力の表現である。したがって若さの潑剌としたエネルギーがいる。その瑞々しさとともに新鮮さもいる。それと同時にそれが一つの表現になるためには、美学が必要であり、そこに芸としての丸味がいる。その丸味が出るには力が美しい表現になるための年功がいる。私自身の体験でいえば、荒事の本当の味わい、骨法を知ったのは、すでに老年だった七代目松本幸四郎の助六や弁慶、あるいは七代目坂東三津五郎の荒獅子男之助や踊りの助六、押し戻しであった。すでに新鮮さや若さを失った老優たちは芸で「力」を表現した。そこにはただの若さではなく、独特の丸味があったのである。二代目尾上松緑の最後の梅王丸は、その顔の隈取さながら輝くごとくであったが、もうその時は手足が充分に動かなかった。私は松緑が荒事のために自分の人生を全て捧げたことを思った。

吉右衛門もまた晩年の梅王丸において、荒事の芸の美しさを見せた。すなわち平成二十二（二〇一〇）年一月歌舞伎座。松王丸は九代目幸四郎（現二代目白鸚）、桜丸は七代目中村芝翫、杉王丸は中村錦之助、藤原時平は五代目中村富十郎の初役だった。

まずいつもの通りの塀外。深編笠の梅王丸と桜丸が出て「話すことあり」「聞くことあり」になる。「とつおいつ心ははやれど」と梅王丸の述懐があって、さすがに芝居上手の吉右衛門、歌舞伎座の広い客席の隅々にまで通るせりふの面白さ、微細な心持ち、政変によって追い込まれた道真一家、自分たちの事の成り行きを聞かせる。二人が深編笠を傾けて嘆くところへ、金棒引きが藤原時平の行列の来ることを知らせてくる。

うなずきあった二人がお定まりの一、二、三とイトに乗って舞台端へ進んで、イキを合わせて編笠を取る。桜丸は横へ、梅王丸はタテに後ろへ。その笠が取れた顔を見た時、私は胸をつかれた。吉右衛門の白い顔に紅の二本隈、そのあざやかさに目を奪われたからである。その古怪さ、その大きさ、その隈取の荒々しい力が歌舞伎座の広い舞台いっぱいに溢れていたからである。隈取は第一に役者の顔にのらなければならない。第二にそれが生きて顔と一体に生きなければならない。

私がそういう顔を見たのは、すでにふれた通り、昭和五十（一九七五）年十一月歌舞伎座の二代目松緑最後の梅王丸以来であった。しかしあれだけの美しい隈取が生きながら、もう松緑の身体は自由には動かなかった。体が動かなくなるまでかかって松緑はあの美しさを獲得した。その松緑と同じ年輪が今、吉右衛門の顔に輝いている。それを思えば、私はその顔の輝きに奇蹟を見る思いがした。

しかし驚くのはまだ早かった。

「そんなら梅王」「来い来い」で花道を飛六法で梅王丸が入ると、道具が変わって吉田社頭の鳥居先になる。

そこからが大変だった。吉右衛門の梅王丸は気力充実、力の限り根限り目一杯に体を使った勢いで、引っ込みの飛六法の怒濤の勢い。尾崎紅葉の一句を思い出させた。

飛び梅や贔屓のなかを一文字

この句はおそらく九代目市川團十郎の梅王丸の姿を詠んだのだろう。「飛び梅」は道真遺愛の庭の梅の木が、九州大宰府へ「飛んで」行ったという伝説の「飛び梅」と梅王丸の「飛び六法」がかかっている。『菅原』の作者も、梅王丸に飛六法という演出を考えた役者も「飛び梅」――梅王丸という美しさのなかに生きていて、尾崎紅葉は客席のなかに一本伸びた花道を飛んで入る梅王丸の姿を詠んだのである。吉右衛門の梅王丸もそういう姿に生きて一陣の旋風のようであった。

梅王丸と桜丸が入って、チョンと柝が入り道具が変わると、三本太刀になった梅王丸が花道から駆け出してきて「車やらぬ」の大手を広げた大見得になる。それから「梅王丸あざ笑い」の大笑いがあり、床の三味線にのって掌へつばきを吹きかけ、舞台端へ一歩二歩と出て双肌脱ぎになって、左手で大刀を持ち、右の拳を顎の下にもってきての大見得になる。

それから「時平公の尻こぶら、二つ、三つ、五六百」とノリ地になっていい、一つ廻って刀を持っての斜めの見得。さらに「堪忍なんねエ」の元禄見得。床の「大手を広げて」で両手を広げての見得まで。いくつかの見得があり、その形の美しさ、力の躍動感が荒事の真骨頂である。この役を得意にしていた六代目尾上菊五郎は、その芸談（『芸』改造社、昭和二十二年）のなかで、これらの動きには単に勢いだけでなく、その動きに丸味があることが大事だといっている。むろんそれこそが荒事の美学。そのためにその動きの基礎には踊りで鍛えたものが必要なのである。しかし吉右衛門の梅王丸はそういうものとは一味違うものだった。丸味の美しさよりも、体をいっぱいに張った力動感に溢れているのが、私に衝撃を与えたのである。

たとえば「時平公の」の前へ両手を出しての突き出すような勢い。鼻を鳴らしてのお定まりの元禄見得まで、息もつかせぬ、一分のスキもない力動感でその迫力は凄まじいものであった。

それは荒事の力の表現であり、魂であった。

しかしその力は、六代目のいう丸味を帯びたものとは違っていた。それは六代目が力の表現において、その造形的な美しさを追求しているのに対して、吉右衛門の場合は力の造形というよりも、体全体をぶつけていくような全体的な、ほとんど気力、体力の限界に挑戦するような、力そのものの表現だったからである。

そこに私は吉右衛門なりの荒事があると思う。

吉右衛門は後にふれるように「寺子屋」の武部源蔵も当り芸であったが、「車引」の梅王丸は、とても同じ狂言の登場人物とは思えないほど感覚も違えば造形も違い、そして何よりも役柄が違った。すでにふれた通り、歌舞伎の立役には大きく分けて三つのジャンルがある。荒事、和事、実事である。荒事はその名の通り荒々しい男の魅力の表現であり、梅王丸はすなわちこれである。その象徴は化粧の隈取。和事はその対極にある。柔らかい色気のある男の役柄である。『菅原』のなかでいえば桜丸の役どころである。そして実事の「実」は、リアルという意味ももちろんもっているが、人間の誠実という時の「実」にも通っている。いわば世間の正義を貫く人間の役であり「寺子屋」の武部源蔵はその一つである。

とすると荒事の梅王丸と実事の源蔵は、全く違う対極にある役柄である。事実、吉右衛門は、この二つの役を対照的に演じてみせた。そこにこの人の面白さがあったといっていい。

梅王丸はひたすら自然に生き、力いっぱい。そこには激情のみがあって、なんの苦悩もない。一方源蔵は理知的であり深い思索があって苦悩がある。二人の男は対照的である。しかし吉右衛門の二つの役は一点共通点がある。対照的であればあるほどそこに見えてくるものがある。それはリアルさといってもいいものだ。

源蔵は小太郎を殺した罪を残りの人生で生き抜くしかない。その地獄をリアルに求めリアルに生きるしかない。

しかし梅王丸は源蔵と違ってその内面のリアリティをもっていない。ことに他の場面（たとえば「賀の祝」）のそれと違って「車引」においてはなんら内面をもっていない。外見だけ、つまりこの役で大事なのは荒事の形容である。しかしこの形容において吉右衛門はリアリティを発見した。彼が体いっぱいの気力体力を追及したのは、荒事がそういう力の表現を要求しているからでもあるが、それ以上にここで吉右衛門が探し求めたのが身体のリアリティだったからにほかならない。

源蔵における内面、梅王丸における身体、そこにリアリティを求めたのが吉右衛門であり、その何ものかの手応えこそが彼にとっての芝居というものであり、私たちもまたそれによって彼の舞台に感動したのである。

魂を生きる——武蔵坊弁慶『勧進帳』

『勧進帳』の弁慶は、顔は薄肉であるが、隈取こそとらずとも市川團十郎の家のものであり、従ってその精神は荒事師のものである。ちなみに江戸時代から明治九代目團十郎の死まで『勧進帳』の弁慶は歴代の團十郎しか演じていない。

吉右衛門は役柄からいえば実事師であって荒事師でも和事師でもない。『忠臣蔵』でいえば由良助、『千本桜』でいえば知盛、『菅原』では松王丸か源蔵の人である。だからあまり弁慶を演じなかった。吉右衛門ばかりでない。初代吉右衛門も弁慶は演じたが評判もよくなかったらしく、それ以後は演じもしなかったし、私も見たことがない。播磨屋の芸風がそうなのだろう。

ところが二代目は平成十七（二〇〇五）年九月に八年ぶりに演じて以来、両三度演じて目覚ましい成績を残した。本人にも特別な思いがあったらしく、八十歳にもう一度やりたいといっていたそうである。しかしその役者としてのニンからいえば決して弁慶のニンではなく、この本のなかでもこの役を当り芸としてふれるのは特殊なものというほかはない。歌舞伎のニンはそれなりに厚い壁であって、それを吉右衛門は渾身の力で乗り越えた。その方法においても吉右衛門の当り芸のなかでも異色のものであった。その異色さは単に渾身というばかりでなく、弁慶という人間の魂をそのまま手摑みにして私たち観客に直接手渡すというようなものであり、その熱情のほてりが私たちの心を焼き尽くしたのである。

その一部始終を書きたいと思う。

義経一行の最後に花道へ出た弁慶は、義経の「如何に弁慶」に「ハァーッ」と答えた後、都からここ琵琶湖の北端海津の浦まで来たいきさつを語る。吉右衛門の祖父七代目松本幸四郎は、この最初のせりふで弁慶の出来栄えがわかるといっているが、ここが最も正確で、その意味明快だったのは、十代目坂東三津五郎だった。それにくらべれば吉右衛門は明確さは劣るものの、そのかわりそこまで来た弁慶の熱情、義経を思う心情が強かった。それが自然にほとばしる。つまり形容、せりふ術の規模よりも、芝居のうまさで観客の心に直接訴えてくる力に優れていたのである。こういうところが吉右衛門の直接その魂を観客に手渡す手法の特徴であった。

いよいよ本舞台にさしかかる。ここがうまい。一歩一歩踏みしめて歩くその動きに、これから危険な敵地へ踏み込む緊張感が溢れ、その弁慶の気持ちが惻々（そくそく）と観客に伝わってくる。一歩が何里にもなる。この一足一足で私は思わず知らず芝居に引き込まれてしまった。今まで何度見たかしれない『勧進帳』が、今初めて見るような新鮮さに溢れていたのである。

本舞台へ入っての最初の富樫とのやりとりも面白い。富樫に「堅く通路なり難し」といわれて心に不審を含んで一寸首をかしげるような芝居、弁慶の気持ちが手にとるようである。そうしておいて番卒が昨日も三人山伏を斬ったというのを聞いて、一転「シテその山伏首は」と突っ込む気迫の鋭さ。誰でもやる仕事なのに、思わず弁慶の芝居に引き込まれて目が離せなくなってしまう。

弁慶最後の必死の覚悟が見え、富樫がそれでも聞かないので「いでいで最後の勤めをなさん」で「祝詞（のっと）」と呼ばれる祈りになる。祈りといいながらも富樫を呪詛、脅迫するのが弁慶のハラであるが、吉右衛門だとその表面と裏面に隠された真意が二重写しになって浮き上がってくるから、もう観客は彼の掌中のトリコになってしまう。

九代目團十郎は、この途中でそれまで座っていた弁慶がサッと立ち上がるきっかけがやかましかったそうであるが、それはギリギリのところで富樫が襲ってくるのを予想するからである。そういう九代目の意図が吉右衛門だと実によくわかった。彼の弁慶が常に富樫に気を配っていて、富樫に呪いをかける気配充分、一触即発の体勢を崩していないからである。吉右衛門の弁慶に対する富樫は、この平成十七年の時が五代目中村富十郎、その後二回が尾上菊五郎であったが、この相手二人のよさもあって水も漏らさぬ緊張であった。こんなことを感じるのは、私は初めてだった。

弁慶はこの祈りを見せて富樫の譲歩を引き出す。案の定即座に首を斬るといっていた富樫が勧進帳を読めという。一歩前進。それでも「なに勧進帳を読めと仰せ候な」で、どうしようかという顔などいっさいしない。すべてはハラのなか、そのハラがよく見えるから、そんなところでは芝居をしないのである。

そうしておいて後見座へ下って片手に勧進帳と見せた「往来の巻物一巻」を右手に高くかかげて富樫をキッと見すえて舞台真中に近くの居どころへサーッと乗り込んでくる。

いい忘れたが、この弁慶の居どころは十七代目市村羽左衛門が正確だった。彼と公開で対談するチャンスがあってそのことを聞いたらば、羽左衛門がニッコリ笑って「あれは誠三さん（この時、義経を勤めていた七代目尾上梅幸の本名）がいいからです」といった。どういうことかというと、義経が舞台下手（しもて）へ行く。そうすると弁慶はその姿をかばうように中央やや下手よりに居どころを定めなければならない。その結果、舞台中央が広く空いて、その空間をはさんで上手（かみて）の富樫、下手の弁慶という絵面になり、その空間が二人の対決のドラマをつくるのである。

　吉右衛門はこの羽左衛門の弁慶の時、富樫だった。だから毎日、弁慶の羽左衛門と義経の梅幸のしていることを見ていたのである。そこで覚えたのだろう。吉右衛門の弁慶の居どころも正確だった。この居どころの正確さがそのまま弁慶の性根そのものだったのである。

　さて、そこへ乗り込んでくる弁慶の気迫がなんともいえぬすさまじい勢いであった。袂（たもと）を翻すほどの風が舞台に巻き起こった。それが吉右衛門の弁慶の特徴であり、こういうところに吉右衛門の弁慶の富樫と対峙する必死の勢いというものがあり、観客を飲み込んでいった。勧進帳の読み上げになる。これが吉右衛門だと面白い。現代人には何が何だかわからない古くて固い言葉が羅列されているが、それが聞いていていつもと違って面白い。なぜか。「語りの芸」になっているからである。そうはいっても別に音吐朗々というわけではない。一つ一つの言葉を空間に、観客の心に刻み込むように丁寧に発していて、それが自然に聞く者の心に快感を与える。それは彼の熊谷や由良助や河内山と同じなのである。

　もう一つ吉右衛門には他の人と違うところがあった。それはこの読み上げの最後の長唄の文句にある。「天も響けと読み上げたり」の「天」である。吉右衛門は勧進帳読み上げの最初のあの勧進帳を高くかかげて乗り込んでくる時から、この「天」を意識している。いや勧進帳読み上げばかりでなく、幕切れの花道七三（花道の揚幕から七分、本舞台へ三分のところを七三という）で振り仰ぐ「天」まで終始この「天」が一貫している。

「天」とは何か。この大宇宙の下、流れる自然の運命、変転である。それと対峙し、それをジッと見つめて立つ男一人。弁慶にとって「天」とはそれであり、富樫でも義経でもなかった。自分はそれと闘う、弁慶はそういう男であり、吉右衛門はその男の人生を我がものとして生きた。だからこそこの勧進帳は「天」へ捧げる願文としての力をもって私たちに響いた。そのためにこの時の客席はいつになくこの漢語まじりの難解な文章を、実にシュンとした静寂のうちに聞いていた。

それは東大寺の僧の書いた文章ではなく、弁慶が苦しまぎれにその場で発明した言葉であり、そのためにかえってその言外に必死で、そして真情を込めざるを得なかった弁慶の苦哀が溢れたからであり、吉右衛門がその弁慶の苦哀をリアルに生きたからであった。そして弁慶のみならず、そこに生きた吉右衛門の、「物語」を語る吉右衛門の芸の年輪がそこに生きたのである。

勧進帳読み上げが終わると次は山伏問答である。「語り」の芸は一転して今度はせりふ劇の掛け合いの面白さになる。

富樫が富十郎との時は二人の気合凄まじく、一進一退、富樫が進めば弁慶が退き、弁慶が踏み込めば富樫が下がるという、その具合、その一挙手一投足が息詰まるような迫力で、思わず私は手に汗握った。二人ともそれだけリアルかつイキがいいからである。

一方、菊五郎の時、ことに最後の時は、二人とも一語一語嚙んで含めるような丁寧さで、ここでは気迫よりも言葉の意味のわかりやすさのうえでの闘いであり、たとえば「額に頂く兜巾はいかに」とくると、その兜巾そのものが現にその場にクローズアップされるうえに、それを間に二人が駆け引きをしていくというスリルが全段に満ち満ちていた。それは言葉を剣にした真剣勝負であり、その激しさは「たとはば人間なればとて」といった時の弁慶が裏向きのまま富樫に対してその全身から立ちのぼった殺気の凄まじさを思えば、充分その真剣勝負の恐ろしさが知れる。

その時、吉右衛門と富十郎あるいは菊五郎は、二人のみ舞台に立った錦絵であり、舞台の上はもとより、満員の客席にも人なきがごとく、世界にたった二人の男が立っているかのように、静寂の殺気を含んでいた。

むろん「感心してぞ見えにける」の二人立ちの見得も大事には違いない。形はどうでもいいとはいわない。形がなければ心は通じないからであるが、吉右衛門の弁慶の場合、他の役と違って形は二の次、とまではいわないとしても、芝居のリアルさ、情熱の溢れる力が形を超えるようなところがこの山伏問答にはあった。だから二人立ちの錦絵というよりも二人の人間心の彫像といったほうがいいかもしれない。

富樫が何を聞き、弁慶が何を答えるかが鮮明なために芝居が盛り上がる。二人とも芝居がうまいから虚々実々になる。ことに富十郎の場合はそうであった。

山伏問答が終わり、富樫が説得されて一行は関を通る。義経の姿を見咎めた番卒が富樫に密告する。「それなる強力（ごうりき）止まれとこそ」。呼び止め。最大の危機からこの一幕のクライマックス、弁慶の義経打擲（ちょうちゃく）へと芝居が進む。

吉右衛門の弁慶で最大にいいところはここであった。

弁慶が富樫に呼び止められて本舞台へ戻ってくる。「一期の浮沈」もその芝居の大きさ、溢れる感情怒濤のごとく押し寄せる。そこから強力が怪しいという富樫に「人が人に似たりとは珍らしからぬ仰せ」と余裕を見せておいて、判官殿に似ているといわれて「ナァニィ判官殿に似たり」と右足を引いて天を仰ぐ絶望。進退きわまってもうこれまでという決断がガラリと変わって打擲を決心する芝居の大きさ、深さ、その気転が瞬時にして客席のスミズミまでわかって大きな波になる。もうこうなれば観客は吉右衛門に引きずり廻されるだけである。この一大決断があるから、後の打擲は一気に進む。打つ時に思い入れなどいっさいしない。一直線にまっしぐら、その熱情の強さが観客に弁慶の魂を感じさせるのである。「憎し憎し」と体をゆするところなども豪快をきわめるが、それも激流のなかの一石、大事なのはそんな小石ではなく激流の激しさそのもの、それが私たちに魂を思わせるのである。

この後も富樫が疑いを解かないので、詰め寄りになる。

ここは吉右衛門晩年二回目の時（平成二十一年一月歌舞伎座）が殊によかったのは、四天王が揃っていたからである。常陸坊の四代目市川段四郎はじめ、市川染五郎（現幸四郎）、尾上松緑、尾上菊之助。菊之助はともかく弁慶役者が三人もいる。ことに段四郎は私の見た七代目幸四郎以下何十人かの弁慶のなかでもっとも弁慶にふさわしいニンをもつ人だった。むろん吉右衛門よりはるかにニンである。岩の如き無表情の一徹さ、この人以上の弁慶役者はいなかった。その人が常陸坊に廻ってのその気配り、ピンと張り詰めた空気、芝居の運びをリードする年功、さすがに段四郎だった。その段四郎を筆頭にした四天王。四天王は別にスターでも人気役者でもある必要はない、所詮脇役だからだ。しかしそれでも二つの条件がある。一つは弁慶を中心にしてイキが合っていること。もう一つはアンサンブルである。芸のイキの寸法が弁慶に合っていなければならない。

その点この顔ぶれは最強であった。これがよかったために吉右衛門の弁慶を押す力、弁慶が抑える力、その力のゆくたて、波のようにさし引く力が鮮明になった。

吉右衛門の弁慶は金剛杖を下から両手で持っている点で羽左衛門、三津五郎とは違っている。これは片方を逆にしなければならない。そうすると抑えるだけではなく、いざという時に金剛杖を武器にしての攻撃になる方向の陰陽ができる。そこが弁慶の性根である。四天王を抑えるだけではない、いざとなれば敵を討つ。

しかしそれにもかかわらず、詰め寄りの迫力は舞台を圧倒する大きな波のうねりになった。四天王がいいせいで、その四天王を必死で止めなければならない弁慶の姿を見ていて思わず胸が熱くなった。ここまでやるのか。その後の「ただしこれにて打ち殺し見せ申さん」の殺気もすごい。まさかに弁慶の脅迫とはとても思えぬ本気ぶりである。それでいて富樫が止めると途端にガラリと「只今疑いありしは如何に」と詰め寄る気迫。この機を逃さぬ芝居のうねり、もはや弁慶命がけの大勝負であることは誰の目にも明らかである。

「判官御手」は平成十七年の時が中村福助、次が中村梅玉、最後が四代目坂田藤十郎だったが、この藤十郎が絶品だった。

吉右衛門の弁慶もこの義経への愛情が気迫がこもって圧巻であったが、その気迫を受ける藤十郎の義経が弁慶を寄せつけぬ気品をもっていて、この二人の芝居で二人の階級の差が明らかだった。とかく今日では情に流れてついには友達同士のような弁慶と義経の多いなかで、藤十郎と吉右衛門には越すことのできない身分の違い、主従の関係があって、「判官御手」を取り給うてもその関係は消えるものではなかった。

階級社会での身分差は動かしがたいが、今日のような社会にはその身分差は小さくなっている。だから弁慶が義経を棒で叩いたくらいで、なんでこんな大騒ぎをするのかが疑問になる。しかし昔の身分制度からいえば、弁慶の行動は万死に値する「罪」であり、その罪を犯せばこそ弁慶ほどの勇士が「しおれかかり」し風情になる。この「罪」の深さを示した弁慶は吉右衛門ただ一人。それも藤十郎の寄せつけぬプライドと紙一重の情愛の深さから自然に導かれたのかもしれない。

「ついに泣かぬ弁慶」もこのために泣く。

その後の戦物語は、石投げの見得が独特であった。右手をかざして右足を踏み出しての、ここにだけツケが入るという大見得、かざした右手から向こうをのぞくようにしたところがユニークであった。富樫二度目の出から「人目の関」の愛嬌のほかはさしたることもなく、花道の飛六法の引っ込みまで。以上、吉右衛門の弁慶は、芝居のうまさによって弁慶の人間、心持ちを赤裸々に描いて、その人間性、魂をじかに鷲づかみにして観客に手渡しにする特異な弁慶であった。それはニンにない役のためだろう。

吉右衛門の本当のニンに合っているのは、むろん弁慶よりも富樫であった。

吉右衛門が羽左衛門の弁慶、梅幸の義経に富樫をやったことはすでにふれた。その後も何度か富樫を勤めたが、平成三十（二〇一八）年一月歌舞伎座、染五郎改め十代目幸四郎の襲名の時に甥の弁慶に付き合って勤めた富樫が天下一品であった。

まず山伏問答が面白い。吉右衛門一流の名調子、芝居の運びのうまさ、大抵の富樫が棒立ち、一本槍の単調さであるのに対して、吉右衛門にはこまかい動き、その丁寧な芝居運びがあって面白い。たとえば「ハバキは如何に」というところである。そこで吉右衛門は弁慶の足もとを見る。それが決して説明ではなく自然に視線がそこへいって「ハバキ」がなんであるかを観客に感じさせると同時に、富樫という人間を立体的にする。これがわかりやすいだけではなく、芝居の面白味なのである。

これは吉右衛門の弁慶にもいえる。そして弁慶の質問に答える側の苦労が弁慶をやったからこそわかっている。それが富樫の人間を奥深くしている。そればかりではない。富樫のわかりやすさが弁慶のわかりやすさになり、それによって弁慶が成長したのと同時に、また富樫が成長していく。その結果大事なことは、富樫が弁慶という人間に徐々に共感をもっていくのがよくわかったのである。そこが大事だろう。

この共感は芝居全体に広がって、富樫の性根になる。その証拠はその引っ込みにあらわれる。普通は、富樫は弁慶が義経を打擲するのを見て、ここまでするのかという思いでその証拠にフッとこみ上げる涙をおさえて上手の切戸口へ入る。ところが吉右衛門はそうではない。切戸口のほうへ行きかけて一瞬弁慶を振り返る。その一瞬の吉右衛門の顔のよさというものはなかった。なんともいえぬ思いがこもった顔。その思い入れの深さ、万感の思いがこもった表情が無言のうちにあらわれている。

ああなるほどと私は思った。

富樫は鎌倉の頼朝の部下である。ご承知の通り頼朝は異母弟でありながら義経を追求して、その逮捕あるいは死刑を富樫に命じている。「きっと詮議すべき」旨を「厳命」している。そのために各所に関所を立てて詮議をしている。それなのに富樫は今、義経と知りつつ弁慶の真情に感じて義経一行を通してしまった。後日このことが頼朝に知れたらば、ただではすまないだろう。その時、富樫は申し訳のために自殺する気でいる。弁慶が義経に尽くしている真情に感動したとすれば、富樫もまた主君頼朝に誠忠を尽くさなければならない。それしか道はないのである。

そういう富樫の実像を私が知ったのは、実は八代目幸四郎（初代白鸚）の富樫を見た時であった。八代目幸四郎は七代目幸四郎の次男であり、初代吉右衛門の女婿であり、吉右衛門の実父で、幸四郎家を継いで父の当り芸であった弁慶を当り芸にした。

その幸四郎が弁慶でなく富樫を演じたのは実兄である海老蔵が十一代目團十郎を襲名した時であった。当時東宝の専属であった幸四郎は久々に歌舞伎座へ出て、兄の弁慶に富樫を付き合った。私が八代目の富樫を見たのはこの時たった一度である。この時の富樫が素晴らしかった。私は弁慶よりもいいと思ったくらいである。

その時、私がことに感心したのは幕切れである。弁慶が花道七三へ行く、富樫は本舞台で、弁慶がトンと金剛杖をついて肩にかけてきまると柝が入る。それに合わせて富樫は左手で素襖（すおう）の袖を高くかかげて弁慶を見送る。この時、富樫はあくまでワキだから花道の弁慶に見得を譲ってスーッときまらなければならない。それが昔から伝わった主役に対する礼儀である。幸四郎も当然そうした。

ところがそうした幸四郎の目も剝かずにスーッときまった顔がなんともいえずによかった。万感の思いがこもっているばかりでなく、その思いのシンに一つのスジがはっきり通っていた。それを見て私は、あゝ富樫はこの後死ぬんだなと思ったのである。

吉右衛門の富樫の幕切れの顔も独特だった。

柝が入って裏向きだった富樫は表向きになって一応形をととのえる。一度きまる。そして改めて花道の弁慶に向けてクイッと顔を向ける。その顔が印象的であった。弁慶への別れの挨拶であり、言葉であった。それはまたこの世の別れでもあろう。富樫はむろん死ぬ気であろうが、それだけではないものがそこにはうかんでいた。これはあの切戸口へ入る瞬間の延長なのである。

吉右衛門は、母方の祖父初代吉右衛門の養子になって播磨屋の芸風を受け継いだ。しかし同時にひそかに実父幸四郎への敬慕も持っていたのであろう。

二、歴史の谷間に

「オーイオーイ、オオーイ」――熊谷直実　『一谷嫩軍記』「陣門・組討」


「オーイオーイ、オオーイ」

花道揚幕のなかから吉右衛門の熊谷の声が聞こえる。その声、聞いていてゾクゾクするような面白さである。『一谷嫩軍記』二段目「陣門・組討」の第三場須磨の浦の熊谷の出である。

声が聞こえて次の瞬間、遠寄せを聞かせて黒馬に乗った黒皮縅の鎧、濃紫の吹き流し、菱皮という鬘、濃い砥の粉の化粧に芝翫筋の隈をとった吉右衛門の熊谷が颯爽と花道にあらわれる。

七三で一度止まった熊谷は、本舞台の海へ入っていく無官太夫敦盛を呼び止める。

「それに渡らせ給うは、平家の大将軍と見奉る、引き返して勝負あれ、熊谷次郎直実見参せん、返させ給え」といって日の丸の軍扇をポンと開き、大きく捧げてもう一度、

「オーイオーイ、プッ、オオーイ……」

吉右衛門のこの声で劇場中が震える。私も二階の最後列で見ていたのだが、思わず立ち上がって拍手をしてしまった。人の体を揺さぶるほどの強い声だったからである。むろん場内は「播磨屋ッ」の掛け声降るごとく。誰もがこの「オーイオーイ、オオーイ」にしびれたのであろう。

もっともこの声は難しいらしい。

「オーイオーイ、オオーイ」

吉右衛門の父方の祖父七代目松本幸四郎はこう語っている。

「この初めのオーイは呂の声、二度目のオーイはギンの細い声、三度目のはギンから甲まで張り上げ、声を震わしていい、〃しばし……〃が床で馬が二度はね、〃と、呼わったり……〃で馬の平首を左手でグッと曲げ、半身を乗り出して右手の軍扇をサッと開き下からすくい上げるように手の甲を外にして高く差上げ」（松本幸四郎「白鸚夜話（三）」『演芸画報』昭和十六年九月号）

吉右衛門もそうしていたが、日の丸の軍扇をサッと開いて向こうをすくうようにしてきまるのである。この見得でまた客席がワッという。あの興奮はいつになっても忘れることができない。

「呂の声」とはごく低い声をいい、「甲」とは反対に高音をいう。ともに音の高低であるが、ただ一つ「ギン」は主に義太夫の曲節をいう言葉で澄みきった美しく艶やかな細い声をいう、「甲」とはまた違う高音である。幸四郎はその節まわしの技法をいうのだが、吉右衛門の「オーイ」はそういう音の変化を含みながら圧倒的な勢いの迫力の強さが特徴だった。豪快なのである。

『平家物語』の須磨の浦で熊谷次郎直実が平家の公達、無官太夫敦盛を討った一節を描いた人形浄瑠璃『一谷嫩軍記』の二段目である。二段目は歌舞伎へ入って前後四場に分かれる。第一場は一の谷の平家の陣門、俗に「陣門」と呼ばれる場。続いて第二場は、敦盛の許婚玉織姫が平山武者所に殺される場。第三場が浪手摺の海の場面。冒頭でふれた熊谷が「オーイオーイ」と敦盛を呼び止めようとする場面である。ここで二人が海中に入り互いに組むところがあり、そこで柝が入って浪を描いた浪幕を振りかぶせる。その前を敦盛の乗っていた白馬が駆け抜けて入る場面があり、浪幕を振り落とすと第四場。熊谷が敦盛を討つ、俗に「組討」と呼ばれる須磨の浦になる。次の三段目の「陣屋」のように一場で一時間以上もかかる場面が多い義太夫狂言には珍しく、短い場面が続いて戦争の目まぐるしい動きを描いた名作である。

熊谷はこの前後四場のうち第一、第三、第四場の三場に出る。すなわち第一場は息子の小次郎直家が陣門へ斬り込んだ後、平山武者所一人が残っているところへ、〽熊谷の次郎直実、我が子の先陣心に徹し、足を空に駆け来たり」で、遠寄せを聞かせて花道からバタバタで出る。黒皮縅の鎧、鹿の角の前立ての兜で、赤めの砥の粉に芝翫筋の化粧である。七三で止まって本舞台の平山に小次郎の行方を問いかける。この平山とのやりとりに左耳を傾け、左手を耳にあてて聞く姿が吉右衛門だといかにも大時代でいい。平山が今陣門の敵陣へ切り込んだところだというので、「南無三宝」と大きく鎧を揺すって口惜しがり、〽子を失いし獅子の勢い」で、本舞台へ来て左手の刀を水平に掲げ、右手を前へ出し、足を大きく上げて廻しながら群がる平家の軍兵を陣門へ押し返して入っていく。

この型は誰でもする型であるが、吉右衛門だとカドカドの動きが目覚ましい豪快さ、古怪さである。私の見た初代吉右衛門、八代目幸四郎、二代目尾上松緑よりも、その味わいは別にして、その勢い、その力のこもった古怪さは群を抜いていた。

なぜ吉右衛門がこれだけの古怪さを出すことができたのか。吉右衛門が初代はじめ誰よりもその渾身の力、勢いにおいてまさっていたからである。そうするとその型の強さ、勢いが生きて、強い印象を観客に与えるのである。近代的な感覚を超える力のリアリティが吉右衛門にはあった。

熊谷二度目の出は、小次郎に自分のかぶっていた兜をかぶせて、左脇に抱きかかえて出て、花道七三へ行き、平山を振り返って「平山殿、倅小次郎手を負うたれば、陣屋へ送り養生加えん」という。

「オーイオーイ、オオーイ」

吉右衛門はこのせりふがうまい。この時、熊谷が連れているのは小次郎ではなくて実はこれこそ敦盛であり、この後に出る白馬に乗った敦盛はすでに小次郎なのである。そのために兜で平山に顔を見せないようにする。そういう真相はこの次の陣屋で初めて明らかになるのであって、この場はあくまで小次郎でなければならない。むろん吉右衛門は徹底していて底を割ったりしない。しかし何度も陣屋を見ている観客にはそれとはっきりわかる。せりふの言外のいい廻しに独自なニュアンスがあり、平山に対する態度にその差が出るからである。

そういってわざとグッと反って大見得をし、ドッシリと一歩一歩踏みしめていく間合いの具合、ともに豪快を極めている。熊谷の動き、そこにあらわれた心持ち、それがよくわかる。そういう含みが、あの大時代な勢いのある輪郭をつくる。吉右衛門の古怪さは、こういう芝居の運びからきている。私が冒頭にふれた「オーイオーイ」の古怪さのもともこれである。こういう感覚の積み重ねが、あの瞬間に爆発するのである。

陣門の終わりは、熊谷の入った後、平山が陣門のなかから出てきた白馬に乗って緋縅(ひおどし)の鎧、赤の母衣を風になびかせた敦盛に追い散らされる。敦盛が花道へ入るところで、第一場は終わりである。

次の第二場は玉織姫が平山に斬られるところで、熊谷は出ない。熊谷が出るのはその次の第三場で、浅黄幕を振り落とすとすぐ、〽さるほどに、御船をはじめ一門皆々」になり、敦盛が白馬に乗って花道から出て本舞台で輪乗りをして浪手摺に入っていく。

そこで、〽かかりける所に後より」で熊谷の例の「オーイオーイ、オオーイ」になる。ここの豪快さ、古怪さはすでにふれた通り。この一幕中の傑作である。

熊谷はそのまま本舞台へ来て、敦盛と同じく輪乗りをして（輪乗りをするのは、海に入るのをおびえる馬を海へ乗り入れるためである）、浪手摺へ入る。

浪手摺は二重三重になっていて、そのうちに熊谷と敦盛は「遠見」になる。「遠見」というのは、遠景という意味で、海上はるかに遠くなる敦盛と熊谷を本役の役者に代わって子どもにやらせる舞台技巧である。子役に代わるとそれだけ遠近法になるというわけである。

子役二人が馬上で組み討ちになったところで柝が入って、今度は海を描いた浪幕を振り落とす。前の第一場から第二場への転換、あるいは第二場から第三場への転換は、普通は浅黄幕を使うが、ここは浪幕である。熊谷と敦盛が組み討ちで一度は海中に沈みかけると、この浪幕の前に敦盛が乗っていた白馬が上手（かみて）から出て花道揚幕へ駆け抜けていく演出のためである。この主人を失って砂浜を走り出る白馬の姿ほど、これから始まる敦盛（実は小次郎）の悲劇、ひいては平家一門の運命を暗示するものはない。すぐれた演出で、いつ見ても感心する。ことに熊谷と小次郎の役者の出来がいいと、この馬のもつ象徴性もまた深く精彩を放つのである。

いよいよ第四場の組討になる。

浪幕を振り落とすと一面の海と浜辺、はるかの沖に平家一門が逃げた兵船がぽつんと一つあるだけである。

やがてセリの鳴物になり、舞台真中へ熊谷と敦盛が組み合っている形でセリ上がってくる。そこで熊谷が敦盛を組み敷いて名を名乗れということになって、敦盛が名乗る。

それを聞いた熊谷が周囲に気を配って、幸い人目がないからあの沖の兵船まで逃げられよという。

「オーイオーイ、オオーイ」

敦盛は後白河法皇とその寵姫藤の方の間にできた一子であり、その後に平経盛のもとへ妊娠した藤の方が再婚して、そこで生まれた。したがって平家一門になったものの、将来天皇になることを考えて無官太夫になった。なまじの官職や身分につくと天皇になることができないからである。現にこの戯曲のなかでは、安徳天皇が平家に擁立されて西海の海に漂っている現在、もし天皇に不慮のことがあれば、その皇嗣として敦盛を立てたいと義経は思っている。熊谷ならずとも天皇につながる人をそう簡単に殺すことはできないだろう。だから逃げろという。しかしこの敦盛は熊谷にとって一子小次郎だから、一度は身替りに立てたものの戦場のどさくさにまぎれて逃げてくれればなおいい。そう思っているから熊谷は半分本気なのである。もう半分は敦盛の身替りとしてここで殺さなければならないと思っているが、それにしてはこの浜辺は人目がない。熊谷が敦盛を討ったという事実の目撃証言がないと困る。誰もいないところで殺しても信憑性が薄い。

　そこで幸い沖には平家の兵船、あそこへ逃げろ。ここが吉右衛門はうまい。
敦盛の名乗りを下手(しもて)でジッと受けていて、〽何思いけん」でそれこそいきなり立って、敦盛を立たせて鎧のチリを払う。上手に廻って海の兵船を見て「なぎーさァ、七八反」しか浜辺から離れていないのを見て、「早う早う」と自分の鎧の胸を大きく二度軍扇で叩いて、右手に持った軍扇をトンと下に突く。

　ここの軍扇で胸を叩くところが大時代な大芝居、いかにも義太夫狂言らしい動きでいて、最後にトンと軍扇を突くところでドッと、どうしても助けたいという、先にふれた感情がほとばしり出る。虚実半々、その両方が一体になっているところがうまいところである。これが初代吉右衛門ならば、あくまで敦盛を助けるという情を芸で見せる。幸四郎ならば歴史劇の一齣(ひとこま)のような、それでいて息子を殺さなければならない人間的な感情だけになる。ウソとマコト。ところが吉右衛門だと二つが一緒になっている。どっちも本当なのであり、それが演技に反映している。表面のウソがあの大芝居になり、人間的なホントウが軍扇一本を下に突くところに凝縮している。二つで一つ。物の裏と表。それが初代にも幸四郎にもないうまさなのである。だからこそ観客にも全てがわかるのである。

それはさらに発展する。

平山武者所が後の山から二人を発見する。

そこで熊谷はいよいよ敦盛を討たざるを得なくなる。身替りという点からいえば、最適な目撃者があらわれたことになり、息子を逃したい熊谷としては窮地に陥って絶望するしかなかった。熊谷が刀を抜いて上手から担ぎ、それを前向きに流してもう一度担ぐのが、〽心に称名」で、立てた刀が自然に下がってきて、思わず敦盛のほうへ寄る。この一度は形をきめた立派さと、それが崩れてゆく感情の動揺がほとばしるうまさである。

さらに、〽玉のようなる御粧(おんよそお)い」は、敦盛の下手横に立った熊谷が敦盛の顎に左手の掌をかけてジッと二人で見つめ合う。ここだけは熊谷と敦盛ではなく、熊谷と小次郎の本当の父子になるという口伝のある有名なところである。吉右衛門はそこもいいが、この思い入れの後、〽胸も張り裂く」で下手へ顔をそらして廻りながら遠く海を見るところがうまい。そして今度は上手へ出て泣きあげるところが観客の胸を打つ。

吉右衛門の熊谷は目前の小次郎を見て敦盛を思い、敦盛を考えて小次郎を思う。二つを同時に思わざるを得ないところに、熊谷がここで平山と観客を前に演じている身替り劇の本質があるのだ。吉右衛門のなかで小次郎と敦盛の二人が一人になっているのではないかと思うほどであった。それは作者のトリックを超えて、今、眼の前の若者を殺したくない。敦盛でも小次郎でもいい。自分の未来である若者を殺すことは自分を殺すことだという悲嘆が涙とともに流れ出るようであった。

戦争は残酷なものに違いない。この瞬間はその残酷さの頂点であり、そこにあるのはいつの世にも変わらぬ戦争の残酷さであった。

〽嘆きに時も移るにぞ」でもう一度揚幕で遠寄せをきかせて、刀を流してツケ入りの見得が、吉右衛門はその思いを一身に背負った立派さであった。

せりふで「倅小次郎直家と申す者」は、小次郎への父のよそながらの別れの言葉であり「思い過されては」は身替りの二重のハラを聞かせて面白い。さっきは小次郎と敦盛が二人で一人といったが、ここではまた二人が別れて、二重になって芝居の奥行きになる。この行ったり来たりが芸の面白さ。〽そぞろ涙にくれけるが」で刀を立て右手を左手にかけてきまる。ここでも型の様式とハラの心持ちが交錯して形を豊かにする。

いよいよ熊谷が敦盛を討つ。

刀を振り下ろして倒れた敦盛の姿を隠すようにして、そのままの形でしばらくジッとしているところが吉右衛門はうまい。子を殺してなんともいえない深い思いが出る。

〽御首を掻き抱き、曇りし声を張りあげて」で、刀を鞘に納めてジッと思い入れをする。やおら首

「オーイオーイ、オオーイ」

を取り上げて感無量、首を見ながら思わず前へよろめいて座り、膝を立て直してツケ入りの見得になり、改めて「平家方に隠れなき……討ち取ったり」といい、続けて「カーチィドォキーイ」と四方にいって平山の方へ首をかざして見せる。そこまでは大時代な芝居であるが、平山が「勝鬨」と応じるので二三歩タラタラと後へ下がって、首を持つ手も下がる。ここがうまい。あたかも巨岩崩るるごとく、いっさいこまかい思い入れをせずに太いタッチでグイグイと押してくる。その絶望、涙溢れんばかり、その必死の張りつめた表情で思わず胸が熱くなる。

その声を聞いて岩陰から瀕死の玉織姫が出て首を一目見たいという。もう目が見えないのを確かめて熊谷は首を渡す。普通はここで下手へ入ってしまう人もあるが、吉右衛門は首を渡すと花道つけ際まで行って両手をぶっ違いにしたまま一つ廻って下手を通って舞台下手に真横に立って、そこから玉織姫の落ち入りを見て「今、魂は天下かる」のせりふになる。

ここは初代がその名調子を聞かせたところだが、吉右衛門はせりふ廻しの技巧を弄さず、悲痛このうえなく、しかも感情に溺れず一大叙事詩を語るような格調のある余韻を聞かせた。さながら歌舞伎でありながらギリシャ悲劇の荘厳を見るような引き締まった叙情であった。

それから幕切れへ。二人の死骸を海に流して、それも見送る情愛。「悉陀太子を送りたる」のせりふのうまさ、〽悲しみも」で上手の死骸のほうを改めて見てジッと思い入れ、馬の首に顔を突っ込んだ後の、馬が棒立ちになるのを手綱をグッと引いて、左足を伸ばして見返る形の古怪な立派さ。幕切れの右足を伸ばして手綱をたぐった大見得まで。形と心のバランスが交錯する面白さで十二分に堪能した。

柝が入ってきまった吉右衛門の横顔は、一際美しく輝いている。それはこのバランスがおのずと照らし出す美しさであった。

「オーイオーイ、オオーイ」

「十六年はひと昔、夢だ夢だ」――熊谷直実『一谷嫩軍記』「熊谷陣屋」

昔は「陣門・組討」と「陣屋」は必ず一緒に通して上演された。しかし現代では上演時間に制限があってそうもいかない。自然にそれぞれ別個に上演されるようになった。むろん物語からいえば通しで上演されなければならない。

吉右衛門はいつか十一月の歌舞伎座で「陣門・組討」を、十二月の国立劇場で「陣屋」を上演したことがあったが（平成二〔一九九〇〕年）、通しで同時に上演することはほとんどなかった。そうすると上演頻度は「陣屋」が圧倒的に多くなり、洗練の度合いも深くなった。すなわち「陣屋」はその舞台技巧の洗練した深さにおいてドラマの物語性よりも部分的な芸の姿が際立ち、吉右衛門の芸質を深く示すことになった。その細部を見ていこう。

最初の花道の出。

片手に数珠をかけて熊谷が戻ってくる。花道七三で立ち止まって自然に数珠を前に出して、それを見て右足を引きグッと反ってきまる。このグッときまる具合が手の動きとともに深く、形として印象的になった。吉右衛門の型は初代以来、九代目市川團十郎から継承した「團十郎型」であるが、「團十郎型」とは違う「芝翫型」では、ここで本釣りの「コーン」を入れ、本舞台に桜を散らせるという派手な芝居をする。吉右衛門は形こそ違っても感覚的には「芝翫型」に近くなっていった。すなわちそれが、吉右衛門の芸の深くなって洗練されていったという証しである。

このグッと反る力感が目覚ましい。それは形の強さであると同時に熊谷の強い決心のあらわれでもある。その決心は首実検にまでつながる覚悟であり、男の決断だろう。ここから始まって幕切れまで、その力感がさまざまな形に変化しながら一本強く通っている。その力強さは一方で熊谷が立ち向かわなければならない状況の困難さ、そこでの人間の気持ち——ハラに通じ、しかしその一方では型の美しさ、芸の面白さに通じて終局に至る。

本舞台へ来て、相模が来ているのを知る。

相模はむろん小次郎が敦盛の身替わりに討たれたことは知らない。観客も知らないわけだが、そのために熊谷はなんとか秘密を守らなければならない。その困惑と絶望。それが、〽妻の相模を尻目にかけ」の二重の上へ上る階段（三段）の前でプッと怒りの気持ちを出して袴（はかま）の上前を叩く動きになる。吉右衛門だとこの身替わりを成功させるために戦う努力が、終始一貫全段を通して見え隠れしながら通って強い力になっている。

その後の熊谷と相模の対話にもそれがあらわれている。もっともこの対話は、相手の相模役者によって微妙なニュアンスの違いが出る。なかでも際立っているのは、四代目坂田藤十郎の時と坂東玉三郎との時であった。

坂田藤十郎は、不義密通の果てに駆け落ちした夫婦の情愛がよく出ていた。結婚して十六年。今でも情愛が濃い夫婦なのは、藤十郎のイキが詰んでいるからである。当然この女にもタテマエとホンネがある。小次郎が初陣に功名手柄を立てたらば「嬉しいことでござんしょう」。むろんタテマエであってホンネではない。母親とすれば手柄なんかどうでもいい。無事に帰ってきてくれればそれが一番。そのホンネを隠してのタテマエ。彼女はそれを使い分けて夫と付き合ってきた、そういう生き方をした女である。イヤそうせざるを得なかった女の人生が出る。だから熊谷が「手傷少々」というと、すかさず体の向きが変わって熊谷に詰め寄る。ということを熊谷も万々承知しているから、すでに身替わりにした小次郎を「手傷少々」といって反応を見た。そういう夫婦の密々の関係、情愛の駆け引きが、この藤十郎の鋭いイキと吉右衛門のそれをウケる芝居で出る。この夫婦は今でもある意味で熱々なのである。

それに対して玉三郎との間には距離がある。

二人が二重の上に座った時、熊谷は上手（かみて）の障子屋体に近く、相模は下手（しもて）で、真中が広く空いていた。私はこれが正しいと思う。藤の方が出てこのバランスが崩れ熊谷は下手へ行き、物語で初めて前へ出て真中に来る。これが正しい。しかし最近はとかく熊谷が初めから真中に近すぎる。それでは相模との夫婦の会話のリアリティは出るかもしれないが、歌舞伎の空間の美学が崩れる。だから吉右衛門と玉三郎のこの位置は正しいと私は思った。ところが、そうなると確かにこの夫婦には別な視点が見えてくる。十六年は確かに一昔。その間に手に手を取って京都から関東まで命一つで駆け落ちした夫婦も、今では十六歳の子どもをなかにして駆け引きをするほどになっている。そういう夫婦の会話がこの二人だとイキイキしている。あの距離感が生きて働くからである。熊谷はむろん相模の心を探っている。相模も同じ。それが初めてこの役で顔を合わせた吉右衛門と玉三郎のイキの探り合いに重なって実に面白い。互いのハラの探り合いの虚々実々の応酬。その面白さは息をのむばかりであり、同時に熊谷がどれほど薄氷を踏む思いか、どれほど危機的な状況に立っているかが痛感させられた。

藤十郎だと二人の間の空間はその心で解ける。リアルな空間。それに対して玉三郎だと様式的な空間。厳然たる演劇的空間であり、夫婦の仲を象徴している空間である。

この二人に比べ、中村魁春の相模になると、吉右衛門の熊谷は女房に話もせずに息子を殺したけれども、それをどう話すべきかと思いながら、そうはいっても結局はこの自分の判断しか選択肢はなかったという自信に溢れた熊谷になった。

その意味では魁春のよさは、その空気のような永年連れ添った女房の安定感であった。むろん芝居は藤十郎や玉三郎が面白いが、浄瑠璃本文からいえば魁春が一番なのであろう。

そこへ藤の方が出る。

例の相模に「あなたは藤のお局様」といわれて、熊谷の「まことに藤の御方」と飛びしさって平伏するところは、吉右衛門はその動きの間(ま)、芝居の運びで、これぞ吉右衛門、これぞ義太夫狂言という立派さであり、面白さであった。

という前提で、いよいよ前半のクライマックスの物語になる。

吉右衛門の物語には、他の誰にもない特徴があった。それは誰に聞かせる物語かという点である。むろんこの物語は第一に藤の方に聞かせるものであり、第二に相模の反応を試すものである。現に文楽では熊谷を遣っている人形遣いがこの物語の前後にしばしば横目を遣って相模のほうを見る。物語に相模がどう反応するかを見ているのだ。

しかし熊谷が物語を聞かせているのは、藤の方と相模の二人だけではない。熊谷が聞かせているのは第三に、奥に来ている梶原に聞かせているというのが武智鉄二の説である。むろん敦盛の死を認めさせるためである。あるいは熊谷は義経が来ているかもしれないという予測をもっているから、義経が聞いているかもしれない。しかしもっとも大事なのは、それればかりでなく観客である。観客にまだ敦盛が実は小次郎であったことを作者は明かしていない。それどころか、前の幕で観客が目の当たりにした敦盛討死をもう一度復習することによって、観客に信じさせようとしている。そのためには登場人物の誰よりも作者は観客に物語を聞かせようとしているかもしれない。

しかし私は吉右衛門の熊谷、それも平成二十二（二〇一〇）年四月の熊谷を見ていて、この物語のもっとも大事な聞き手の存在を知った。それは他ならぬ熊谷自身なのである。彼は息子を殺した、しかしその事実を今でも受け入れることができない。今日はよそながらその墓にまで詣りに行った。しかしわかっていながら、どうしてもその事実を認めることができない。だから物語を語りながら一つ一つ事実を確認している、そうして事実を受け入れようとしている。私にはそうとしか思えなかった。

吉右衛門の熊谷は、ますます物語の手順があざやかになってきた。現実に起きた状況は迫真的である。それを聞く者に信じさせなければ、身替わりのウソが明らかになり、息子は犬死になってしまう。それにはまず自分自身が信じなければならない。だからこそリアルでなければならないし、そうでなければ今自身が置かれている困難な状況を打開できない。そのために必死になった熊谷の軍扇は刀になり山になる。

たとえば「浪の打ち物二打ち三打ち」。ここは両手に握った軍扇を右脇に引きつけて、ツケ入りの見得になるところである。吉右衛門は晩年にはその軍扇を肩に担ぐようにしてきまった。その形が独自の面白さだが、それ以上に大事なのは、そうなった時、軍扇が太刀の重さを示していたことである。そのために殺気が出る。リアリティが出る。すなわちそのリアリティは戦場の緊迫を今この場に残っている熊谷の息子への感情——「マ、このごとくせがれ小次郎」がこうなったらどうなるか、現にこうなっている、そのリアリティは軍扇を担いだ形の見事さに通じ、味わいにつながっている。この光彩こそ義太夫狂言の芸の味わいであり、その芸が顔を照らして吉右衛門の熊谷を大首絵のごとくにしている。義太夫狂言の芸とは、かくのごときものなのである。

その力強さを支えているのは吉右衛門のハラである。しかもハラは身体化されていなければならない。たとえば先ほどの「平家の軍勢、なかァーにひと際」に、今そこに見たかのごとき描写。あるいは「オーイオーイ、オオーイ」の絶叫、〽抜き兼ねしが」の扇を刀にして左脇に引きつけ右手を柄に見立てた扇に手をかけた形の示す深い悲しみ。そのいずれにおいても型と心が一体になって、その場にいるかのごとき感動を与える。それは描写のうまさ、形のよさといった程度のことではない。熊谷が物語をしながら同時に、その物語のなかで生きているからに他ならない。生きているからこそ、この困難な状況を生き抜くことができるのであって、そうでなければ熊谷はこの状況を切り開くことができないのである。

物語が終わって藤の方の嘆きに「オンなきらめ下さるべし」にも言外の情が溢れている。

そして熊谷は「軍次軍次」といいながら立っていく。

二度目の出は、いつもの萌黄地に金襴(きんらん)の熨斗目(のしめ)の着付、長裃(ながかみしも)で首桶を抱えて出る。

「十六年はひと昔、夢だ夢だ」

花道つけ際まで行って、義経の呼び止めにも驚いたりしないのは、武智鉄二の、熊谷が義経の来ていることを察知しているとする説に従えば、このほうが正しいだろう。

首実検になる。

ここにも芸の厚味、滋味ともいうべきものが溢れている。すなわち熊谷が二重の脇の桜の木のもとにある、弁慶の書いた制札――「一枝を切らば一指を切るべし」という制札を手もとに置き、義経の前で首桶の蓋を開ける。むろん首は敦盛ではなく小次郎である。それを一目見て相模が「ヤア、その首は」と駆け寄る。ここは藤十郎の相模がうまかった。近寄った次の瞬間、熊谷の顔を見る。現代風にいえば「あなた、この首は何なのッ」という感じである。むろん熊谷は蓋を閉め、すかさず相模を制札で平舞台へ突き落とす。そこへ藤の方が立ってくる。熊谷は中腰になって制札を持って藤の方をさえぎる。「(相模に向かって)騒ぐな、(藤の方に向かって)お騒ぎあるな」。〽寄るも寄られず」で藤の方がなんとか首を見ようとして前へ出る。その藤の方を平舞台へ突き落としてポンポンと長袴をさばいて三段にかかった熊谷は、制札を逆に三段について有名な制札の見得になる。

この時は藤の方は中村魁春、中村梅玉の義経であったが、吉右衛門は〽寄るも寄られず」で思わず首を見る。そこへ藤の方が寄る。その動きが吉右衛門、藤十郎、魁春三人がイキをピタリと合わせて一体になってさながら怒濤の打ち寄せるごとき迫力であった。

玉三郎が相模の時(平成二十五〔二〇一三〕年四月)は、藤の方は尾上菊之助、義経は片岡仁左衛門で、仁左衛門の義経というのも近年珍しく、仁左衛門がジッと熊谷を見ている。そこで吉右衛門が思わずそれを受けて一息入れる。そのスキに藤の方が前へ出るという芝居で、そこで吉右衛門、仁左衛門、

「十六年はひと昔、夢だ夢だ」

玉三郎、菊之助という四人の大芝居が、藤十郎の時とは違って互いにイキの探り合い、一体になるよりもその競り合いの緊迫感がバラバラになっては砕けて一つになる波しぶきのごとく、また別な面白さであった。この義経を見てハッとなる動き、手順、その流れがまことに芝居の厚味になっている。

首実検がすむと相模のクドキになる。藤十郎の時は、吉右衛門はジッと無言で相模を受けていた。仁左衛門の熊谷だと首を夫婦で持ち合うところがあるが、吉右衛門はそういうことをしない代わり「藤の方にお目にかけよ」で、相模が「アイアイ」と立ってくるのをジッとハラで受けているのが濃厚だった。仁左衛門が形容にすぐれ、吉右衛門はハラにまさっている。

熊谷三度目の出。

大鎧を脱ぐとお定まりの墨染の衣、鼠の着付になる。藤十郎の時も玉三郎の時もあれだけの仕込みがあるので、この幕切れが引き立つ。ことに仁左衛門の義経の時は「堅固で暮らせよ」で二人が上下で見つめ合うところが二人立ちの錦絵、溢れる情愛であった。

ことにこの時は花道へ行って「夢だ」といいきって「ハ、ハ、ハァッ、あゝ、夢だ夢だ」のせりふ廻しに実感が溢れていた。

この困難な状況をあの力感一つで舞台で生ききった人間の感慨溢れんばかり。

七三で笠をかぶって座って幕外になる。揚幕の遠寄せを聞いて一度はキッとなるが、次の遠寄せを聞いてはもうキッとならず、一つ廻って本舞台を見て肩で泣いて、ズーッと視線を落としてきて、ついにたまらなくなって笠をかぶって引っ込むまで、嫌味なことをいっさいせずに、しかも淡々としているようで実に分厚いボリュームの手応えであり、芸の色艶が輝いていた。それもあの型の面白さと心持ちの両面を同時に生きたからであり、二重のハラを一筋に生きた結果であろう。

その点ではドラマチックな感動の「陣門・組討」とは違って、見終わった後、玲瓏(れいろう)玉の如き透明感を感じさせる舞台であった。それはこの最後に向かって吉右衛門が生きてきた結実であったといっていい。

初代吉右衛門はこの熊谷を最後に逝って、二度と帰らなかった。

その「陣屋」を見た時には、まだ少年だった吉右衛門がこの初代吉右衛門とはまた別な形を残して去っていったのを思うと夢の様である。

二つの正義――武智光秀『絵本太功記』と『時今也桔梗旗揚』

尼ヶ崎の深い竹藪の陰の一軒家。

「月漏る片庇、ここに刈り取る真柴垣、夕顔棚のこなたより、現われ出でたる、武智光秀」

竹藪の奥を渡る風の音、遠く聞こえる本釣鐘のコーンという澄んだ音。

竹藪の奥から黒糸威の鎧に身をかため、竹の子笠で顔を隠した一人の鎧武者があらわれる。

数日前に京都本能寺で主君小田春永（織田信長）を討った武智光秀（明智光秀）である。当時中国へ戦さに出ていた真柴久吉（木下藤吉郎――秀吉）が知らせを聞いて、軍勢を引き連れて京都へ戻ってくる。その情報を聞いた光秀は、久吉が着船する尼ヶ崎を狙って単騎久吉を討ち殺そうと、ここまでやってきた。

『絵本太功記』では普通ここで舞台を半廻しにする。そうすると今まで舞台下手にあった山木戸が舞台中央になり、竹藪の奥から出てくる光秀の姿が際立つからである。

しかし吉右衛門はこの半廻しをしなかった。ごく自然に山木戸に近づく。その体から自然に殺気がほとばしる。この一軒家へ逃げ込んだ久吉を殺そうと狙っているからである。

この歩いてくるうちに、鎧姿から殺気が出るのが大事である。何かは知らず観客の目を引きつけてやまないものが、光秀が歩いている姿になければならない。

山木戸へ立った光秀は、ソッと内の様子をうかがう。顔を隠していた笠をおろす。光秀の顔があらわれる。

菱皮（ひしかわ）という額の上に髪を油でかためた鬘（かつら）、額に春永の命令で森蘭丸に鉄扇で打たれた大きな傷あと。顔は薄肉（うすにく）という人間の自然の色に近いが、頬に藍色の「痩（や）せ隈」という薄い隈取りをとっている。吉右衛門だとこの隈が生きて、もの凄く見える。

ことに平成二十六（二〇一四）年九月、五年後の三十一年一月の、ともに歌舞伎座の時の顔がもの凄いと同時に古怪に美しく輝いていた。もっともこの吉右衛門の顔が輝くのには仕掛けがある。ただ他の人が吉右衛門と同じ化粧をしてもこうは輝かない。吉右衛門にはそれなりの仕込みがある。すなわち木戸のそばへ立って笠をおろしてソッと内の様子をうかがう。そして「久吉はここにいるな」という思い入れをする。これがうまい。見ていてズシンと腹にこたえる。ここは大抵の人は形ばかりになる。しかしそれでは光秀が何のためにここへ来て、何をしようとしているかがわからない。

もっとも本文でいけば、光秀はこの前の「夕顔棚」という端場で、久吉を追って一度出ている。そして久吉がこの家へ入ったことを確かめて一度入って、これが二度目の出になる。ところが歌舞伎は「夕顔棚」を上演することが少ないし、たとえ上演したとしても、この光秀の出をカットする。この出があっては肝腎のこの「あらわれ出でたる武智光秀」が引き立たないからである。それはいいが、そうなると木戸へ立った光秀が何をしようとしているかがわからない。それをわからせるのは至難の業（わざ）である。ところが吉右衛門のこの思い入れを見ていると、その前後の殺気を含めて光秀が何をしようとしているかがわかる。それがわかるのが吉右衛門のうまさであり、そのうまさがあるから、あの顔が生きて輝くのである。

そうしておいて舞台下手へ二、三歩歩いていって、改めて笠を右手にかざしてツケ入りの大見得になる。

光秀が竹藪の向うに姿をあらわしてからこの大見得まで、これが義太夫狂言の醍醐味であった。これにくらべると初代吉右衛門はもっとアッサリしていた。木戸口で笠をおろすとすぐ見得になって、それも笠をかざすだけで、大見得というほどのこともなく、むろん二、三歩歩いてからの大見得はなかった。しかし、当時の私のノートがなくなってしまったので確実なことはいえないが、もしこの私の記憶が正しければ、吉右衛門のこの型は吉右衛門の工夫によるので、むしろ（市川）中車型の笠をおろしてきまり、さらに歩いて大見得になるやり方に近いだろう。

とにかくこのうまさ、顔を生かす工夫は吉右衛門独特のコッテリした味であった。しかし一見、中車型のように見えて実は中車型と違うのは、中車型が床の三味線についた、一糸乱れぬ動きであるのに対して、吉右衛門のそれは、それよりもハラ本位であることだった。たとえば笠を上げる見得にしても、中車型が様式的なその動きに全てをかけるような大見得であるのに対して、吉右衛門はツケ入りの見得であるにしても、笠をスーッとソッと上げる。そこにはあたりをはばかる気配があって、おのずからハラが浮かんでくる。私はなるほどと思い、同時に九代目市川團十郎がここをハラ一つで持ちきったという記録を思い出した。吉右衛門の表現もそれに近い。

それでいて吉右衛門にはハラばかりとはいえない、別趣の味わいがあった。たとえば竹槍をつくろうと思いついて、後の竹藪を見上げ、〽見こしの竹をひっそぎ槍」というところである。内へ入ろうとして竹を見てフッと竹槍をと思いつき、下手へ行くまでの芝居運びの面白さ、それから後向きで竹をバッサリ切ってその音にハッとして振り向き、後向きのまま内をうかがってきまる。裏見得というほどのキマリではないが、そこにこの人の芸の味わいが横溢する。ハラもあり、しかも形も面白いのである。

そうして竹の枝を落としてその竹をトンと下につき、竹本の〽ひっそぎ槍ィィ」で右手の小刀を左の籠手に乗せてしごき、最後にパラッと左手が開いて一つの形になる。その見得の竹本にのりながら自然に形になっていく芝居の運びが、ハラと同時に義太夫狂言の動きの面白さなのである。

木戸を入る。〽小田の蛙の鳴く音をば、止めて敵にさとられじ」の二重へ上る階段へ片足をかけて、鎧の草摺りの音がしないようにソッと抱えてのキマリ。キマリというほどでもないが、キマルところはキマッて、それでいて久吉を殺そうとする殺意が一貫している。障子屋体へ近づいての思い入れまで。光秀が久吉を殺して、戦局を一転させたいという必死の覚悟、行動の意味がよくわかる。

障子屋体に竹槍を突っ込む。母の皐月を引き摺り出す。僧侶姿の衣をとって母と気づいて驚く。ここが他の人と変わっていて面白い。すなわちすぐ刺したのが母と気がつくが、その驚きよりも「しまった逃げたな」という思い入れで暖簾口の奥をのぞき、向うを見て、同時に母の手負いに気がいって、あっちも大事、こっちも大変と、その動揺があって、〽ただ茫然たる」になる。普通は腰を落して右手を大きく後へ廻して左手の刀を前へ出して尻餅をつく形になるが、吉右衛門は違う。母と久吉に引き裂かれる芝居を充分に見せておいて、左手と右手の刀の両方を前へ出して立身のままツケ入りの見得になる。動きとして尻餅をつかないだけ小さいように思えるかもしれないが、これだけの動きで、さながら怒濤の岩に砕けるごとく、運命に翻弄される光秀の激情がそのまま形になって独特な面白さだった。これも吉右衛門が竹本につきながら、その一方で様式に頼らずハラ本位の芝居をしているからであろう。この線の太いタッチ、この形の重厚さが義太夫狂言の味であり、この吉右衛門が今日の光秀の代表である理由である。

この豪毅さが重要なのは、この後、皐月のクドキ、つづいて操のクドキ、女二人の嘆きを受けて光秀が自分の思想を展開するからである。

そもそもこのドラマは旧道徳（皐月）と新道徳（光秀）の対立によって、光秀の家庭が崩壊するところにある。

皐月が代表するのは「君々たらずとも臣々た」れ、のちに「馬盥（ばだらい）」の光秀も語る封建主義の基本にある、主君絶対の思想である。この皐月の倫理観からいえば、光秀の小田春永殺害は許すことができない。主殺し。そのために前段の妙心寺の段で、皐月は光秀を咎めて自ら絶縁して家を出て尼ヶ崎へ一人住むことになった。

春永を討った光秀にとっても、この母の絶縁は大きな衝撃であり、そのために一時は自殺しようとする。それを止めたのは息子十次郎と四王天田島頭（しおうでんたじまのかみ）であった。二人は武将らしく久吉と戦うことをすすめた。それを聞いて気をとりなおした光秀は、ただ一騎、久吉と雌雄を決するためにここへやってきた。彼がただ一騎で来たのは、そういう意味がある。

一度は自殺まで考えた光秀が、この竹藪からあらわれた時に、妙心寺の段からは想像もつかぬほど

「一心変ぜぬ勇気の顔色」になっていたのはこの決心のためであり、それと同時に旧道徳の象徴であった母を殺しかけたからである。それは事故とはいえ旧道徳の滅亡をも意味し、そのことが光秀にもはや取り返しのつかぬ選択を迫ることになった。

操のクドキを聞いた光秀はこういう。

第一に「遺恨を重ぬる小田春永、勿論三代相恩の主君でな」い。主君でない以上、主君が絶対であるという旧道徳はあてはまらない。

第二に「（春永は）我が諌言を用いずして神社仏閣を破却し、悪逆日々に増長すれば、武門のならい天下の為、討取ったるはわが器量」である。その例として光秀は二つの歴史的な事実を挙げる。一つは中国の事例で武王が殷の暴君紂王を討ったこと。もう一つは承久の変で北条義時が後鳥羽上皇を隠岐に流したこと。いかに国王あるいは天皇といえども、それが国王や天皇にふさわしくなければこれを退けるのは指導者として正しい。「無道の君を弑するは、民を安むる英傑の志」である。武王の例は今おく。後鳥羽上皇が果たして「無道の君」であったかどうかは簡単にいうことができない。確かに上皇側の叛乱は内戦に及ぶところであったが、それを収めた北条義時は果たして「民を安むる」人間であったのか。むしろ北条義時のほうが北条家独裁のために動いたのではないか。

それはともかくも光秀の主張するのは、国家の指導者は身分や世襲によるのではなく、その指導者としての人格により、その政策によるということだろう。この理屈は当然であるが、その理屈が旧道徳と矛盾するのも事実である。問題は封建時代にあって、このような理屈が生まれればそこに当然分裂が起きる、ということである。光秀の政治思想は問題があるにしても決して間違ってはいない。しかしそれを主張すればするほど家族は分断され、ついには家庭のなかに戦争という怪物を呼び込むことになる。そのありさまを描いて、吉右衛門の光秀はここが実にうまい。そのうまさは、せりふ廻しのうまさでもあるが、それによって家族のなかで孤立し、世間からも孤立する一人の男の、全てを堪えながらも自分の志を貫こうとする悲劇をあざやかに描き出す。これこそが『太功記』十段目の性根であり、吉右衛門の光秀のカンドコロであった。

しかしこの男になおも悲劇が襲いかかる。戦場から重傷を負って帰ってきた息子十次郎。光秀は母と息子の死に囲まれて、ついに涙にくれる。「さすが勇気の光秀も、親の慈悲心子故の闇、輪廻の絆に締めつけられて、はらはらはら、雨か涙の汐境」。二重の階段の上に腰掛けた光秀はこらえかねて泣く。いわゆる「大落し」と呼ばれるところで、七代目市川中車は「初め目で泣き、次に首で泣き、その次に肩で泣き『堪えかねてはらはらはら』で、右の膝に立てて居る鉄扇が手の力で外れ掛けるのを、さらに力を強めて立て直し、『雨か涙の汐境』で全身を動かして泣き『浪立ち騒ぐ』でついに手に持って居た鉄扇が膝を外れて落ちるので、両手で大きく自身の体を抱くように腕組をして殆ど腹の底から全身を揺り上げて仰向きに泣き上げるのが『ごとくなり』一杯になるのである」（川尻清潭「太功記十段目の光秀」『演芸画報』昭和四年一月号）。

中車の整然とした美的な動きが活写されている。それにくらべれば、吉右衛門のそれはより自然にハラ芸に近く、その怒濤のごとき大きさ、激しさは、あの自分の思想を高くかかげた男の、一方では人の子、人の親である内面を見せる面白さをもっていた。あの思想の高さ、孤高に耐える強さがあってこそ、この悲嘆の涙が生きたのである。

いよいよ十次郎が死ぬ。瀕死の、もう目が見えなくなった十次郎が父のありかを聞く。光秀は無言で、軍扇で膝を二、三回叩く。ここにいるぞというわけである。ただ叩くだけであるが、吉右衛門の光秀は、その叩く動作、叩く音に無限の響きがこもっていた。決して段取りだけではなく、そこに言葉に尽くしがたい思いがこもっていたからである。こういうところが吉右衛門の光秀のうまさであり、特徴であった。

そういう光秀だけに、この後の舞台が廻っての物見の豪快さ。久吉と正清に囲まれての幕切れまで豪快で一種独特の光秀であった。

この近松柳の『絵本太功記』に対して、同じ武智光秀を描いた鶴屋南北の『時今也桔梗旗揚』俗にいう「馬盥」の光秀は対照的な役である。その対照は扮装にもあらわれている。

『太功記』の光秀は、菱皮の鬘、鎧姿であるが、「馬盥」のほうは饗応が水浅黄の素襖（すおう）大紋、本能寺が燕手（えんで）の鬘に團十郎型は紫紺の着付け袴、團蔵型でいけば黒無地の着付け袴。大詰愛宕山は初め着流しで、のちに白装束になる。鬘といい衣裳といい全く違っている。ということは役の内容が違っているということである。

何よりもこの二つの人間像は政治思想が違っている。『太功記』はすでにふれた通り暴君を倒すのは「民を安むる英傑の志」と思っていて春永を殺した。しかし南北のほうは春永との間に大きな政治上の考え方の違いがあった。すなわち春永は戦国乱世の世の中で自分が戦い取った領地は自分のものだと思っているし、天皇や将軍よりも実力者が大事だと思っている。それに対して光秀はたとえ自分が切り取った土地でも、それは天下から一時預かったものであって自分のものではないと思っている。

この考え方の違いがあって、春永はことごとく光秀をうとましく思い、いじめるのである。一見サディスティックに見える春永の態度は単なるいじめではなくて、その考え方の違いによる根深い思想上の対立なのである。これはどこまでいっても平行線、ということは光秀もよく知っているから、春永に対して自分の主張をのべる時はしばしば口籠(くちごも)るようにト書で指定されている。

初代吉右衛門は辛抱を重ねる光秀の堪え忍ぶさまをうまく見せた。饗応もよかったが、本能寺の花道の出からのせりふ廻し、皐月の切り髪を見ての「この髪は過ぎし頃」のせりふのよさ、ともに絶品であった。

しかし二代目はそうではなかった。必ず饗応をつけて前後三場、前半が面白くない。これは一つには初代との芸質の違いであり、もう一つは光秀という役の違いにもよるだろう。

初代と違って二代目はすでにふれたようにハラの深い、それでいて派手な義太夫狂言のタッチの太さが合っていて、燕手の鬘、紫紺の着付け裃といった扮装の、底に色気を含んだ悪の魅力といったものにあまり関心をもたなかったからだろう。

二代目がよくなるのは、「馬盥」の幕切れの引っ込み。まず本舞台で妹桔梗への優しさを見せ、ついで春永に与えられた馬の轡(くつわ)を取ると思わず怒りを思い出して手が震え、轡がジャラジャラ鳴る。それを慌てて袂(たもと)にしまってシャンとなる具合。それから花道へ行って、俗に「箱叩き」といわれる、皐月の黒髪の入った箱をポンと叩いて持ち替え、その箱をさらにもう一度ポンと叩いて気を替える大見得。すなわち謀叛の決心を見せるところからであった。大見得の後、二足はねばって歩いて三足目から気を替えて大地を踏みしめんばかりの豪快さ、まことに大歌舞伎であった。執念の深さを見せてうまく、溜飲が下がる。

愛宕山になる。

正面の襖から鶯茶の着流し羽織で出て二人の上使に対すると、一陣の山風に灯火が消える。「ここはところも愛宕山」の凄味から、「時は今、今ぞ成就の」から二人の上使を斬って、三段に刀をグッグッと見込む凄まじさ、見ていると吉右衛門の体から怒濤のように凄まじい殺気が舞台にほとばしった。この吉右衛門のエネルギーの凄まじさは初代以上であった。初代だと「播磨屋ッ」というところであるが、二代目だとそばへ行くとまるでその殺気の焔の凄まじさに火傷しそうな危なさであった。それだけリアルなのである。

それから三方踏み割りの大見得から、駆けつけてきた四王天田島頭に刀を拭かせて大笑いで幕になるまで。

吉右衛門の光秀は、この愛宕山にポイントがある。それには賛否両論あるだろう。私も饗応、本能寺、そしてここまで引っ張ってくるのは無理があると思うが、そこが吉右衛門独自のやり方でもあり、近松柳の『絵本太功記』と南北の『時今也』の作品の違い、光秀という人間像の違いでもあるだろう。

吉右衛門の芸という観点に立てば、それは『絵本太功記』の光秀のほうがすぐれているといわなければならない。

長い間私は『義経千本桜』といえば、面白いのは三段目の「鮓屋」か、四段目の「河連館」だと思っていた。二段目の渡海屋から大物浦は部分的にはともかくも、全体が面白いと思ったことがなかった。全三場二時間五分もかかるこの大曲を面白いと思ったのは、吉右衛門の知盛が初めてであった。それまでの役者――たとえば二代目市川猿之助（初代猿翁）、八代目松本幸四郎（初代白鸚）、二代目尾上松緑、あるいは三代目實川延若や三代目猿之助（現猿翁）に比べて、吉右衛門の知盛がそのドラマの全体の骨格を明確にしたからであった。

どう明確になったのか。

すでにふれた通り、この一段は全三場に分かれる。最初は廻船問屋渡海屋の店先、続いて奥座敷、最後が大物浦の岩組である。知盛は第二場の奥座敷には出ない。第一場と第三場の主役である。

第一場の渡海屋では、知盛は渡海屋銀平、俗に真綱の銀平という男として棒縞の着付に厚司というアイヌ模様を暗示する衣裳を羽織り、足駄に唐傘をさして雨のなかを帰ってくる。海の男――廻船問屋つまり人や荷物を運ぶ店の主人であり、船頭でもある。現実の尼ヶ崎の大物浦には「渡海屋」という屋号の廻船問屋が何軒もあるということを、私は詩人大岡信のエッセイで読んだことがあるが、

「渡海屋」という屋号が有名なのは、ここが瀬戸内海を横断する大坂側の玄関口として繁盛したからであろう。銀平の「真綱」という通り名は、その商売仲間のなかでも男と立てられた俠気をもっていたからである。「真綱」とはその率直な気質をあらわす通り名でいかにも海の男らしい。

銀平が家へ帰ると鎌倉方と名乗る武士二人、相模五郎と入江丹蔵が銀平の女房お柳に船を出せと強要している。お柳は天気が悪いうえに先客がいると押し止めている。

そのなかへ入った銀平は、刀を抜いて襲いかかる二人を止めて、その無法をなじる。銀平の主張は三つある。

一つは、二人の行動の無法さ。

もう一つは、武士が持つ刀は自分を守るためだろう。それを振り廻してどうするのだ。

そして最後に、町人といえどもその家は武士の城郭、そこへ踏み込んで義経詮議とは何事、もし義経を「おかくまい申したらなんとする」。

むろんこれは奥にいる義経一行に聞かせるせりふであり、銀平を信頼できる男だと思わせる狂言である。

吉右衛門はここがうまい。

まず初めは、町家の主人らしく下手(したで)に出る、二人が自分たちのために船を出せという申し出は、「あなた様がご無理かと存じまする」という。その穏やかな、しかもビクともしない強さ、毅然とした態度で相手をなだめておいて、それでも聞かぬ相手にキッとなり、「武士の刀は鉾(ほこ)を納むると書く」といい、「刀は自分を守る道具」とグッと突っ込む強さ。そういっている銀平は町家の主人ではなく、ほとんど武家である。そしてついに義経を詮議するといわれて、「また判官殿にもせよ、大物の浦に隠れのない真綱の銀平がおかくまい申したら、な、なんとする」と、奥にいる義経に聞かせる男の意地。こうなれば船頭や廻船問屋という町家の主人ではなく、といってむろん武家でもなく、男一匹の俠客、男伊達の心意気になる。つまり銀平はこのプロセスによって、町人、船頭、武士といった既成の身分を超えて、男一匹の俠客になる。

吉右衛門のそれは、いかにも幡随長兵衛の俠気を思わせる市井の男伊達であった。しかし長兵衛は江戸前の世話狂言の登場人物、真綱の銀平は大物浦の船頭であり、かつ『義経千本桜』という時代物の登場人物である。俠客といっても感覚が違う。

吉右衛門の銀平はそういう世話でありながら時代物の風味をもった独特の分厚さであり、そこに大きな特徴があった。そういう狂言の芸の艶ともいうべき生彩を放っていた。顔が文楽の人形のような艶をもって輝いていたのである。

この多角的な立場の変化によって、次の大きな変身の下地をつくると同時に、見ている私たちに市井の庶民の親しい視点をまず植えつけるのである。

見ていて爽快、いかにも胸のすく銀平であった。

二人を門口へ放り出してからも、その芝居を続けて、二人が入るのを見届けて、義経主従のお世話をお柳に「頼んだぞや」と大きく時代に念を押して、上手（かみて）の障子屋体に入る。本文でいけばこの後に天気を見る義経との芝居があるが、歌舞伎では女房お柳に任せて銀平が入ってしまうのは、一つは知盛に変わる拵（こしら）えの時間のためであり、もう一つはお柳に仕どころを譲るためである。

それが一挙に平家一門の司令官、新中納言平知盛になるのは二度目の出である。

お柳の呼びかけで上手二重の障子を引くと、白装束白糸縅の鎧、白の大口袴の知盛が合引にかかっている。真綱の銀平が実は壇の浦で死んだはずの新中納言知盛であったというのは、この作品のなかでも観客のもっとも驚くところであろう。

知盛は壇の浦をひそかに逃れて、安徳天皇とその乳人典侍の局とともにこの大物浦にひそんでいた。その目的は、平家を滅ぼした義経、そしてその背後にいる頼朝、この二人の怨敵を滅ぼして再び平家を再興するためである。むろん作者のフィクションであるが、その作者の目的は単なる復讐にあったのではない。むろんそれが全くなかったとはいえない。この狂言の趣向の一つは、平家一門のなかの残党狩りにもあったことは事実だろう。戦後も行方不明であった平知盛、平維盛、能登守教経の三人の捜索である。しかし二段目に限っていえば、作者の主題でもっとも重要だったのは平家一門の戦争、そしてその敗戦の再現にあるのではないだろうか。

しかし限られた舞台の空間で戦争をドラマ化することは難しい。戦争場面は映像でもない限りリアリティをもって再現することはむずかしいし、ほとんど成功するのは不可能だろう。そこで唯一可能な方法は、その戦争が虚構であることを強調することである。そしてその強調のなかから何がしかのリアリティを生むことである。そこで『千本桜』の作者は仮想の戦闘をつくった。すでに壇の浦の戦いは終わっている。その後日譚という形をとったことが、その方法の第一。

ついで『平家物語』にもある、源義経が九州へ行こうとして大物浦から出船して時ならぬ台風に遭い、その台風の間に平家一門の亡霊を見た伝説の形を利用した。そもそもこの怨霊話は幻想なのであるが、その幻想を生きていた知盛がつくったというのが、この作品の設定である。これは戦争を初めから虚構として描く方法の一つであった。

知盛が白糸縅、白装束で出立っているのも、その家来たちが同じく白装束のうえ、額に本来死人がつける鉢巻をつけているのも、自分たちは亡霊であることを敵方に印象づけるためであった。むろんこの戯曲では、そうすることによって義経を討った後、再び頼朝を討つためであると説明している。それも事実だろうが、もっとも大事なのは、知盛以下が全員幽霊であって現実の人間ではないと人々に思わせることであった。そうすることによって戦争にリアリティを与えようとしたのである。

そのうえでさらに作者は能の『舟弁慶』をここにはめ込むことによって、『平家物語』の幽霊話をさらにリアルに具体化した。知盛が障子屋体から謡がかりで出てくる意味はそこにある。こうして二重三重に虚構化されることによって、今、私たちの目の前の舞台で起こっている芝居が現実味をおびることになった。

これが知盛の計画であり、作者の設定であった。

渡海屋銀平実は新中納言知盛という、一介の漁師の船頭が天皇のそば近く仕える堂上(どうじょう)貴族であるという荒唐無稽な設定は、一際現実味をおびることになった。

白装束姿の吉右衛門が一際堂々たる風采であったのも、この設定の吉右衛門が、屋体からあらわれて話し始める一言一句のリアリティによる。彼は安徳天皇を娘とし（本文によれば清盛が本来女性であったのを男性として皇位につけたということになっているが、普通この件(くだり)はカットするので、そうすると男子の天皇を娘として育てていたことになる）、典侍の局を女房お柳として暮らしていた事実も告白する。

ここの吉右衛門は一言一句のせりふがうまいうえに、「今月今宵」と下手を見る視線の動かし方の大芝居、続いて〽「骨格」で軍扇を左脇に引き付けての座ったままのツケ入りの大見得、〽「白糸縅」で自分の右手を見るツケ入りの見得と、カドカドの見得が面白いために、今日までの知盛の苦労、目の当たりである。この物語のリアリティによって次の大物浦の悲劇が際立つのである。というのはこの大時代な告白のなかで、父娘、夫婦の情愛が一際目立つうえに、それとは対照的に二つの関係がはっきりするからである。

一つは、安徳天皇は高倉天皇と平徳子（のちの建礼門院）との間の子であり、平徳子は知盛の妹だから、天皇と知盛は伯父姪の関係になる。そしてそれとは別に天皇は一天万乗の君主であり、知盛はその臣下の中納言だという関係である。この二重三重の関係の交錯のなかで、知盛の天皇との最後の別れが演じられる。

天盃拝受、「田村」の舞い。そういう儀式を通じて戦争は徐々に現実化していく。そのなかで、松明を持って迎えに来た白装束の部下たちに囲まれて引っ込んでいく吉右衛門は実に立派であった。これは銀平から知盛への変化、さらに物語によって明らかになる三重の関係によって知盛の白装束が一際鮮明に輝くからである。その姿は砂を蹴立てて海へと消えて行った。

次の第二場は、典侍の局の持ち場であって知盛は出ない。

知盛が登場するのは第三場の「大物浦」。

初めは花道から出て大勢の立廻り、水入りの鬘に血染めの化粧、拵えに長刀を持っての戦い。そのカドカドのきまりも凄惨を極めるが、ドラマが迫真をおびるのは義経が既に捕えた安徳天皇と、典侍の局を連れて登場してからである。

それまでの知盛は花道から本舞台中央へ来て、長刀を担いでツケ入りの見得、続いて軍兵を追って花道七三へ行き長刀を杖についての大見得。

この二つが凄惨な血まみれの錦絵だった。大きく立派なのである。

続いて「天皇はいずこに」「典侍の局」という絶叫が今でも私の耳に残っている。

そこへ義経が安徳天皇と典侍の局とを連れて、四天王を従えて上手揚幕から出る。

それを見た知盛が義経に勝負を挑む。「勝負勝負」の長刀をついてのきまり。義経の計略を聞いて「ナニ、残念や口惜しや」と歯がみをしながら万事休すと悟った知盛。「天命」を大きくいって「天命」と同じイキで小さく低くつぶやく知盛は、もはや行くべき道はないように見える。それでも「サア、今こそ汝を一太刀」という恨みの形相の凄まじさ。怨念だけが瀕死の知盛の力を振り絞っている。

そこへ上手から弁慶が出て上下の見得になり、「生き変わり」と長刀をついてウラ「死に変わり」とオモテになって幽霊手になってのきまり。次いで〽無念の顔色」と義経に詰め寄り、〽この世からなる悪霊の相」で長刀を滑らして座って幽霊手になる。この場の凄みも充分であった。

そこで初めて天皇が声をかける。

「朕(ちん)を供奉(ぐぶ)し、永々の介抱はそちが情、今日また我を助けしは、義経が情なれば仇に思うな知盛」。

この少年の言葉ほど天皇制の本質を衝く言葉はないだろう。全ては周囲の責任、権力本体の天皇には責任がない。責任がないから王権は永遠。これこそが最も日本的な権力の構造なのである。

続いて典侍の局が自害する。自分が生きていれば天皇に知恵をつけると思われてはならない。そう思うから彼女は死ぬという。この言葉もまた天皇制の、絶えず右と左の思想に影響を受ける、あるいは受けて成立している天皇制の特質を裏書きするものだろう。

安徳天皇の言葉と典侍の局の自害とは、知盛の運命を決定する事件であった。この事件は知盛にとって二つの意味をもった。一つは知盛はというよりも平家一門は、安徳天皇に見捨てられたのであり、絶えず天皇制はこういう排除によってその何千年の命脈を保ってきたのである。

そしてもう一つの意味は、知盛の家族――娘お安と女房お柳と、ついさっきまで営んできた家族――たとえそれが敵をあざむくための仮想家族だったとしても、その崩壊を意味したのである。

前の渡海屋の幕切れで、この家族は三重の意味での家族であった。むろん一つは父娘、夫婦の仮装家族。一つは伯父と姪、その乳人との関係。そしてもう一つは天皇とその臣下すなわち官位の示す序列。新中納言、典侍の局という関係。一つは町家の家族、一つは本当の血縁関係、そしてもう一つは朝廷の官職による階級。

家族の関係ばかりでなく、この三重の関係が崩壊した。この意味はほとんど平家一門の崩壊に匹敵する。なぜならばそれは、平家一門の血縁関係と朝廷の位階の崩壊を意味したからである。

それを目の当たりにして知盛は死ぬしかなかった。なぜならば吉右衛門の知盛のこの件を見ていると、知盛が仮想家族を心から愛していると思うからである。典侍の局は天皇の乳人という意味では中納言などよりはるかに高位である。しかし吉右衛門がウラ向きでその死に泣くのを見た時、私はこの男が局を本当に愛していたのだ、仮想ではなく本当の夫婦であることを思った。

ことにこの件が優れていたのは、平成二十一（二〇〇九）年十月歌舞伎座の時で、この時は五代目中村富十郎の義経、坂東玉三郎の典侍の局という二つの傑作に囲まれて、この件が引き立った。天皇のこの言葉は、知盛、義経、典侍の局の三人にそれぞれ違う反応を引き起こすのだが、それを三人三様無言のうちにハラで受けている具合が見事だった。その三人の受け取り方によって、天皇の言葉が単に残酷かつ冷たく聞こえるばかりでなく、天皇制の已むに已まれぬ歴史的な体制の厳然たるあり方を思わせたのである。知盛の受けた衝撃むろん大きく、しかし義経にとってもその立場は同じく、そのなかにあって典侍の局の玉三郎もまた乳人に徹して、そうなれば天皇にとってただの役職にすぎない残酷さが鮮明であった。改めて天皇制とはかくの如きものかと思わせたのは、三人のそれぞれ違いながらも一つの思いの表現があったからである。

こうして家族を失った知盛は死ぬしかなくなる。

しかし彼は最後の賭けに出た。源平の戦争、そこで安徳天皇は「三悪道」を見た。本来天皇が見るべきでない地獄の汚れた「三悪道」。「三悪道」とは、餓鬼道、修羅道、畜生道をいう。その悲惨な汚辱にまみれたありさまを天皇は体験してしまった、天皇をそういう目に遭わせたのは源氏の責任ではないのか。知盛はそのことを語って義経の戦争責任を追及する。

吉右衛門の知盛が語る「三悪道」は、さながら目の当たりであった。〽ある時は風波に会い、お召しの船を荒磯に吹き上げられ」というところで、吉右衛門の知盛は裏向きになって座ったまま両手を広げて上を見る。さらに表向きになって同じく両手を広げて天を仰ぐ。そのありさまさながら大船が荒浪に翻弄されるごとく、あたり一面に波濤の散るようであった。

それを見た時、私は能の『大原御幸』を思った。『大原御幸』は同じ目にあった建礼門院が大原寂光院に隠棲しているところへ後白河法皇が訪ねてくる。なんのために。門院が生きながらにして地獄の「三悪道」を見たということを聞いて、そのありさまを聞いて、自分が成仏するための機縁にしようとしたのである。しかし後白河法皇は門院の実家である平家討伐を命令した当の本人である。とても門院に「三悪道」を聞くことができる立場ではない。それでも門院のところへやってきた。ともに「三悪道」を体験し、その体験を共有することによって門院の許しを得ようと思ったからであろう。

私が吉右衛門の「三悪道」を見ていて『大原御幸』を思ったのは、この体験の共有とその意味するところによる。

吉右衛門の知盛が迫真的なのは、「三悪道」の景色を語る吉右衛門の面白さと同時に、吉右衛門がこの物語を生きていたからであり、そうすることによって門院が後白河法皇に迫ったように、知盛もまた義経にその戦争責任を迫ったのである。

しかし、天皇はむろん義経もそれを無視した。知盛にはどこにも生きる道はなかった。

すでにふれたように、平成二十一年十月の時は富十郎の義経が傑作であったために、ここはことにすぐれていた。すなわち富十郎は、知盛と安徳天皇の別れをただ普通の人がするように少し後へ下がるだけでなく、全く後向きになって舞台の奥へ下がって体を殺している。こうすると舞台に浮かぶのは下手へ行こうとする義経の配下の武士に抱かれた安徳天皇、その行く手にひれ伏して顔を上げる知盛の二人だけがクローズアップされて、充分に二人の別れが浮かび上がる。それはもはや三重の関係を超えて、人間同士の情愛だけが溢れる。知盛の人間性の深さ。そればかりではない、そういう別れを演出した義経の情愛が出る。吉右衛門と富十郎のこの間の二人の芝居はまさに全ての怨念を超えるものであった。

そうなると知盛の武士としての風格と一人の人間としての情愛とがはっきりして、さらに芝居が深くなる。

別れを終えて知盛はそういう信頼関係が生まれた義経に天皇の将来を頼む。また頼まれる義経、そういう二人の敵味方を超えた人間像が明らかになった。

その豊かさはいよいよ知盛が岩組を登っていくところにも明らかだった。岩組の角々で止まる。そうすると表は武家の式作法、角をまわると溢れる人間の悲しみという両面が鮮明になった。

そのうえにここの吉右衛門は、碇(いかり)に手をかけるところまで、床の竹本の三味線につくことが多く、それがこの場の芝居に濃厚なコクと風味を与えた。

この知盛の最後は能の『碇潜(いかりかづき)』の影響による。

こうしてみるとこの作品は『舟弁慶』『大原御幸』『碇潜』と三つの能作品を取り込んでいることがわかる。その三つの能を取り込むことによって作者の戦争を描く試みは成功したのである。かくして知盛の悲劇はいつの世にも変わらぬ戦争の悲劇を舞台に描く普遍的なドラマになった。

その第一声――松王丸『菅原伝授手習鑑』「寺子屋」

舞台下手に止まった駕籠の陰から声が聞こえる。

「やァーれお待ちなされ　しばらく」

ここは洛北芹生の里の寺子屋（学校）の門口である。この村に匿われている菅原道真の一子菅秀才を討とうと、藤原時平の家来春藤玄蕃と松王丸がやってくる。しかし寺子屋へ来ている村の寺子（生徒）の親たちが、我が子が菅秀才と間違われて殺されないために、子どもを引き取りたいといってついてくる。

春藤玄蕃は煩がって勝手次第に連れ帰れという。それを松王丸が駕籠の内から止めて、こういうのである。

吉右衛門はこの第一声がうまい。

まず「やァーれお待ちなされ」の最初の一句を裂迫の気勢でいう。人が勢い込んで何かしようとするのを言葉だけで止めようとするには、それなりの気合の入った勢い、力がいる。それはこの松王丸に限らない。『勧進帳』の四天王が「いでや関所を踏み破らん」と、立ち上がった時にそれを止めて弁慶がいう「やぁれ暫く御待ち候え」。あるいは『忠臣蔵四段目』で斧九太夫のもとへ行こうとする塩冶家の家臣たちを大星由良助が止めて、「やーれいずれも待たれよ」。そしてこの松王丸の第一声。いずれも人を止めるだけの力が声に、言葉になければならない。杉贋阿弥の名著『舞台観察手引草』（玄文社、大正七年）には、明治の名優五代目尾上菊五郎が、なかなかこの一句が人を止める気合にならないといって苦労したというエピソードがのっている。

松王丸は、主人藤原時平に辞職を願い出ている。時平が松王丸一家が恩を受けた菅原道真を迫害しているからであり、そのため松王丸は病気を理由に辞職願いを出した。むろん仮病であるが、そのために彼は駕籠乗物に乗ることを許され、髪をのばして病鉢巻を締めている。

「やァーれお待ら」まで玄蕃を止める鋭い気合でいった松王丸は、自分が病気であったことに気がついて「お待ちなさーれ」とせりふのトーンが落ちる。そして出直して、「しばァらーく」と病気らしくかつはこの場の主役らしい格をもって重々しくいう。

松王丸が『菅原伝授手習鑑』という長編時代狂言の四段目の切（一編のなかでもっとも大事なのは三段目の最後の部分「三の切」であり、次に四段目の切が大事である）の主役である。その格を重んじるために、ここでふれたような理屈を無視しても、その格を強調して演じるやり方もある。十三代目片岡仁左衛門がそうだった。音吐朗々、あたりに人なきがごとき立派さ。「寺子屋」が人形浄瑠璃という語り物の一編である以上、そういう格もそれはそれとして否定できない。

吉右衛門の「しばらく」も、その格に戻って重々しくなる。

第一声とはいえ、イヤそれだけにたったこれだけの一句、しかも舞台の陰でいうせりふにもこれだけの工夫がいる。先ほどふれた杉贋阿弥は、同じ本のなかで、この一句に初代吉右衛門に独特の工夫があることにもふれている。吉右衛門はこの初代の孫であり、後継者としての二代目でもあって、その芸風を何よりも大切にした。これだけのせりふのうまさもいわばその伝統なのである。

吉右衛門のこの一句を聞くと、姿は見ずともこれだけでもういい松王丸だということがわかる。

間もなく駕籠からあらわれた松王丸は、駕籠の棒鼻をまわって正面に姿を見せて、春藤玄蕃に一礼、その下手に高合引（後見が出す腰掛――これは役者の姿をよく見せるためのものであって、本来観客には見えないものになっている）にかかる。

その姿を見れば、あの一句のよさがよくわかる。

百日鬘に紫の病鉢巻、白塗り、黒地に雪持ちの松と鷹の着付と長羽織の着流しというこの扮装は、四代目市川團十郎が工夫したものといわれて、代々受け継がれてきた。こういう代々継承されてきた扮装にピッタリ合って見えるかどうかで、その役者がどれだけその役を自分のものにしているかどうかがわかる。

吉右衛門はこの姿がいい。百日鬘の暗い翳、紫の鉢巻と白塗りの色気、黒地の衣裳の深い彩りにピタリと合っている。その錦絵のような古怪な美しさ、輝きがこれから生きてくるのである。

もっとも吉右衛門のせりふのうまさは、口跡がいいのでも、調子がいいのでもない。むしろ声量のない天性の小音を工夫によってカバーしていることからくるうまさである。それはこの後のせりふの途中の咳にもある。この咳をどこでするかは各人各様いろいろあるが、吉右衛門はもっとも一般的な「（菅秀才を百姓の子に仕立てて）助けて帰る」で咳になる。ここで咳くのは、そんなことをしても駄目だぞという源蔵への警告だろうが、それよりも大事なのはこの咳が一つの芸として面白くなるかどうかであった。

吉右衛門の咳は、まず第一にリアルであった。松王丸は仮病であるからリアルな必要はないように見えるが、実はそれだからこそリアルである必要がある。しかし単にリアルであったばかりではない。グロテスクで咳そのものが面白い。以上の理由から、吉右衛門の咳は単なる身体の自然現象ではなくて一つの芸になっている。

二人は寺子改めを終わって源蔵の家へ入る。入ったところで、源蔵夫婦とつけ廻しになる。松王と源蔵がぶつかって、パッと二手に分かれてきまる。源蔵はオモテ、松王はウラである。

平成十一（一九九九）年四月歌舞伎座、吉右衛門が十六年ぶりで松王丸を演じた時の源蔵は五代目中村富十郎であった。その時ここは、富十郎がパッと分かれてクイックイッと顔を動かしてきまるイキのよさにはさすがの吉右衛門が喰われてしまった。

しかし三年後、再び富十郎の源蔵の時には、吉右衛門は充分に間をとってウラ見得を大きく古怪にきめて、富十郎と立派な二人立ちの錦絵になった。それだけ成長したのであり、松王丸の敵役としてのハラが強くなったのである。

松王丸は性根は立役であるが、前半は敵役に徹していなければならない。吉右衛門の松王丸の魅力は、その前半の敵役としての手強さにあり、それはこれからの源蔵との詰め開きにもよくあらわれている。

たとえば「身替りの贋首、それも食べぬ」という皮肉で時代なせりふから、パッとイキをかえての「古手なことして後悔すな」の裂帛（れっぱく）の鋭い語気。

あるいは源蔵が首を討ちに入っての、机を改めるところ。「先だって行んだガキらは以上八人」までが探るような追及の気分で、一転気を変えて、「机の数が一脚多い」の鋭さ。「その倅はいずれに居る」の凄味の追及の激しさ。戸浪がなんとかいいぬけようとするのを「ナ、ナニ、ナニ、ナニをバカな」と大きく激しく叱るところの手強さ。いずれも吉右衛門のせりふのうまさである。

「なにもせよ」と松王丸、玄蕃が立ち上がると、奥でバッタリ首討つ音が聞こえる。よろめいた松王丸が戸浪とぶつかっての「無礼者め」の大見得は、吉右衛門の前半唯一の欠点であった。形が悪い。ここは左手に刀をつき、その刀を右脇へ引きつけてその柄頭に右手をついて、頰杖をつく形でその手を大きく開いて大見得になる。吉右衛門はその理解からリアルに右肘を刀にのせようとして、肘を体につける。そうすると右手の動きが小さく、かつ形のバランスが崩れて見ばが悪い。

その欠点が克服されてきたのは、平成二十四（二〇一二）年九月歌舞伎座、松王丸の市川染五郎（現松本幸四郎）が怪我休演のため配役変更となって、代わりに勤めた時で、右肘が離れて大きく形がまりつつあった。しかしこの形の全体のバランスが完成し、したたるような艶やかさに円熟したのは、実に吉右衛門最後の松王丸、すなわち令和元（二〇一九）年九月であった。その古怪な、歌舞伎座の舞台いっぱいに広がる大きさは、この時初めて完成したのである。

いよいよ「家来衆、源蔵夫婦を取り巻き召され」から前半最大のヤマ場、首実検になる。

ここにもいろいろな型があるが、吉右衛門は初代吉右衛門以来の一般的な型で、首桶の蓋を開けて、その蓋に両手をつき首を見込んで「菅秀才の首に」といって、「相違ない」と源蔵に、「相違ござらぬ」と玄蕃へ、「でかした」と首へいいかけて「源蔵よく討った」と右手を上げる型で。この「でかした」を小太郎の首にいって情を聞かせる人もいるが、吉右衛門は一切そういうことをしないでいながら、我が子を討たせた親の悲痛さを言外に響かせる。この二重の表現がのちにふれるごとく吉右衛門独特のうまさである。

前半の最後は引っ込みであるが、ここは玄蕃を見て気を変え、トンと木戸を閉めてサッと入る。首実検にしても、引っ込みにしても、吉右衛門の松王丸の特徴は決して底を割らないことであり、のちにふれるようにそのことが重要な意味をもっている。

松王丸は二度目の出になると、全く扮装が変わる。髪は同じ百日鬘だが、白い力紙と紫の病鉢巻を取って、着付も黒地の着付に羽織、馬乗り袴と一変する。歌舞伎は扮装が変わることが即性格の変化を意味するから、この時点で今まで敵役であった松王丸は、その本心をあらわしたと考えるべきである。これがいわゆる悪から善に立ち返る「もどり」という手法であって、ここで敵役であった松王丸が、実は我が子を犠牲にしてまで菅秀才を助けようとしている善人であることがわかる。ということは、今日の観客はほとんど知っているだろう。しかし私は、吉右衛門が最後に松王丸を演じた時に不思議な体験をした。

吉右衛門の松王丸の述懐——つまり告白を聞いていて、初めて「寺子屋」が上演された時、観客はここでどんなに驚いただろうか、と思ったのである。今さら何を、と思われるかもしれない。確かに私自身も、何十回もこの芝居を見てきているのに何を今さらと思ったことも事実である。にもかかわらず私がそう思ったのには理由があるだろうと思う。

一つは吉右衛門の松王丸の告白が、今初めて聞くような臨場感をもっていたということ。それほど彫りが深く、新鮮な物語の展開をしている。たとえば、よく人が非難する桜丸が不憫だという弟にかこつけて自分の子どもへの悲嘆をしているというところ。吉右衛門を聞いていると、決してそんなことはない。なぜならばここで松王丸は、菅原道真流罪という大事件の発端をはしなくもつくってしまった桜丸の嘆きに対して、少しでもそれを補ってお役に立った小太郎のことを思っている。夭折した弟と成功した倅。その対比のなかで二人の肉親を深く悲しんでいる男の絶叫が聞こえたからである。それは事件の始まりと終わり。その二つの局面で犠牲になった肉親がそこにいるかのごとくに聞こえるからに他ならない。

もう一つは、この述懐が「もどり」によって、前半の敵役ぶりとあざやかな対照をなしているからである。それほど大きく松王丸は私たちの目の前で今、変身した。黒地に雪持ちの松の羽織着流しから、黒の着付、羽織袴へ、派手な、しかも病気のための衣裳から一転して行動的な衣裳へ。この変身は二つの面の対照によって、より深く、より鋭く、互いを相対化している。雪が取り払われて、ただの黒地になっているのがいかにも象徴的なのである。

吉右衛門はその変身を生きた。

門口から入ってくる松王丸に源蔵が斬りかける。「源蔵殿先刻は段々」と前段のつけ廻しとは逆のポーズになり、舞台上手（かみて）へ行った松王丸が大小を投げ出し、右手を伸ばした大見得になる。吉右衛門の後段では、前段の「無礼者め」の大見得と対照的なグロテスクな美しさの大見得である。この大見得といい、黒の衣裳といい、吉右衛門の松王丸は、ここまでは前段の敵役のイメージをそのままに引きずっている。そしてそこから述懐によって徐々にその本性があらわれる。突然変わるように見えて実はそれなりの伏線が用意されている。その一方で変身は実に深く、対照的に行われる。私がこの「もどり」を最初に見た人間がどれほど驚いたろうかと思ったのも、吉右衛門の「もどり」の衝撃がこれまでになく深いものだったからである。

私は今まで感じたことのないような深い衝撃を受けた。

そしてそのことが私に、松王丸の人間としての意味をあきらかにした。人間としての深い孤独、可愛い我が子を殺してまで世間と戦う人間の孤独。松王丸が菅原道真を無実の罪におとした藤原時平の家来として生きているのを見た世間は、松王丸は「松はつれないつれないと世上の口にかかる口惜しさ」を感じた。それにもかかわらず菅丞相ただ一人は、「なにとて松のつれなかろうぞ」と和歌に詠んだ。世間の批判に孤立した松王丸を救ったのはこの一言。しかし、その人のために生きようとしても、その人は今九州の果てにいる。それを心に秘めて世間と戦う男の孤独。松王丸はその孤独をジッとかみしめている。

そして菅秀才追及の今、自分の子を身替りに斬るという計画にのり出した。しかしそれがどれほど反人間的な、反社会的な常軌を逸した行動であるかはいうまでもない。しかし彼にはこれしか生きる道がなかった。だからこそ「持つべきものは子なるぞや」なのである。

吉右衛門の「もどり」が鮮明なのは、敵役と立役、悪と善という単純な変化のためではない。この変化の結果あきらかになるものが、これほどおそろしい親の子殺しという罪を意味し、自分を非難する世界と戦う一人の男の孤独をあきらかにしたからに他ならない。

それはまた「もどり」という浄瑠璃の作者が設定した技法、新しい身替りの技法の意図そのものを生きるということであった。それは同時にまた松王丸の現代性を発見することでもあった。

松王丸に対する「松はつれないつれない」という評価は世間の一般的な評価であり、菅原道真の無実の罪と同様に、社会の憶測にすぎない。第一、松王丸が藤原時平の家来としてかねて恩義のある菅原道真に敵対しているというのも、社会のごく表面的な評価にすぎない。なぜならば松王丸が時平の舎人（とねり）になったのも道真の案であり、時平に斡旋したのも道真であった。しかも当時の主人と家臣の関係からいえば、松王丸は時平にこそ忠義を尽くすべきであって、道真に旧恩があったとしても今の主人である時平への忠義を優先させるべきである。

すなわちこの時点で、松王丸にはなんら落度がない。にもかかわらず「松はつれない」というのは誤解にすぎない。社会の誤解によって孤立しているのは松王丸に限らない。菅原道真がすでにそうであり、そういう事例は時代を超えて現代にも及ぶだろう。社会と個人の関係、その関係のなかでの社会的孤立。そしてさらにいえば、政治的な大事件のかげで犠牲になる最下級の人間の孤独。こういう現代的な人間像と古典のなかの人間像の対照は、吉右衛門の演じる松王丸と、それを見ている私たち現代の観客との時間的な距離感になるだろう。すなわちここで起きている松王丸とその本心の深層は、吉右衛門がその深層に達することによって現代と古典の関係に転化するのである。

これが、私が吉右衛門の松王丸を今初めて見たように思った仕掛けである。しかし吉右衛門の松王丸の告白がそこまで客席の私の心に浸透したのは、もう一つの吉右衛門の芸の大事な要素のためであった。

すなわち吉右衛門の述懐の芝居の運びのうまさである。私はそれを今初めて聞くように聞いた。それはすでにふれたリアルさと同時に、「もどり」の技法の間のその距離を吉右衛門がどう演じたかによる。松王丸は源蔵の不審に応えて、まず自分たち三人兄弟の関係、親白太夫と菅原道真の関係、そして社会のなかの孤独を語り、小太郎の最後を聞いての泣き笑い、女房千代のクドキから桜丸に及んでついに大落しに至る。これだけの紆余曲折をせりふでのべるばかりでなく、身体で生きる。その緩急、あるところは涙に、あるところは激しくきまる、ということの全体を、芝居の運びという。運びは普通テンポを意味するが、単純なテンポではない。それは芝居全体の紆余曲折をいう。

吉右衛門はそこがうまい。何回聞いたかわからぬせりふを聞きながら、つい聞きほれてしまう。話にのせられて引き込まれてしまう。他の人だと時に退屈に思われるこの件（くだり）が、アッという間にすんでしまう。終わると夢からさめたようになる。

物語の「語り」はすなわち「騙り」だといい、それは話術の妙によるという。吉右衛門の松王丸のこの件は、まさに聞く者の心をトリコにするという点で「物語」そのもののよさである。

「寺子屋」の幕切れは「いろは送り」である。松王夫婦は葬送の儀式で、松王丸は白装束に水裃（みずがみしも）、女房千代は白無地になる。

黒地に雪持ちの松は黒地の羽織袴になり、そしてついに白地になる。それは聖なる色への変化であり、この変化を古右衛門は生きるのである。

吉右衛門の松王丸は「寺子屋」だけでなく、「車引（くるまびき）」でも傑作だった。もっとも「寺子屋」と「車引」では同じ人間でも役柄も違えば感覚も違う。「寺子屋」では前半敵役、後半が立役、あえていえば実事であった。それが「車引」では、ハラは敵役であるが全てが荒事なのである。上方の丸本（まるほん）重視のやり方と違って、東京風は「車引」に出る人間——金棒引きに至るまで全員が荒事で統一されている。松王丸も例外ではない。「待てェェ」と声をかけて鳥居先から出てきたところの横見得、肌脱ぎになっての元禄見得、石投げの見得といずれも荒事に使われる見得であり、そういう見得になると吉右衛門はさすがに地味であったが、そこへもっていくイキの運びが手強く古怪で、見ている者をワクワクさせる面白さをもっていた。手順は他の人と違うわけではない。しかしその一挙手一投足が舞台を引っ張っていく力強さに溢れて凛々たるものであった。

この時（平成二十三〔二〇一一〕年九月）は現中村又五郎が歌昇から襲名をした舞台で、梅王丸はその新又五郎、桜丸は坂田藤十郎、時平は又五郎の実兄中村歌六、杉王丸は又五郎の長男の中村歌昇襲名であったが、吉右衛門が舞台を運んでいく勢いは、舞台いっぱいの大きさであった。

たとえば梅王丸、桜丸とのやりとり、三人揃っての五ツ頭、幕切れの絵面の見得といずれも舞台のイキをリードしたのは吉右衛門であり、その力強さが松王丸という人間を大きく太いタッチで描き出した。それだけのものを見せながらも、吉右衛門の松王丸は「寺子屋」に通じる人間だという点では一貫性をもっていた。

もっともこの時は昼に「寺子屋」があって、新又五郎はここでは武部源蔵、松王丸は吉右衛門であった。昼の部、夜の部と分かれているが、吉右衛門の松王丸は「寺子屋」でも「車引」でも一貫していたのである。

二つの人生――樋口次郎兼光 『ひらかな盛衰記』「逆櫓」

私が初めて「逆櫓」を見たのは、昭和二十四（一九四九）年九月の東京劇場であった。八代目松本幸四郎襲名披露興行。吉右衛門の実父八代目幸四郎が、この年の一月に亡くなった父七代目の跡を継いだ芝居であった。新幸四郎の樋口に、権四郎が初代吉右衛門、駒若丸が萬之助。のちの二代目吉右衛門であった。

それから幾星霜。二代目吉右衛門の「逆櫓」を見たのは日比谷の芸術座の「木の芽会」という現松本白鸚と吉右衛門の兄弟の研究会で、当時まだ萬之助だった吉右衛門の樋口に、白鸚が畠山重忠を付き合った。その「せいたりな樋口」というせりふの新鮮、朗々たる名調子をよく覚えている。

そしてさらに何度か「逆櫓」を見て、十九年ぶりの平成十二（二〇〇〇）年十一月の歌舞伎座で吉右衛門の「逆櫓」を見た時に、私は初めてこの芝居の本質とは何かということを知った。というと大袈裟だが、要するにこの芝居のテーマは武士の論理（樋口の忠義）が庶民の論理（権四郎の人情）によって救われるというところにある。武士を最上位においた「士農工商」の階級制度による封建社会においては、何よりも武士の論理が最優先されるべきであるが、それを樋口が全うしようとすれば木曾義仲の一子駒若丸は殺されなければならない。その命を救ったのは、これはおれの孫だという権四郎の主張である。一度は樋口の忠義の論理に服した権四郎の人情が、結局は駒若丸の命を救い、ひいては樋口の忠義を全うさせるというところにこの芝居のテーマがある。

そのことを、私に今更ながら発見させたのは、吉右衛門のこの時の演技による。

しかし、樋口の論理が権四郎の論理に助けられるというテーマには一つの前提がいる。それは樋口の二面性である。船頭松右衛門実は樋口次郎兼光。摂津国福島の海岸の船頭松右衛門実は木曾義仲の残党、かつては義仲の四天王の一人樋口次郎兼光。義太夫狂言ならばどこにでもある「実は」という「やつし」が、この芝居ほど有効に働いてそのテーマを成立させている芝居はそう多くはない。

木曾義仲が同じ源氏の頼朝、範頼、義経兄弟たちによって滅ぼされた後、その遺児駒若丸は鎌倉方に追われることになった。

ある夜、その駒若丸をつれた義仲未亡人とその腰元お筆、鎌田隼人という老臣らは、人目を忍んで大津の宿へ一泊した。

その宿の隣の部屋には、摂津国福島の船頭権四郎とその娘およしと彼女と亡き夫松右衛門の間の一子槌松が泊まっていた。およしは松右衛門の死後再婚して、その夫は二代目松右衛門の名を継いだが、この旅には行かなかった。深夜、鎌倉方がこの大津の宿屋を襲った。暗闇のなかで義仲未亡人山吹御前は死、鎌田隼人は討死、お筆一人が助かった。

一方、隣の部屋から逃げた権四郎一家三人は無事に脱出したが、深夜の暗闇のなかの混乱で、駒若丸と槌松が入れ替わって槌松が駒若丸と間違えられて殺され、槌松と思って助けられた駒若丸をつれて権四郎一家は帰国した。

その権四郎の内が、この芝居の舞台である。このいきさつからいえば、槌松は被害者、直接の加害者は鎌倉の追手だが、それは駒若丸暗殺を目的としていたのだから、間接的には駒若丸が加害者である。被害者と加害者。樋口はこの両者の敵対関係の間に立つことになった。

そこへお筆が訪ねてくる。その夜の騒動で駒若丸が助かって権四郎の家にいることを知って、取り戻しにくるのである。しかし権四郎は返そうとしない。駒若丸は孫槌松の敵だからこの場で殺すという。

樋口も松右衛門という立場に立てば、先夫の残した義理の子とはいえ、槌松の敵は討たなければならない。

しかしお筆の話を聞いて、この子が主君木曾義仲の忘れがたみ駒若丸と知った以上、命に代えても助けなければならない。そこで松右衛門とすれば駒若丸を殺さなければならぬ、樋口とすれば助けなければならぬという両義的な立場に立つ。この対立を生きるには、単に樋口が身を隠すために松右衛門になりすましていたというようなことではなく、二つの全く違う人格を生きるしかない。それが前提になければ、すでにふれた武士の論理と庶民の論理のドラマは成立しようがない。私がこのドラマを発見したのも、吉右衛門のなかに松右衛門と樋口の二つの人格が成立したのを見たからに他ならないのである。

それでは、それはどう表現されたのかを見てみよう。

まず花道の出。本舞台から村人たち、揚幕から吉右衛門の松右衛門が出て花道七三で互いにすれ違う。吉右衛門はそのやりとりがめっぽう明るく、軽く、愛嬌したたるばかり。その世話の味、芝居の艶、見ていて浮き立つような気分にさせる面白さ、あゝ、いい松右衛門だなと思わせる。

果たして本舞台へ来ての、権四郎、小よし相手に今日梶原景時の陣屋へ呼ばれて逆櫓を教えよといわれての一部始終の仕方噺。ここが面白い。ことに襖がサーッと開いてなどというところは、たまらぬうまさである。仕方噺だからその場の情景が目の当りであることはむろん大事であるが、ただそれだけではない。それよりもここで大事なのは物語の語りの芸である。

「『逆櫓』の松右衛門が梶原のところから帰って来て、権四郎とおよしに様子を語って聞かせるくだりはむずかしいせりふだが、萬之助にはかなり消化できていた。吉右衛門の型は、動きや表情だけでなく、せりふまわしに、はっきり残っていたのである」（戸板康二「新吉右衛門論」『演劇界』臨時増刊『中村吉右衛門』昭和四十一年九月）

私は初代吉右衛門の樋口を知らないが、吉右衛門が初代のせりふ廻しを学んでいたことは事実だろう。その樋口のせりふの難しさは、樋口、梶原を語り分ける時とか、それを語っている語り手としての松右衛門自身、さらにいえば、それを見せている吉右衛門自身が出なければならないからである。この時点では私にはわからなかったが、平成十二年の時にはその面白さを充分に堪能した。

ここで松右衛門は膝で寝入ってしまった槌松（実は駒若丸だが）を抱えて二重上手の障子屋体へ入っていく。

二度目の出は、障子屋体の障子が開くと吉右衛門は合引に腰かけて槌松を抱いた形であらわれる。すでに前の石持から萌黄と黒の棒の褞袍と、鬘も化粧も扮装もガラリと変わっている。しかし変わったのは鬘、化粧、扮装だけではない、すでにハラが変わっていることがはっきりわかるのが吉右衛門のうまさである。

かつて私は大阪の中座で十三代目片岡仁左衛門の「逆櫓」を見た。上方歌舞伎の滅亡を嘆いた仁左衛門が自費で行った「仁左衛門歌舞伎」という公演の第一回目である。その時、私が驚いたのは仁左衛門の松右衛門と樋口の変わりようであった。仁左衛門は上方だけでなく東京でも修行した人だから、これが純然たる上方型と断定することはできないが、仁左衛門の松右衛門は単にガラリと変わったというよりも、全く違う二人の人間、イヤ、二つの役に見えたからである。松右衛門は船頭で世話、樋口になると朝日将軍と時めいた義仲の四天王の武将で時代も時代、大時代でまるで違う。それを瞬時に変わる。そのありさま、さながら手品でも見るようだった。しかしそこにこの役の面白さ、二役を変わって見せるところに、こういう古い芝居の面白さがあることも痛感した。

これはのちに詳しくふれることになるだろうが、とにかくアッと思うほどの変わりようで、その面白さに私は啞然とした。

しかし、東京型はあくまで一人の人間の変わりようである。

駒若丸をお筆に預けた樋口は、二重を下りて世話木戸へ行き格子を開けながら「権四郎、頭が高い」。格子を閉めて背中をつけ、「イヤサ、頭が高い」から権四郎とつけ廻しになって二重へ上る階段（専門用語で白緑（びゃくろく）という）に右足をかけて平舞台下手（しもて）へ廻った権四郎をグッと見下ろす裏見得、オモテになって今度は右足を下ろしてグッと見下ろして、左手を右の二の腕にかけてのツケ入りの大見得になる。お定まりの型である。

初代吉右衛門はここで変わった型を見せたことを杉贋阿弥が記録している（前出『舞台観察手引草』）

が、その後、九代目市川團十郎が始めたという普通一般の型になった。二代目吉右衛門も一般の型であった。

吉右衛門のこのカドカドの見得、その動き、その芝居の運び方は、義太夫狂言らしい大時代なスケールとコクに満ちたものであった。

さらに私が感動したのは、この後の樋口の物語であった。その勇壮、その勢い、その溢れる迫力で、平和な漁村の貧乏家屋の一隅を、戦乱の血なまぐさい風が吹き抜けていくようであった。気がついてみれば庶民の一室、しかし夢中で見ていると劇場中に戦場の風が吹き荒れて、この世からの地獄であった。

この物語によって松右衛門は樋口という武将になる。障子を開けると途端に樋口になるのではない。それも面白いが、これはまた別、松右衛門がだんだん樋口になっていく。それが面白いし、それでなければ、この次に起こるドラマの骨格が浮き上がらないのも事実である。

その疾風怒濤のごとき物語のなかでも吉右衛門には一点松右衛門の視点が入ってくる。すなわち手に持った手拭で平舞台に落ちている槌松の笈摺(おいずり)をさして、「殺されし槌松は」というせりふ廻しがめっぽうならうまさだった。戦物語から一転した情愛の溢れるばかりのうまさであると同時に、この一点で樋口が松右衛門の義父という立場に転換するあざやかさが、劇的に強いインパクトをもったからである。

槌松の義父になった松右衛門は、そうなった自分の立場は権四郎がつくってくれた、その恩義は「何に類いがあるべきぞ」という。

ここからは平舞台へ下りて権四郎の手を取った松右衛門が、有名な「千尋の海、蘇明路(そめいろ)の山」になる。その人情の変転一直線である。そこで樋口から松右衛門になった彼は加害者（駒若丸）から被害者（槌松）の立場になる。

この転換には二つの意味がある。

一つは、松右衛門のなかの権四郎に対する義理の関係を忘れぬ人情と、亡き主君義仲への忠誠心、それにつながって義仲の遺児駒若丸への忠誠が生きること。たとえば権四郎を説得する最後の「その随一の武士と」で、身を起こして向うを見てグッと浮かした右の膝頭をトンとつくところで、吉右衛門の体のなかにはムラムラと「忠義」という現代人から見れば奇怪としかいいようがない怪物が、そしてその怪物を奉じて生きる武人の姿があらわれた。その姿が権四郎を動かす。

すなわちもう一つの意味は、この権四郎の反応である。その反応には二つの側面がある。一つは今目前にあらわれた樋口の忠義。その誠忠への感嘆。それは一般市民にはない絆の強さであり、権四郎はその強さに驚きと感動を覚えた。もう一つはその忠義の陰に隠された義理人情である。それは本来一般庶民のなかにも生きていたが、しばしば日常的現実的な感情のために埋没している。権四郎はそこに人間的な感情を再発見した。すなわちこの両面は、権四郎を感動させると同時に樋口自身の姿も照らし出し、樋口の二重性をも写し出す。松右衛門実は樋口という設定はこの二重性によって、松右衛門は樋口であり、樋口は同時に松右衛門でもあるという二重の人間像をつくるのであり、そうなった時に権四郎（市民）が樋口（武士）を救うという論理が可能になる。

しかしそれはまだ先のことである。

樋口に説得された権四郎は駒若丸を助けることに同意する。

そこへ松右衛門の仲間が来て、場面が変わって海上になり、逆櫓の稽古になる。逆櫓とは船を逆走させる運転の方法であり、退却の時に使う。梶原はこの方法を海戦に使おうとし、それに反対する義経は、退却など考えずに戦わなければ戦さには勝てないと主張して争いになった。義経と梶原の決別の原因になった船の操縦法であり、この方法を知っていた松右衛門はこれによって源氏軍に取り入り、義仲の敵義経を討とうとしたのである。

しかしすでに松右衛門が実は樋口であることは、梶原に知られている。そこで梶原は逆櫓の稽古にことよせて、海上で樋口を討ち取ろうとする。

そこでもう一度場面が変わって松右衛門の内の裏手、福島で有名な逆櫓の松が中央にそびえ、遠く海の見える浜辺になる。大詰である。

海上の松右衛門と三人の仲間の逆櫓の稽古は、歌舞伎では「遠見」といって独特の遠近法で子役を使う。この海上の場面に浅黄幕を振り落とし、さらにこの浅黄幕を振り落とすと、今ふれた松右衛門の内の裏手になる。

松右衛門と船頭に化けた捕り手の大立廻り。ここはむろん子役ではなくて本役が勤める。

捕り手を追い込んだところで、暫時一人になった松右衛門は花道七三へ行き、そこから六法を踏んで、本舞台真中の松に登って「物見」になる。「物見」とは敵の布陣を偵察することをいい、この作品ばかりでなく、たとえば「太功記十段目」にも光秀の「物見」がある。問題は花道七三からの六法、「物見」での芝居の運び、せりふ廻しであるが、吉右衛門はこの六法がうまい。もともとあまり踊らない人であるが、この六法のうまさは『妹背山御殿』の金輪五郎の物語での後ろ六法とともにその手振り、その体の運び、その足取りなど、まことに大間で、鷹揚で、時代物らしい滋味に溢れている。動きに屈折した味わいのコクがあるのだ。

金輪五郎の場合はその神話的な世界を背負った体の、この松右衛門の場合は二重の人格の厚みが、このコクを支えているのだ。

そこへ小よしが、権四郎がどこかへ行ったことを知らせに来る。さては権四郎は訴人か、裏切られたかというところへ畠山重忠が権四郎、駒若丸を連れて出てくる。

それを見た樋口が権四郎を責めると、権四郎は情け深い畠山様へ自首して、松右衛門は樋口と白状した、しかし自分もおよしもそのことを知らなかったし、この孫槌松は駒若丸ではなく私の孫に違いないと申し上げてその通りお聞き届けいただいた。

それを聞いて樋口は初めて感涙にむせぶ。

権四郎は裏切りと見せて実は人情（市民の論理）をもって駒若丸の命を救い、樋口の忠義（武士の論理）を立てさせたのである。武士の「忠義」を権四郎に説いた樋口によっては助けることができない駒若丸の生命は、権四郎の知恵によって助けられた。市民の論理が武士の論理を救ったのである。

初代吉右衛門の権四郎は、この場の芝居が満場涙であった。初代はここで浜唄の一節を得意の喉で聞かせて客席を沸かせたが、それ以上に、英雄を救う一介の老漁師の姿が印象的であった。

平成十二年の吉右衛門の樋口に対しては、左團次が権四郎であった。むろんその芸の滋味においては初代吉右衛門にはとても及ばなかったが、吉右衛門の樋口のこのドラマの骨格のリアルさにはちょうどピタリであった。すなわち樋口の説得によって目ざめた権四郎がそこにいて、それが窮地に立った樋口を救うのである。権四郎が生まれ変わった。今度はその権四郎の行動によって樋口が生まれ変わる番である。樋口は畠山重忠に無抵抗で逮捕される。彼は歌舞伎の様式の「さらばさらば」などによって腕を廻すのではない。まだ抵抗しようと思えばできもしたろう。しかしそうはしなかった。彼は権四郎に教えられて自ら捕らえられたのである。

こうして庶民としての松右衛門、武家としての樋口という二つの人格が一人の人間のなかに対立していた葛藤は、樋口が生まれ変わることによって一人の人間として収束する。それは庶民の視点、義理人情が武家の視点である忠義を克服した瞬間でもあった。

仁左衛門のような松右衛門と樋口の対照の面白さとは違って、一人の人間の行動のドラマとして松右衛門実は樋口のドラマは完成した。このドラマが見えたのは、吉右衛門が発見した視点によるのである。

平成十二年の「逆櫓」は、その意味で今までにない「逆櫓」であった。

独裁政権下で生きる——一條大蔵卿『一條大蔵譚』

平成二（一九九〇）年一月歌舞伎座で私は吉右衛門の大蔵卿を見た。その時受けた衝撃を忘れることができない。

むろん吉右衛門の大蔵卿を見るのは初めてではなかったし、この芝居も初代吉右衛門以来さんざん見てきた。しかしこの時は、若い二代目吉右衛門が六代目中村歌右衛門の常盤御前、十七代目市村羽左衛門の吉岡鬼次郎という先輩たちに囲まれて緊張していたせいかもしれない。歌右衛門の常盤御前は初代吉右衛門の最後の時にも同じ役だった。そういう先輩たちに囲まれたせいか、いつもと違って毅然たる大蔵卿を見せた。そのために、私はその姿に軍事独裁政権の圧政の下に生きて文化人の苦悩の生き方を目の当たりにした。見ていて私が連想したのは、太平洋戦争の下の帝大（現東大）で憲法の講義を担当していた有名な学者が、一年中一言も憲法の講義にふれず野球の話ばかりしていたという話である。憲法の話をすれば、当然当時の戦争の違法性、軍部の独裁を批判しなければならない。批判すればたちまち拘束され牢獄行きである。そうならないためには野球の話をするしかなかった。そういう話は戦争中の日本ではどこにでもあった。独裁政権下、人々は自己韜晦するしかなかったのである。私は吉右衛門の大蔵卿を見ていて、そのことを思った。そこには時代を超えて、忘れることのできない現実感があった。

平清盛の率いる平家一門の独裁ぶりは当時の社会の隅々にまで及んだ。人呼んで「平家にあらずんば人にあらず」。そういう世の中で一條大蔵卿は、公家貴族のなかでも筆頭の「一條家」の当主であった。しかし武家が権力を握ってからは、たとえ「一條家」であろうとも公家階級そのものが体制から疎外され、時には無能力者として馬鹿にされる存在であった。一條大蔵卿の人間像は、彼が自ら進んで「つくり阿呆」であったとしても、政治体制全体から見ればそういう「公家」の政治的社会的に象徴的な存在だったのである。

それればかりではない。彼はむしろ無能力者であれば幸せだったかもしれない。ところが皮肉なことに彼は人にすぐれた文武両道に秀でた英雄であり、平家一門の仇敵である源氏のもと類葉であった。「元来某源氏の類葉」。平家独裁政権にとっては二重に警戒すべき危険な存在であった。その世間の危険視するなかを生き延びようとすれば、彼は「三十年来」の「若年よりのつくり阿呆」にならざるを得なかった。もしそうしなければ彼個人が抹殺されるばかりではなく、一條家ひいては公家世界全体、イヤ天皇家自体が迫害の対象になっただろう。何しろ清盛は後白河上皇さえ幽閉する危険な独裁者だったからである。

その清盛が仇敵源義朝の愛妾常盤御前を、義朝暗殺後に寵愛するようになった。さすがに源氏の頭領の愛人を寵姫にしたことには批判が生じ、清盛も長男重盛の諫言には耐えかね、渋々常盤御前を一條大蔵卿の妻とした。この時点でも大蔵卿は清盛の命令に従って清盛の愛妾を自らの妻とせざるを得なかった。これが考え方によっては屈辱的なものであることはいうまでもない。

大蔵卿は「蝶が我、我が蝶かと夢の世と眺めし人」と見られ、常人とは違う「うっそり殿」あるいは「結構者」と思われていた。その反面こよなく能狂言、ことに狂言小舞を愛していた。貴族らしい趣味である。彼は確かに「つくり阿呆」のために狂言を利用したが、同時に狂言をひたすら愛している貴族らしい趣味人でもあった。おそらく「つくり阿呆」である前に、彼は狂言を愛していたのだろう。

しかしこの戯曲のなかで大蔵卿はそのことによってしばしば現実を狂言化することを行い、狂言と現実を超えることがあり、それがこの作の大蔵卿を芸尽くしでやるという演出の狙いともなった。

現に大蔵卿を演じた三代目市川寿海は、この役には三つのせりふ廻しが混在しているという。一つは武家の言葉、もう一つは公家の言葉。そしてもう一つは阿呆の言葉だという。例えば、『それと知らざる八剣勘解由、主人をうつけと見あなどり、広盛に心を合わせ、この一條の館を横領なさんと非道の企み、憎くき奴』までは武家せりふですが、それからは公家なまりになって『疾くにも討って捨つべきを、あゝままよ、いわば飼籠の鶏同然、何時締めようとまゝなもの』というわけです。この二つのしゃべり方の使い分け、また一方から他方へ移る、その移り方に苦心がいります」（藤野義雄「『鬼一法眼三略巻──一條大蔵譚』鑑賞」『幕間』昭和三十二年七月号所収）

さらにこれに阿呆の言葉（時にそれが狂言の言葉になる）を加えれば、一條大蔵卿は三重人格の側面をもつことになるだろう。

この事実によって大蔵卿には二つのやり方が生まれた。

すなわち一つは、この三つの技巧をとりわけ強調してその技巧的な面白さを見せようとするやり方である。このやり方は十七代目中村勘三郎、その子十八代目に伝わるやり方であり、十七代目の父三代目中村歌六のやり方、元来上方劇壇の義太夫狂言の芸の一つとして成立したものである。

しかし勘三郎の兄初代吉右衛門は、そういう父のやり方を継承しながらも同時に修正を加えた。その修正の基本になったのが初代の崇拝していた九代目市川團十郎のやり方である。

九代目團十郎は、奥殿の場で八剣勘解由を斬って御簾の陰から姿を現してからはいっさい「つくり阿呆」に戻らなかった。したがって、本性と阿呆を手玉を取るように変わって見せるということをいっさいやらなかった。これは理屈からいえば当然であって、大蔵卿が本心を明かしてからは、彼の周囲にいながら敵に通じているのは、深手を負って死に瀕している八剣勘解由だけであって、大蔵卿の告白を聞いているのは、妻の常盤御前の他は吉岡鬼次郎夫婦だけ。大蔵卿の「つくり阿呆」は敵の目をくらますための方便であって、敵もいないのに「つくり阿呆」になる必要は全くない。そこで九代目團十郎は本心を明かしてからはいっさい「つくり阿呆」に戻らない。この方法は十一代目片岡仁左衛門から現十五代目仁左衛門に伝わった他には、六代目尾上菊五郎、七代目澤村宗十郎に伝わったが、その後は滅んでしまった。

初代吉右衛門は、父歌六のやり方にこの團十郎のやり方を取り入れたのである。したがって実弟十七代目勘三郎よりも、本性をあらわしてからはあまり「つくり阿呆」には戻らなかった。この初代のやり方を受け継いでほとんど「つくり阿呆」に戻らないのが二代目吉右衛門であり、その毅然とした吉右衛門のやり方があったからこそ、その大蔵卿の生き方は太平洋戦争下の日本の憲法学者の姿を私に連想させた。そしてそのことがこの作品を現代に通じさせたのである。なぜならば平家軍事政権下での大蔵卿の苦悩は、二十世紀の戦時中の日本にも通じた。そして源平時代にあったことが二十世紀にもあり、そして二十一世紀の今日にも地球上の独裁者が支配する国家ではどこでも起きる問題に通じるからである。

それではそのドフマがどう展開していったかを詳しく見てみよう。

今日『一條大蔵譚』として上演される『鬼一法眼三略巻』四段目は、大抵「檜垣茶屋」と「奥殿」の二場である。『鬼一法眼』の四段目ではこの間に大蔵館の「曲舞（くせまい）」があるが滅多に上演されていない。私は十七代目勘三郎と現猿翁でこの場を見たきりで、むろん吉右衛門も生涯この「曲舞」は上演していない。

そこで「檜垣」と「奥殿」だけになる。

大蔵卿は「檜垣」で正面の門の奥へ出たところ、すっかり「つくり阿呆」の公家になりきっている。すでにふれた通りこの階級は一般社会から疎外され、同時に一般社会を疎外して特殊な社会を形成し、そこに閉じこもっている社会である。天皇を中心にした特殊な集団ともいえる。

吉右衛門はそういう社会に生きざるを得なかった運命を背負っている特殊な人間に徹底しているところが面白い。とかくこの役は武士になりがちだが、それとは違うはんなりした特殊な人間になっている。まさに「蝶が我か」という意識の人間、その奇妙な人間の明るさ、場内を照らしだすような明るさが出ている。

それにすっかり阿呆になっているうまさ、お京の舞振りに見とれて床几（しょうぎ）から転がり落ちるうまさ。それになんといってても笑いの面白さである。リアルでいて、しかも深い笑いが振りまかれる。

この徹底ぶりは幕切れにもある。

花道へ行った大蔵卿は、ずらりと並んだ仕丁たちの頭数を数え始める。その末に吉岡鬼次郎がいるのを見て、檜扇をサラリと開いて顔を隠す。人によっては顔を全部隠す人、隠しながら顔を見せてチラリと本性を見せる人、さまざまであるが、吉右衛門はサラリと檜扇を開いてもほとんど顔を隠さず、しかも顔色を変えて底を割ったりしない。表情を変えぬまま無言の思い入れになる。本心のようでもあり、阿呆のままでもあり、そのどちらでもあるという、その兼ね合いがうまい。決して底を割らないのである。

この徹底ぶりが、次の幕の奥殿で御簾の間から八剣勘解由を斬って、「不忠の家来の成敗なるわ」でがらりと本心を明かす対照になっている。このどんでん返しで大蔵卿の本心が生き、これ以後はいっさい「つくり阿呆」に戻らない。その戻らないことの深さ、リアルさがいかにこの人の人生の苦悩であったかを描くのである。

「奥殿」になる。

御簾の陰から八剣勘解由を斬った大蔵卿の述懐は四つの段階に分かれている。

第一段は、なぜ八剣勘解由を成敗したか。彼が平広盛と共謀して一條家を乗っ取ろうとしていたからであって、その点について自分は正気であり、かねてよりよく知っていた。それを放置していたのは自分が目を光らせていればいいと思っていたからだという。

第二段は、吉岡鬼次郎に現在の平家の状況を牛若丸に伝えてほしい、平家のキーマンは重盛であり、この人がいる間は平家滅亡は難しい、それと同時にこういう観測を立てるのは、自分の、保元、平治と。

第四段は、それまでは自分は今まで通り「つくり阿呆」によって狂言小舞に日を暮らすつもりだ、

第三段は、この状況を踏まえての源氏の旗揚げ計画。

の二回にわたる戦争体験、歴史体験であるという告白。

これが大蔵卿の主な仕どころである。

以上四段が終わって「暁の明星」から狂言風に舞いになる。

吉右衛門は第一段でまずせりふのうまさを聞かせる。情理一貫、鳴瀬への愛情溢れ、かつなんのためにこれまで「つくり阿呆」という苦しい仮面をかぶってきたかの苦悩を聞かせる。独壇場である。ここがしっかりしているから、この人間像が凜然五分も動かぬ強さになる。したがって性根はあくまで「仁義の勇士名将」である。ここが動かないから公家の言葉になろうが、阿呆ぶってみても少しも揺るがないし、違和感がない。本性はあくまで「勇士名将」にあるのであって、「公家」でも「阿呆」でもない。「公家」は自分の人生の運命、「阿呆」は一時の方便にすぎない。そこがびくともしないのである。

第二段。そういう自分の存在証明、要するにアリバイとしての保元平治の乱の物語がある。多くの人の大蔵卿はここが付録のようになる。なんのために語っているのかわからない。現に私もしばしばそう思ってきた。しかしこの二つの内乱は、大蔵卿にとって実際に身近に体験した戦争体験であり、歴史的な瞬間であった。彼は無論二つの戦争に参加したのではなく、傍観者にすぎなかった。しかしこの二つの内乱は、閉鎖的であった公家社会を震撼させ、多くの犠牲者を出した。しかしそれは指導

者が悪かった。「六条の判官為義は、武勇にほこり、己が智謀にくらまされ」「またもや嫡子左馬の頭、待賢門の夜軍(よいくさ)に」敗退した。それを傍観していた自分も、今度はその誤りを補って実行者の一人になる。

吉右衛門の大蔵卿が「(源氏の白旗を)綺羅一天に輝かさん」で衣裳がぶっ返りになり、三段に長刀をついて扇をかざして大見得をするのも、ここに至って大蔵卿の人格が変わるからである。彼は傍観者から実行者の一人になる。歌舞伎で衣裳が変わるのは、いつの場合も人格の変化を意味する。この場合も吉右衛門の大蔵卿はここで一人前の「勇士名将」になる。そうなるために二つの内乱の物語はどうしても必要なのである。この二つの物語によって初めて彼は一人の男として傍観者から実行者に成長した。

その成長が二つの方向へ向かう。

一つは妻常盤への愛、もう一つは牛若丸への伝言である。

吉右衛門の大蔵卿の大きな魅力は、この件(くだり)の動きである。一つ一つは煩わしいからいわないが、その動きに義太夫狂言らしい濃厚なコクがあること、例えば最後の平舞台から二重へ三段を下がって行く後ろ六法は、『妹背山御殿』の金輪五郎の後ろ六法とともに吉右衛門の二大傑作である。一見ギクシャクしたぎこちないような動き、その無骨さが太く強い描線になって力をほとばしらせる。しかもその充実、実のあるコクはまさに義太夫狂言そのものの醍醐味であった。こうして引き抜いた大蔵卿は、公家やつくり阿呆といった束縛から解放されて自由になる。だからこそこの大見得は観客に溜飲を下げさせる。

そして一人前の男になってあらわれた大蔵卿は妻への愛に走る。〽いうても小腰に取り付いて」というところは、その愛のあらわれである。源義朝、平清盛と遍歴した常盤をなぜ大蔵卿は愛することができるのか。そこにこそ今、広い世界観の上に立ったこの男の、傍観者から実行者への転換がそうさせるのである。

そして彼は鬼次郎にこういう。

「長成が（常盤を）命にかけて預かったり」

この約束がいかほど危険なものかはいうまでもない。平家の独裁政権がもし常盤を取り返そうとすれば、その暴力の前にたとえ大蔵卿の命をもってしても一條家は風前の灯だろう。ましてその常盤を通して牛若丸に通じていたとあらば、清盛が何をするか知れたものでない。にもかかわらず、こんな空証文にも等しい約束を用心深い大蔵卿がするのは、ひとえに妻への愛のためだろう。

幕切れには、吉右衛門の大蔵卿は八剣勘解由の首を斬って、ボールのように空中に放り投げて大笑いをする。初代吉右衛門もこうしたのだが、私は嫌な趣味だと思ってきた。悪人勘解由といえども人間の首を玩具にすべきではない。しかしこの首を投げる大蔵卿を見ていて、私はフッと思った。これは大蔵卿の清盛への嫉妬ではないのか。大蔵卿は勘解由の首を清盛の首に見立てて空中に投げているからである。とすればそこには私がいうような意味があるのではないか。少なくともそこには単なる敵というだけではなく、ある種の憎悪があり、それを支えているのは常盤への愛に他ならないだろう。

その時までは自分はもとの「つくり阿呆」の生活に戻る。そういって「暁の明星」を舞う。しかしそういう狂言小舞を通しても、吉右衛門の大蔵卿はびくとも揺るがぬ男であった。そういう男が「つくり阿呆」になって生活せざるを得ない。そのストレスは計りしれない。その苦悩があざやかに描かれたからこそ、私は太平洋戦争の独裁政治下で生きた多くの人々のことを思わずにはいられなかったのである。

それを思った時、これは現代のそういう苦難を味わった人々のドラマそのものだと私は思った。

吉右衛門の大蔵卿は歌舞伎であると同時に現代のドラマであった。

野性の迫力――金輪五郎『妹背山婦女庭訓』「御殿」

吉右衛門ほどそのあたり芸の多い人はいないが、それは一つには吉右衛門が一字一画おろそかにしないためでもあり、もう一つにはそれを繰り返し磨き上げてきたからでもある。

しかしそのなかでも一度しか完全な形で上演せず、人もあまり取り上げない当り芸の一つが『妹背山御殿』の鱶七実は金輪五郎今国だった。

『妹背山御殿』は鱶七上使、姫戻り、竹雀、金輪五郎の物語と前後四段に分かれる。鱶七は、前段鱶七上使と最後の物語に出る。

吉右衛門が初めて鱶七を演じたのは、昭和五十六（一九八一）年六月歌舞伎座の、梅枝改め現五代目中村時蔵の襲名披露で、この時は鱶七上使はカットで姫戻りからであった。新しい時蔵のお三輪に、六代目中村歌右衛門が橘姫、十三代目片岡仁左衛門が求女をつき合って、道行から御殿、鱶七上使をカットして姫戻りになった。

その後も吉右衛門は四回鱶七を勤めたが、一回は時蔵のお三輪、二、三回目は中村福助、四回目は芝雀改め現五代目中村雀右衛門の襲名の旅公演で、ともに鱶七上使はカットであった。

吉右衛門の鱶七を完全な形で見たのは、たった一回、平成八（一九九六）年十二月の国立劇場、四代目雀右衛門のお三輪の時だけであった。

この鱶七が素晴らしい出来栄えであった。

その時まで私が見た鱶七は、初代吉右衛門、八代目松本幸四郎（初代白鸚）、二代目尾上松緑などであったが、吉右衛門の鱶七は、幸四郎や松緑のそれと違って、第一に義太夫味が濃く、第二にこの役のもつ闊達さをもっていた。

まず揚幕の内での「頼もう、頼みやんしょう」の凜々たる第一声が聞こえて、花道に大銀杏（おおいちょう）の鬘（かつら）、薄肉の化粧、ボタン付きの襦袢に黒と茶の棒縞の褞袍（どてら）、木綿地の白と黒の弁慶格子の長裃を着て、大小に徳利をぶら下げ、首に豆絞りの手拭いを無造作に巻き付けた、お定まりの姿で出る。七三へ止まって本舞台を見て、「入鹿どんはここじゃな」のせりふを聞いただけで、もう義太夫狂言のせりふになっているうえ、スケールの大きさ、豪快な爽やかさ、あたりに一陣の風が吹き渡るようであった。金冠白衣の蘇我入鹿を中心に、宮越玄蕃、荒巻弥藤次の二人、官女たちという御殿の大時代で宮廷然とした風景のなかにそれを打ち壊さんばかりの新鮮な風である。

初代吉右衛門の鱶七は、豪快ではあったが、さらに洒落て愛嬌に富んで、観客が思わず「播磨屋ッ」と叫びたくなる親しさをもっていたが、それは初代の芸質、その滋味溢れる持ち味と義太夫を知りつくした結果であった。しかし二代目はその義太夫味をよく取っている点で、父幸四郎とも叔父松緑とも違って天衣無縫であり、初代をよく学んでいた。しかも初代と違って二代目は市井の漁師の愛嬌よりも、荒海と日々闘う海の男の野性味と凄味をもっていた。

同時代の役者では、この鱶七は十二代目市川團十郎の当り芸であったが、團十郎も同じ野性味をもっていたが、それは無邪気な艶のある野性味、天性の持ち味だったのに対して、吉右衛門のそれは同じ野性味であっても、義太夫狂言の細かくつくり上げた野性味であり、さればこそ、そこに単なる豪快ではなく凄味があったのである。

本舞台へ来て鱶七は、藤原鎌足から頼まれてきた使者だといい、土産に「キス一升おこされた」という。そして「いし（茶碗）を貸して下され」といって、ないといわれると、この御殿の華麗さに茶碗一つないのかといって、その生活感のなさをあざ笑う。そういうところが昔の観客には受けたのだろう。その可笑し味も吉右衛門がよく学んだところである。

しかし何よりも大事なことはこの件一つを見てもわかるように、鱶七という男には豪快さと同時に天皇であろうが大臣であろうがなんの権威も斟酌しないところがある。この男には思慮もなければハラもない。無内容の明るさであり、それが事々しい入鹿の御殿と好対照をなしている。

対照といえば、この時の入鹿は十七代目市村羽左衛門であって、その親子ほど歳の違う吉右衛門をなんの生意気な小僧がという見くだしたところがよく出ていて、吉右衛門といい対照だった。その入鹿が権力者でありながら、鱶七が持ってきた一升徳利を異国の武器ではないかと警戒するところに鱶七と入鹿の対照が出るのである。

しかし羽左衛門には貫禄が充分あって、「昔」「百司百官」とかいうせりふの頭に、黒御簾で管弦の合い方の大太鼓を打ち込む。羽左衛門はせりふがうまいから、こういうところが大時代に映える。その大時代さと吉右衛門の鱶七の世話っぽい豪快さが好対照になったのである。

その吉右衛門の好さを一口でいえば、それは闊達というものだろう。豪快不羈、しかし、ただ豪快なのではない。洒落もユーモアも風刺も含んだ、柔軟でありながら、いかにも朗らかな意気であり、それを闊達という。

鱶七には、この件での入鹿との詰め開きに三つのポイントがある。

一つは入鹿に鎌足が謀叛という証拠があるかと突っ込んで、「ドレ」と踏み出して「聞きやんしょう」と階段の下手で片胡座で斜に入鹿を見上げたきまり。

もう一つは入鹿に鎌足が手紙のなかで自分を「東方朔にたとえたるが野心の証跡」といわれ、「そりゃまたなじょに」と体を廻して後ろ姿になり、両手を後ろへ廻して突くという形。

そして最後に、〽文盲ながら理屈は理屈」で立ち上がって階段に上り、懐中から両手を出してその拳をぶっ違いに正面を切っての大見得。

以上三つのきまりは誰もするポイントであるが、こういうところで吉右衛門の持ち味、芝居の運びが生きる。義太夫狂言らしい筆勢でグイグイと運んでいって見得になる古怪さ。初代吉右衛門を彷彿とさせる面白さだった。大体こういう内容のない、形容本位のところは現代の役者には向いていない。八代目幸四郎や二代目松緑が面白くないのもそういうところで神経質になってしまうからだが、吉右衛門にはそれがない。こういうものだと思ってやっている強さがあって、それが闊達さになっている。

この三つのポイントのなかでも難しいのは、後ろ向きになる第二のきまりであった。難しいのはなかなか形が安定しないからである。それを吉右衛門は大づかみに、形にこだわらずに勢いで押しきって一つの形をつくった。形にかまわず豪快に徹したためである。

この三つのポイントが生きたのは、吉右衛門のせりふのうまさにもよる。ここのせりふは本文に

「文盲ながら理屈は理屈」とある通り、入鹿が高尚な政治家肌な理屈をいうのに対して、鱶七は市井の常識で対抗している。そこが面白い。その対照が羽左衛門の大時代なせりふのうまさ、吉右衛門の世話に砕ける義太夫味のあるせりふ廻しのよさの対照になって、吉右衛門の横顔を照らし出している。そのねっとりした味わいの奥深さが、私がたった一度だけ見た二代目實川延若の『山門』の石川五右衛門の、あの分厚く濃厚な味わいを思い起こさせたほどである。むろん吉右衛門と延若では年代も持ち味も育ちも違うが、そこに漂う濃厚な味だけは共通な気がしたからである。

入鹿たちが入る。残された鱶七が大小を投げ捨てると、床下から槍が出る。それをものともせずに寝る鱶七の豪胆、勇気。いうまでもない。

そこへ官女たちがあらわれてのエロティックなやりとりになる。この時の官女は四代目尾上菊十郎以下の手揃いで、突っ込むところは充分に突っ込む面白さだった。立役の官女は「竹雀」のお三輪のいじめでもっとも重要な役割を果たすが、ここで滑稽さを見せて、いじめの陰惨さとウラオモテの関係をもっている。ここがコミカルだからこそ、後の陰惨さが生きるのである。

吉右衛門の鱶七はこの後がうまい。官女たちが残していった長柄の銚子に目をつけ、縁先から勾欄（こうらん）の手摺り越しに酒をそそぐと仕掛けでたちまち菊の花が毒に当たってしおれて枯れる。さてこそと鱶七は勾欄に銚子をついての大見得になる。ここらになると吉右衛門の凄味が生きてくる。

弥藤次と玄蕃につれられて大勢の仕丁が出て鱶七を取り囲む。鱶七がここで長袴の裾を切り裂いて一つにまとめ肩に担ぐ引っ込みは誰でもやる型だが、私はいつも嫌な型だと思う。二代目延若は長袴のまま入ったというがそれが正しい。しかし、長袴のまま鱶七の蛮勇を保って入るのはなかなか難しいのだろう。吉右衛門は先代通り長袴を引き裂いて担ぐ型であった。

ここで鱶七上使は終わる。

続いて姫戻り、竹雀と舞台は進んで、いよいよお三輪が花道へ行って奥から聞こえる橘姫の婚礼の声を聞いて嫉妬の疑着（ぎちゃく）の相をあらわす。この相は千人万人に一人という稀な人相で、この相をもった女の生血を爪黒の鹿の血と合わせてそそいだ笛を吹くと、入鹿がたちまちその力を失って意識をなくしてしまうという。その隙に三種の神器を奪い返すというのが、藤原淡海の計画であった。すでに二段目の芝六住家で爪黒の鹿の血は笛に注がれている。鱶七実は金輪五郎今国は、なんとか疑着の相の女の生血を笛にそそがなければならない。というところへ、目の前に疑着の相をあらわした女——つまりお三輪があらわれた。これを殺してと思うのは当然だろう。

吉右衛門が初めて鱶七を演じた時蔵襲名の時には、お三輪が花道で芝居をしている時にジッと戸の陰からそれを見ている姿を見せていた。理屈からいえばこのほうがわかりやすくもあり、丁寧でもある。しかし見ていると、お三輪の時蔵の芝居の邪魔になる。過ぎたるは及ばざるがごとし。そう思って劇評で指摘したらば、今度は（つまり二回目の鱶七上使のあった時）二度目の出のハラが抜けてしまった。

このお三輪を刺すところは難しいところで、有名な竹本摂津大掾（だいじょう）の逸話が残っている。

摂津大掾が「御殿」を出したので、弟子だった、これも名人の竹本大隅太夫が聞きに行った。お三輪を刺すところで気が抜けているように思えたので、「兄貴も年をとった」とつぶやいた。そのつぶやきが摂津大掾の耳に入ったからたまらない。すぐ大掾の楽屋に呼ばれて、お前は我々の師匠春太夫の「御殿」を忘れたのか、師匠の通り私はお三輪を刺す前に口の中で称名を唱えているのだといった。それを聞いた大隅太夫は、師匠、兄弟子のことを思って泣いたというのである。杉山其日庵が直接、大隅太夫から聞いた話（『浄瑠璃素人講釋』鳳出版、昭和五十年、岩波文庫所収）である。

金輪五郎はそれだけの覚悟をして出てこなければならない。ハラが抜けていては困る。それがこの時の吉右衛門の鱶七の唯一の欠点であった。

杉贋阿弥もその名著『舞台観察手引草』で、とかく金輪五郎になると誰でも機械的な人形のような動作にばかり気をとられて、お三輪への情を忘れる。九代目團十郎の鱶七は、勇壮な形とお三輪を哀れに思うその情愛の両方をもっていたと語っている。そうでなければ真の上手とはいえないというのである。

さて吉右衛門の鱶七は、その出はともかく、お三輪を刺してからの物語はまことに勇壮だった。物語の初めに鱶七は棒縞の褞袍、鬘も大銀杏から八方割れに変わった髪を豆絞りの手拭で姉さん冠りにして隠し、白のしごきを締めて上手の渡り廊下から出てくる。そしてお三輪を刺して平舞台へつれていき、自分は二重中央で「その訳語らん、よっく聞け」というと、からみがかかるのをさばいて、手拭を取り褞袍を脱ぐと素網に金糸四天になる。同時に黒御簾で管絃を打ち込み楽の合方になって、このキッカケで二重の瓦燈口の几帳がとれると向こう千畳敷の遠見になる。

鱶七が金輪五郎の本性をあらわし、扮装が変わると同時に舞台の景色も一変する。本文でいう「奥は豊かに音楽の、調子も秋の哀れなる」ということになる。この本文の文句はお三輪が刺されたきっかけで床が語り、楽の合方が入るところであり、舞台の景色は視覚的にも音楽的にも一変することになる。その変化で二つの世界を結ぶのはただ一本の豆絞りの手拭。前半では鱶七の首に巻かれていかにも漁師の海風を思わせた手拭が、この後半では鱶七の姉さん冠りになり、引き抜きと同時に消えてなくなるわけである。

さて吉右衛門の鱶七は、前半の世話がかり、野性味から一転して重厚な時代物の金輪五郎となってそのスケールの大きさ、その味の濃さ、その古怪さ、舞台をゆるがすばかりになる。

なかでも三つのポイントがある。一つは〽自然と鹿の性質あらわれ」の右手を上げての見得。〽鎌足公の御計略」と三段に右足を下ろして、両手を前へかまえる見得。「忠臣なり」の左手に笛、右手で襟をしごいて立つ見得。この三つの見得を頂点として、吉右衛門の鱶七の物語の分厚さ、濃厚さ、艶やかさが舞台にみなぎっていた。

この物語の最後に、「ハテ有難や」と笛を戴いてから平舞台で二重への階段に向かって後ろ向きで六法を踏む後ろ六法が吉右衛門はうまい。手ぶり、足どりの動きがあざやかなのではなく、その六法の単純な手ぶりのうらに、いうにいわれぬコクがあって面白いのである。こういうのが芸の味というのだろう。

もっともこの物語は内容的にはすでにふれたように、入鹿の意識を失わせて三種の神器を取り返すという藤原鎌足の計略であるが、その疑着の相の女の生き血で、入鹿が陶然となるのは、そもそも入鹿の母が夢に鹿が胎内に入ると見て妊娠したという不思議な神話が底辺にある。奇々怪々の物語である。吉右衛門はそういう物語のおそろしさを表現しているところが面白い。

それも前段鱶七上使と、この神話的な物語が前者の闊達さ、野性、後段のグロテスクさが対照になって一つの世界をつくっているから、鱶七上使がないと妙に後段のすわりが悪い。というよりも、もう一歩生きないのである。

その両面が本当に生きたのはたった一度、鱶七上使を吉右衛門が演じた時だけだった。その時、この物語の暗い神話が前段の明るい野性味、世話の、市井の感覚によって生きることを私は初めて知った。しかしその後の三回とも鱶七上使はカットであった。そしてその二回目に不思議な感覚が舞台にあらわれたのである。

雀右衛門襲名の旅巡業の振り出しは、大森の大田区民ホールで、東京近辺では次の府中と二回きりの舞台であった。私は吉右衛門の鱶七が見たくて大田区民ホールまで行った。案の定、鱶七上使はカットだったが、そのせいでもないだろうが、いつもとは全く違う感覚の舞台があらわれたのである。むろん演出その他がいつもの御殿と違うわけではない。何が違うかというと同じ演出でありながら、鱶七の芝居がまるでいつもとは違う光彩をはなっていた。

それは吉右衛門の金輪五郎がお三輪のような少女を殺すのが、神官が神前に供える生贄を殺す、司祭のように見えたのである。そしてそう見えても私は間違いではないと思った。お三輪は神に捧げられた生贄なのである。そうかもしれないが、この時まで私は一度もそういうふうに見たこともなかったし、見えた舞台もなかった。

ところがこの時の吉右衛門の鱶七は、暗くてそれでいて真直ぐになんの疑いもなくお三輪を殺していく、それが彼の運命であり、またお三輪の運命でもあるというような、人間ならぬ力が金輪五郎を動かしているという感じが私はした。

なぜそう感じたのか。

一つは、その直前の雀右衛門のお三輪の芝居によるのかもしれない。いじめの官女が引っ込む。それから花道でいよいよ奥から聞こえる「めでためでたの若松さまよ」を聞いて、「あれを聞いては」になるまでの間が誰がやってもダレる。歌右衛門、七代目尾上梅幸、四代目雀右衛門、坂東玉三郎、そのほか誰がやってもダレる。そのために玉三郎は工夫していじめの官女に抱えられて花道七三まで連れていかれる演出を考えて、ダレないようにしたほどである。

ところがこの時の雀右衛門は、他の人たちとは全く違う造形的な形を見せた。すなわちほかの人が家の丁稚の子太郎をつれてきて云々のせりふで下手(しもて)へ行くところで、大きく両手を後へ廻して帯をとって奥を見込んでキッときまる。その形がまことに美しい。そこへ官女たちの声が聞こえてくる。それを聞いて、「みなさん覚えておいてなさりませ」とキッパリいう。そういいながら形を崩して二、三歩下手へ歩き出す。そこへまた官女たちの声が聞こえる。「アイ、そこへは行きゃしませぬ」といって、トンと足拍子を踏んで今度は裏向きできまる。この形がまたいい。そこへ三度目の官女たちの声。がらりと砕けて耳をふさいで花道七三へ行く。そこで「あれを聞いては」のいつもの芝居になる。この面白さで、ダレるどころか雀右衛門一番の見せ場になった。それればかりではない。この造形で七三の疑着の相の芝居が立体的になったばかりでなく、お三輪の疑着の相が舞台に広がって巨大な壁になった。そこへ出てきた吉右衛門の金輪五郎は、その壁に吸い寄せられるようになって、それをなんとしても破らなければならないという必然性が生まれたのである。

むろん彼がお三輪を殺すのは、藤原鎌足の命令であり、彼がお三輪を哀れに思いながらも惨殺するのは主人への、ひいては天皇への忠節のためだろう。しかしこの舞台を見ているとそれ以上に、古代の信仰の結果のように見え、お三輪を殺す金輪五郎はひたすらその信仰の定めによって行動している祭司のように見えた。

これだけでも私は今までどの御殿でも体験したことがない視点に立ったのだが、さらに驚くべきことには、この祭司が前段（カットされているにもかかわらず）鱶七上使で海の漁師という市井の卑しい一市民に身をやつしていることが、この後段の祭司にとって必要なことだったと思えたことである。

神は神社にだけいるのではない。市井の生活のなかにあり、祭司は一市民に姿をやつして巷間（こうかん）に生きている。それが危機的な状況になると、たちまちむくむくと姿をあらわしてくる。今お三輪を殺して不思議な神話を物語っている金輪五郎はその姿をあらわした祭司であり、それこそ神の示現を指し示すものにほかならなかった。

そう感じた時に、私の眼前がひらけて、次の二つのポイントがあきらかになった。一つは、二つが別々に進行していたような、お三輪の物語と金輪五郎の物語が、あたかも一本の笛のようにしっくりと抜き差しならぬ形で合体したことである。それは同時に、鱶七上使の前段と金輪五郎の物語の後段が単なる対照ではなく、これもまた抜き差しならぬ形でつながり、それがまた二つの物語の合体のクサビになっているという構図であった。

金輪五郎が漁師鱶七になっているというのは、決して近松半二の単なる趣向ではなく、もっと本質的なものを示している。お三輪の疑着の相が普通の少女にひそんでいて、ある瞬間突如我々の前にあらわれたように、金輪五郎も突然私たちの前に古代以来の信仰の起源をつきつける者であった。

そしてまさにこのことが次のポイントをあきらかにした。というのは、この古代の生贄による祭儀は、実は私たち現代人のなかにも生きているということである。古代信仰のかすかな血が我々にもつながっているという実感であった。

現代人は今でも神社の前に行けば参拝する。素通りはできない。そのほとんど無意識に近い行動の根源は、このお三輪の祭祀のなかにも生きているのではないか。とすれば『妹背山』の御殿は、あの吉右衛門の金輪五郎の物語によって初めて現代にも生きる物語になったということだろう。

吉右衛門の刀を担いだ大見得がまぶしかった。

東北の風が吹く――安倍貞任　『奥州安達原（おうしゅうあだちがはら）』「袖萩祭文（そではぎさいもん）」

赤い平家の旗が観客の頭上にサーッと翻った。

客席からオーッという歓声が巻き起こった。平成十三（二〇〇一）年一月国立劇場『奥州安達原』三段目、吉右衛門の貞任が〝押し立て押し立て」で旗を翻した時である。その見事さは今でも忘れることができない。貞任の思いの深さが爆発。舞台いっぱいに光り輝いている。芝居の味わいは初代吉右衛門の貞任に劣るが、その大きさ、その勢い、ドラマの骨格は断然こちらにある。

『奥州安達原』は浄瑠璃作品には珍しく、日本に帰属した蝦夷（えぞ）という当時の異民族を扱っている。

前九年の役と呼ばれる蝦夷の叛乱で一族の支柱安倍頼時を失った安倍一族は、頼時の未亡人岩手御前を中心に、貞任宗任の兄弟が東北に京都とは違う、もう一つの朝廷をつくろうとしていた。それには皇族の環宮（たまきのみや）を天皇とし、三種神器を調える必要がある。それを奪うため貞任は、奥州に流人となり今般許されて、しかも死亡した桂中納言教氏（のりうじ）に化けて都に潜入した。

『奥州安達原』三段目の舞台は、その環宮の誘拐された「明（あき）御殿」。環宮のお守り役平傔仗直方（たいらのけんじょうなおかた）と浜夕の夫婦が留守を守っている。この場は浄瑠璃本文では前後三段に分かれる。すなわち「敷妙（しきたえ）上使」「矢の根」「袖萩祭文」である。

傔仗夫婦には二人の娘がいた。姉娘が袖萩、妹娘が敷妙。袖萩は黒沢左中（さちゅう）という浪人に恋をして駆け落ち。この左中こそ実は安倍貞任で、二人の間にはお君と千代童という二人の幼い子どもがいる。しかし夫左中は家を出て、袖萩は千代童とも別れその悲しさに目を泣き潰し、今は非人の祭文語りになっている。一方、妹娘敷妙は、傔仗直方の源平和合の政略で、源氏の嫡流八幡太郎義家の妻になっている。そもそもこの傔仗の娘二人を源氏と平家に結婚させるという政略が二人の娘の不幸になった。家族のなかに政治を持ち込む結果になったからである。

「敷妙上使」は、その妹娘敷妙が上使として傔仗のところにやってくる。環宮を誘拐された詮議の日限も今日限り。勅命が下れば婿舅の仲にもかかわらず、敵味方にならざるを得ないから、覚悟してほしいという夫義家の意思を伝える。

そこへ追っかけるように、当の義家が奥州でとらえた漁師南兵衛を連れてやってくる。義家は南兵衛を宗任とにらんでいるし、一方、傔仗は義家に安倍貞任と覚しい人間が環宮誘拐を依頼する密書を入手、それを義家に渡す。その密書によれば環宮を天皇にたてる計画らしいから、まず宮の命は安全だろう。そこへ桂中納言教氏が来るという知らせがあって、浜夕と敷妙は奥へ入る。ここまでが「敷妙上使」である。

次は「矢の根」。朝廷の上使として現れた桂中納言は、父が罪を得て父子ともに奥州へ流され父は死去、息子の教氏だけが帰京した。

桂中納言は咲きかけの白梅の一枝を持参。それを見た義家は、御禁制の鶴殺しの犯人として逮捕した漁師南兵衛を引き出し、頼時がかつて義家に射かけた矢の根を持って南兵衛を詮議する。その詮議が終わった後、桂中納言は傔仗にそれとなく自害をすすめる。白梅はその証であった。

歌舞伎の大抵の上演はここまでをカットし、「たださえ曇る雪空に」の「袖萩祭文」の袖萩とお君の出から始まる。

吉右衛門二度目の時は珍しく「敷妙上使」も「矢の根」も上演されて、吉右衛門の桂中納言は黒地の衣冠束帯という公家装束で花道へ出たところ、まことに恰幅がよく立派であった。ただのお公家というのではなく、厚みのある堂々たる姿で、あくまで歌舞伎芝居のお公家さまというところがあった。これでなければという思いがしたものである。

本舞台へ来てからの、義家、宗任との詰め開き、傔仗と二人になっての謎かけで自害をすすめる具合もしっとりして嫌味がなく、むろん底を割るようなこともなかった。

吉右衛門の家は曾祖父三代目中村歌六、祖父初代吉右衛門と、代々貞任と袖萩の二役を替わる。いわゆる「二ツ玉」と言われる型で、本文の貞任にすでに自害しかかった袖萩が最後の別れをするところは、袖萩が吹き替えで簡単になる。

私が初めて見た「袖萩祭文」も初代吉右衛門が貞任と袖萩の二役だったが、私が見た日は初代が病気休演で中村もしほ（十七代目勘三郎）の代役だった。その後、初代は五代目中村歌右衛門追善興行で袖萩を六代目歌右衛門（当時芝翫）に譲って、貞任一役を演じたので、私は初代の袖萩を見ていない。

吉右衛門の袖萩は珍しい女形でどうかと思ったが、さすがに大きな柄を小さく殺しておらしく、花道からお君に杖を持たせて引かれて出るところから、七三での誰にも見咎められなかったという芝居、全てがこまかくリアリティがあって意外にも無理がなかった。

袖萩は「この垣一つが鉄の」が最初の仕どころであるが、この後の「たった一言」というせりふが、声はともかくもせりふ廻しのうまさで聞かせた。傔仗夫婦が入って門口に残された袖萩とお君が糸立てを使っての動きが仕どころであるが、その形、その芝居の運びはさすがに手に余っていた。

その後、吉右衛門は袖萩を九代目中村福助、五代目中村雀右衛門に譲って演じていない。貞任一役に集中している。

傔仗と袖萩の父娘が自害すると、貞任二度目の出になる。この出はきわめて難しい。なぜかというと、ここに桂中納言実は安倍貞任の怪しい光彩のもとがあるからであり、これから始まる貞任の見せ場の起点があるからである。そのために明治の名優七代目市川團蔵は、桂中納言の出てくる二重上手(かみて)の障子屋体の障子を文字張りにした。ここですでに座ってジッと傔仗たちの芝居を見ている姿をおぼろに見せたのである。あるいは四代目芝翫は、観客に気づかれないようにソッと障子屋体から下手(しもて)側の障子だけを開けて出た。観客が気がつくといつの間にか腹を斬った傔仗の脇に立っているという趣向である。吉右衛門もこの型に近い。そこで「貞任に縁を組まれし御辺、婿の詮議もなるまい」のせりふになる。吉右衛門はここの「袖萩とやらんも死なずばなるまい」がうまい。すなわち平舞台下手にうつぶせになって自害して虫の息の袖萩をチラリと見て、思わず「袖萩」といってしまって情をきかせ、「とやらんも」と情があって続けてぼかす具合の呼吸がうまいのである。

ここで傔仗の懐中の密書を奪う。このためにここへ来ているのだから、ここが性根である。そして二重から下り、沓(くつ)をはいて下手へ。袖萩の前で、袖で顔を隠して通り、花道七三へ行く。七三まで行ったところで、揚幕で遠寄せを打つ。貞任は思わずキッとなってもう一歩出ると、今度は黒御簾で遠寄せになるので、改めて揚幕のほうへ一歩出ると、今度は揚幕でまた遠寄せが鳴るのでキッと考え、さては本性を見破られたかとプッと驚いて、本舞台を振り返って袖をかざした見得。「何者の」と大きく時代にキッといって気がついて、なんどりした公家言葉で、「しわざならん」と桂中納言にかえる。両様の仕分け、カドカドの造形のタッチの強さ、大きさ、ワクワクする面白さである。

そこへ今まで仕丁と見えたカラミが上の白衣を脱いで捕り手になり、右左とかかり、それを返した後、手をとられて本舞台へ来て、義家の見あらわしのせりふの間に後向きで顔の化粧を変えて貞任になる。

吉右衛門の、この形相が力強く古怪なよさで、前の出の静かな抑えた演技がここで爆発するのが凄まじい対照である。

〽貞任無念の歯がみをなし」で正面を向き、義家に一戦を挑むイキが素晴らしい凄まじさであった。そこで衣裳がぶっ返りになり刀を抜いて、それを右手で空中に投げて左で受け止める。ここの手順も実によく考えられている。

まず「あら無念」と前向きになり、両人の仕丁を前へ返し、束帯の上着を脱いで白の着付になり、冠を後ろへはねて、「教氏の病死を幸い」という長ぜりふの間に何枚も白の着付を脱いでいく。一見無駄だと思われるようなこの手順には、のちにふれるように深い意味がある。

せりふが終わって、「かく見あらわされたうえからは、運を一時にカッカッカッ決すべし」で右の拳を前に出しながら義家のほうへ詰め寄り、さらにカラミがかかるのをはねのけてぶっ返りになり、左手で刀を抜き、空中へ投げて右手で取り、右足を三段の第二段にかけ、左足を第三段にかけ刀を流して上を見上げる斜め向きの大見得になる。

これだけの手順がなぜ必要なのか。それには三つの理由があると私は思う。

一つは、あの何枚も着付を脱いで最後にぶっ返りになることの意味である。それは公家としての衣裳の下に隠された貞任の本性が、徐々に本性をあらわすための工夫なのである。せりふが語っているように、貞任が桂中納言教氏に化けた事情があると同時に、一見日本人に見えた人物の下に「浮囚長(ふしゅうのちょう)」と呼ばれた蝦夷民族の日本に帰化させられ、征服された屈辱的な歴史が隠されている。占領された民族は、いつかは叛乱するだろう。その叛乱の背景を支えるものは、その民族の故郷への愛のためである。それが衣裳の下に隠された本性であり、表には京都の公家でありながら実は違う民族であるという本性である。しかしそれは同時に、差別する民族の姿を真似するという悲しい宿命であった。

貞任の母岩手御前はもう一つの朝廷を奥州につくろうとしているのであって、別な政府をつくろうとしたのではなかった。だからこそ、環宮を天皇に三種の神器が必要だったのである。白い何枚もの衣裳、その下に隠された金襴の着付、その着付もまた以上の衣裳の美学でつくられていた。

第二に、そういう手順を経てあらわれた本性は、まさに異形のものであった。それは安倍一族が日本人の「浮囚」であり、そういう差別されたものの本性であったことを示している。似ているように見えて似ても似つかぬのもの——すなわち異形の者の容貌であった。刀が空中を飛んだ時、客席にオーッというどよめきが起こった。それはむろんその技に対する嘆声であったが、そのなかの何分の一かは、この作品全体を包んでいる日本的な美意識からすれば異形のものだったからではないだろうか。

そして第三に、この手順の手の込んだ工夫である。義太夫狂言のなかでもこの動き、この段取りは異様であり、そこに造形的な面白さが溢れている。そしてその面白さが舞台に生きた時初めてその手順が意味を発する。したがってこの手順の面白さは造形的な面白さであるばかりでなく、それがより精神的な回路をあきらかにする方法論でもあった。

以上三点。吉右衛門はこの三点を舞台で実際に生きることによって、初めて貞任という人間の異様さ、その住む世界「奥州」という空間の、日本とは違うものであることをあきらかにした。吉右衛門は単に凄絶だったのではない。その凄絶さがなんであるかという意味をあきらかにしたのである。

たとえばあの何枚も着付を脱いでいくことの意味である。ある人の貞任では、その演出はただの手順、全く無意味であって、なんのためにしているのかわからなかった。ところが吉右衛門だとその一枚たりとも無駄ではなく、一枚脱ぐごとにそれは本性の隠された深さを表し、雪に埋もれた奥州を連想させ、そしてぶっ返りになった時、世界が変わったのである。その時、手順は単なる手順ではなく、そこに生きたといってもいいだろう。そしてそれが生きることによってまた凄絶さの意味があきらかになった。

その野性の勢いにおそれたわけではないが、義家が調停案を出す。この館の四方は取り囲まれていて、お前には勝ち目がない。それよりも今は助けおくから勝負は後にしよう、それよりもお前は袖萩ともお君とも別れをしろ。義家の提案は単なる情愛ではなくむろん政治的なものである。なぜならば環宮の行方も十握（とつか）の剣（つるぎ）のありかもわかっていないからである。これを無事に取り返さねばならない。

しかしそれ以上に、この提案には義家の深い配慮が隠されている。貞任は義家の姉婿、つまり義理の兄なのである。政治よりも分断された家族の絆を回復しなければならない。

貞任にすがりつく袖萩とお君。

ここは吉右衛門が二度目の時はむろん袖萩は吹き替えだからカットされた。しかしその後に袖萩が芝翫、福助、雀右衛門の時には上演された。なかでも雀右衛門の時には吉右衛門が情愛したたるばかり。涙なくしては見ることができなかった。

傔仗直方の娘二人の政略結婚によって源平和合を目指した方法は、家庭に政治を持ち込むことによって破綻した。しかも貞任は親頼時が俘囚長となった時、平家一門に属した。しかしそれは純粋な平家ではなく、平家でありながら蝦夷であった。そこも大きな矛盾があって破綻せざるを得なかった。

吉右衛門が両手に袖萩とお君を抱いての愁嘆は、単に一家族の破滅を描いたばかりではない。東北の安倍一族の滅亡とともに崩壊する家族の姿、ひいては差別によって異民族の滅亡を描いているばかりでなく、こういう家族の中央と周辺の分断によって地方を滅亡させていくという現代的なテーマを浮き彫りにして、私の胸を打った。むろん政治が家族の悲劇につながる話は歌舞伎に珍しくない。しかしそれが一方で異民族の滅亡につながり、一方では地方の滅亡につながっていくという悲劇は、この作品の特徴であり、それをここまで彫り上げた吉右衛門の円熟によるだろう。一方で異形の相を、しかしその一方で市井の家庭にも通じる普遍的な人間を吉右衛門が描いたからこそ可能になったのである。

この義家の提案のあと、袖萩が息絶えると、貞任はその本性を取り返す。むろん泣き崩れた貞任を再起させたのは弟宗任の放った一本の矢でもあった。

ここからは宗任の仕どころであるが、その宗任がはやるのを貞任は止めて、将来、亡父頼時の野望を実現しようとする。

すなわち「コレ待て宗任」で太刀を鞘に収め吉右衛門は六法を竹本のイキにのって踏む。三段から二重に上り、二重上手の白旗を取って平舞台へ下り、立身で左手の白旗、右手をその左手の二の腕にかけて見得をする。「晋の豫譲は衣を裂く」のノリ地のせりふになって、白旗を浜夕に渡し、同時に赤旗を出し（後見から受け取って）、いずれ再起して軍勢を連れてこの旗を「押し立て押し立て」で、その旗を客席に向かって大きく流す。

ここが冒頭でふれた私の忘れられない瞬間である。もう一度繰り返すと、赤旗を舞台端からポンと客席のほうへ流す。一瞬にして赤旗は客席の頭上に翻って、一階の空間を生き物のように大きく流れる。それを手もとに引きよせると、吉右衛門は竹本の三味線に合わせて背中へ廻して担ぐようにして大きく見得をする。その大きさ、その強さ、いいようがない。まるで劇場の全空間をおのが掌中におさめるような勢いであった。

その時、私は顔いっぱいに風が吹いてくるのを感じた。東北の風。あの雪国の、あの寒く山々に囲まれ、海に白浪の立つ東北の風が吹いてきた。

それは寒さであると同時に、差別された貧しい土地のものであった。私の母が東北の生まれであり、戦争中に母の実家に疎開していた関係もあって、私は東北がいかに東京やその西の地方から差別されていたか身をもって知っている。今日でこそほとんど忘れられているその記憶を、私はこの風に感じた。この風は東北の風であると同時に差別された者の恨みの、復讐の風でもあった。

その時の吉右衛門の顔は、その野性と異形の迫力に満ちていた。それは二度目の出から念入りに造形された手順によってあきらかにされた貞任の本性であり、日本人の、あるいは国家の中心が差別してきた周辺の抵抗の激しい気迫であった。

そこには異文化をどう認め、どう共存するかという問題が隠されている。あえていえば差別を乗り越えるためにはどうしたらいいのか、それは安倍一族にとって、圧政に対する叛乱であり、暴力による弾圧、あるいは政略による融合、それだけではない。その結果起きる悲劇の無残さは、ここに見た通りである。吉右衛門の演じた安倍貞任は古典劇の一人物であると同時に、そこには現代の人間の問題が隠されている。

むろんその根本的な収拾にはならないが、貞任は義家の提案にのって、桂中納言教氏としてこの場を収拾する。

装束を直し、冠を片手に持って三段に立つ貞任、平舞台下手に宗任、二重上手に義家、その脇に袖萩の母浜夕とお君。

舞台は全ての人間を絵面におさめて幕が閉まってくる。この時の吉右衛門の貞任の顔は実に美しく輝いていた。その艶やかさは古風でしかも独特の生彩を放っている。それは多面性を生きる美しさ。左手に冠、右袖を巻いての見得の美しさ。

それを見ていた私は、貞任は古典劇の様式のなかへ帰っていったと思い、しかしこの人間が私たちの前で生きてみせた人生の危機は時代を超えるものだと思った。そういう美しさだったのである。

家族とは何か——俊寛『平家女護島』「俊寛」

吉右衛門の俊寛の、その時の顔が実に凄まじかった。

都から九州の果てにある、ここ絶海の孤島鬼界ヶ島へやってきた俊寛たち流人の赦免使の一人瀬尾太郎兼康に、俊寛が斬ってかかった時の、吉右衛門の顔である。

瀬尾が油断しているスキに、俊寛は瀬尾にすがるふりをして近寄り、瀬尾の腰に差した大刀をスラリと抜いて、瀬尾の肩先を一刀斬る。ここは、俊寛をやる役者は誰でも必死の形相になる。例えば前進座の三代目中村翫右衛門の俊寛の顔つきは殺気に溢れて物凄かった。その表情は確かに凄まじく、人を殺そうという殺気に溢れていたが、吉右衛門のそれはそれともちょっと違っていた。

それを見て私は一瞬、この男は死ぬ気だなと思った。瀬尾を殺そうとするよりも、ほとんど自殺をしようという男の顔に見えたからである。

もっともどう考えてみても瀬尾と俊寛では、俊寛に勝ち目がない。三年に及ぶ流人生活でこの無人島ではろくに食物もない。現に幕が開いて岩陰から姿をあらわした俊寛は、片手に浜辺で拾った海藻をぶら下げている。そんなものしか食べていない。当然栄養失調で体が弱っている。一方、瀬尾は平家一門で「難波瀬尾」と称された豪の者。年はとっていても気力充分である。確かに油断して一刀は斬られたが、それからは圧倒的な勢いで俊寛の敵ではない。俊寛自身、自分が八分通り殺されることを予想したに違いない。

それでも彼はあえて瀬尾に斬りかかっていった。なぜか。自分が死んでも千鳥という女、瀬尾が乗船拒否した女を船に乗せたいと思ったからである。それが一家の父、家父長の責任、死んでも守らなければならない責任だったからである。

しかしそれにはそもそもの事件の発端にふれなければならない。

まず事件のいきさつは『平家物語』に詳しく書かれている。

平清盛の独裁的な政治にたえかねた後白河法皇は、その側近を集めてクーデターを計画した。しかしその一味のなかに密告者がいて、京都の郊外鹿ヶ谷の法性寺の山荘に集まっていた一味は一網打尽に逮捕された。そのなかの首謀者藤原成親は断崖から蹴落とされ、西光という僧侶は斬罪、俊寛、平判官康頼、丹波少将成経の三人は鬼界ヶ島（現硫黄島）へ島流しになった。後白河法皇も鳥羽の御所に幽閉された。これを世に「鹿ヶ谷」の事件という。

この三人が流罪になったのは、罪が重いにもかかわらず、それぞれに事情があって、さすがの清盛もそれを斟酌しなければならなかったからである。すなわち平判官康頼は、その祖母が後白河法皇はじめ皇室に強いコネをもっていた。丹波少将成経は藤原成親の息子であったが、その妻が平重盛の娘で、重盛が助命を嘆願した。俊寛は陰謀の舞台になった鹿ヶ谷の山荘が彼の勤める法性寺の所有であったが、清盛自身が目をかけて法性寺の執行（事務総長）にまで出世させた男であり、それだけにその裏切りに清盛は激怒したが、元来清盛に一番近い関係者であった。そこでこの三人は死一等を減じられて島へ流された。

ところが高倉天皇の皇后平徳子（のちの建礼門院）が妊娠した。清盛待望の孫の誕生である。その喜びに特赦が行われ、鬼界ヶ島の三人もその対象となった。ところが俊寛に対する清盛の怒りは解けず、重盛と能登守教経（のりつね）の一存によって「二人」という赦免状の字に一点を加えて「三人」とし、俊寛を九州本土にまで帰すということになった。

事件から三年余り。鬼界ヶ島に暮らした三人は、他に人がいない無人島、時々会っていて今日しも康頼と成経が俊寛を訪ねてきた。康頼によれば近頃一人の女がこの島に流れついたという。九州からこの島までは数百里。海流の都合で、九州霧島の海女が漂着したのである。むろん海女でも帰ることはできない。そこで成経が彼女を見染めて現地妻にした。名を千鳥という。

この時、彼女が成経の妻になる替わりに俊寛を父、康頼を兄として契約したいという。この提案を三人が承知して、俊寛を父として一つの家族が形成される。それがこの芝居のテーマであり、吉右衛門の俊寛を見ていて、私はそのことを学んだ。初代吉右衛門の俊寛を見て以来、それまでそんなことを考えもしなかったが、吉右衛門が私にそのことを教えてくれたのである。というよりもそれが、吉右衛門がこの戯曲のなかに新しく発見したドラマの骨格であった。

彼女が俊寛の前で夫婦堅めの盃をあげて、俊寛が一さし舞う。吉右衛門はここがうまい。最初の出の杖をすべらせてよろめくところも、この舞いで終わりにやはり砂地に足をとられて倒れるところも、吉右衛門は自然でありながら、義太夫の音楽について歌舞伎らしいコクのある芝居を見せる。

そもそもこの作品は『平家物語』を源流として、そこから世阿弥が能『俊寛』を書き、さらに近松門左衛門が人形浄瑠璃『平家女護島』を書き、さらにそれが歌舞伎に入って近松の原作が歌舞伎化された。

『平家物語』、能『俊寛』、人形浄瑠璃の『平家女護島』の三者の違いはいくつかある。その一つは『平家物語』が歴史的な政治事件を描いたのに対して、能は人間の孤独を描いた。能は『平家物語』と違って、原住民も住んでいない全くの無人島という設定で、世阿弥はそこで孤独になった人間の悲劇を描いたのである。

近松門左衛門は、その設定にさらに紅一点、女の千鳥を点出した。この点出は、男ばかりの芝居に女を色取りにしようとしたというようなことではない。もっと大事な意味がある。すなわち家族は女性によってできるという意味であり、さればこそ彼女が提案する必要があった。近松は政治事件を描いたのでも、人間の孤独を描いたのでもなく、家族とは何かを描いたのである。

近松が自分の作品の観客としているのは、草深い田舎で歴史を読む人たちでも、それを音曲とした平曲の聴者でもなく、まして能を見、世阿弥を愛した室町将軍や、そこに集う公家から一般民衆でもなかった。天下の台所大坂船場を中心にした商家の人々であった。彼らにとって歴史も政治も人間の孤独も問題ではなく、現にこうして劇場に座っている自分の家族が問題だった。

今、その家族が鬼界ヶ島の砂浜に成立した。

それが間もなく、俊寛がこけたように、砂の上に崩壊していくなどということは誰も知らなかった。その崩壊の原因は、矢のように鬼界ヶ島を目指してやってくる一隻の船にあった。

赦免の使者は二人いた。一人は瀬尾、もう一人は丹左衛門である。瀬尾ははじめ、清盛の原文、康頼、成経二人の赦免を許した文章を見せる。俊寛の名はない。そこで俊寛の絶望が描かれる。「罪も同じ、配所も同じ」なのにどうしてこう違うのか。世阿弥の描いた孤独の恐怖は近松に引き継がれる。浄瑠璃は能のもどきだからである。

ここは吉右衛門がうまい。赦免状の「もしやと礼紙をさがしても」。「礼紙」とは赦免状を包んでいる上包みの紙のことである。俊寛はここで赦免状を出して「ナイ」といい、「ナイナイ」とそれを両手に持ってひと廻り、空中にすかすようにして見る。この竹本の三味線について動くところが、簡単のようでなかなかうまくいかない。溢れる絶望、一人残される恐怖と悲しみ、能とはまた違うリアルさと、義太夫狂言のリズムに乗ったコクのある動きが要求される。初代もうまいところであったが、吉右衛門のほうがリアルな強さがあった。

俊寛が打ちひしがれているところへ、丹左衛門が出る。その赦免状は、瀬尾が見せた赦免状の追加で、すでにふれた事情で能登守教経が用意させたもう一つの赦免状。それによれば俊寛は九州までの帰還を赦すという文章である。

一度絶望を味わわせておいての、このプロセスは劇的にあざとく見えるかもしれないが、すでにふれた通り、これは能のモドキであり、能に対する批評でもある。

そしてこのモドキ、あるいは批評が次の局面をうむ。丹左衛門が俊寛に対して初めっから九州までの帰国を許さなかったのは、しばらくは間をおいて、小松殿（重盛）の計らいの御仁心を知らせんがためというもっともらしい、しかも嫌味で不自然なことをいうが、そんなことでこのドラマがつくられているわけではない。能をもどくことが近松の目的であり、それを批判的にとらえることによって近松が本当に書いたのは、『平家物語』にも、能にもなかった新しい局面であった。すなわちこれからこそが近松の書きたかったドラマの骨格なのである。

俊寛の九州への帰国が決まって、康頼、成経の三人が乗船することになる。ところが思いがけないことが起こる。

瀬尾が乗船できるのは三人に限るといって、三人の埒外である千鳥の乗船を拒否するのだ。いかにも官僚的な考え方であるが、理の当然だから、誰にも否定することができない。無理矢理三人が船に乗せられて千鳥一人が砂浜に残される。

そこで千鳥が乗船できないならば、成経が私も船には乗らないという。千鳥の乗船拒否に対する抵抗である。

ここは中村梅玉の成経が傑作であった。千鳥を抱いて中腰になった梅玉の姿は、この芝居は俊寛が主役ではなく、一瞬成経が主役かと思うほどの大きさ、舞台いっぱいに広がる情愛であった。そしてこれが実はドラマ全体に大きな意味をもつのである。

成経の示したのは、たった今結婚したばかりとはいえ、永遠に愛を契った男の愛である。それを見れば誰でもこの直前、瀬尾に告げられた俊寛の妻のことを思わずにはいられないだろう。

俊寛の妻東屋（あずまや）は、俊寛が流罪になった後、清盛に懸想されたが、それを拒否して自殺した。それを知った俊寛は東屋がいなければ都の月花も見たくはないという。しかしこの東屋の死は単に俊寛を絶望させただけではない。この成経の愛の強さと対比させられるところが大事なのである。

現実の東屋の死に対して、成経はこれほど強く千鳥への愛を示している。成経がつい先ほど成立した四人の家族のなかの夫の役を演じきろうとしている。そのことは東屋の死への絶望を捨てつつ、さっき成立した家族のなかでの俊寛自身の役割を思い出させるところが大事なのである。俊寛は思ったろう、自分も家族の一員、家父長の役を演じなければならない。そう思うことが東屋の死という現実から、仮想家族へと俊寛をかり立てた。

無理矢理暴力によって三人が乗船させられた後、一人砂浜に残された千鳥はこの役第一の見せ場であるクドキを演じる。

ここは四代目中村雀右衛門の千鳥が傑作だった。雀右衛門ではこのクドキは二段に分かれる。第一段は「鬼界ヶ島に鬼はなく、鬼は都にありけるぞや」という近松の名文句で有名なところであるが、ここが大事なのはそれだけではない。ドラマのうえで大事なのは、いかに彼女が海女だとしても、ここから九州まで泳ぎ帰ることは不可能だと語ることである。とすると、この無人島に一人残されることになる。さっきまで俊寛が体験した孤独の恐怖を、千鳥は自分の身に体験することになる。その結果俊寛が死ぬしかないと思ったように、千鳥もまた死ぬほかないと思うようになる。すなわちクドキの第二段は、死のうという千鳥の決心の告白である。

この告白は、一度は死を覚悟した俊寛にもう一度自分の行く末を思わせるだろう。自分も千鳥と同じ。ここに、千鳥という女性を点出した近松のもっとも大事な意図がある。俊寛は死を覚悟するのである。

これだけの状況を見て、初めて一度は船へ乗せられた俊寛が見張りの目を盗んで船から転がり出て千鳥の自殺を止める。

成経の愛、千鳥の死の覚悟、そこまでを見たうえで俊寛三度目の出になる。この三度目の出までにこれだけの設定を背負った俊寛は、むろん千鳥の身替わりになる決心をしている。

そこで彼は、千鳥の乗船を瀬尾に懇願する。しかし瀬尾は拒否する。そのために私が冒頭に書いたようなシーンがあらわれる。吉右衛門の俊寛が死ぬ気でいるのはここである。

私たちは『俊寛』という芝居を何度も見ているから、ここで俊寛が瀬尾に斬られるとは思っていない。だから俊寛が死ぬ気であることを見逃してしまう。しかしよく考えれば、栄養失調で体力を失っているうえに武術の心得がない俊寛が瀬尾に殺される可能性は百パーセントに近い。したがってこの俊寛の行動はほとんど自殺に等しい危険な行為だったのである。

ということを示した俊寛は、私の見た俊寛のなかで吉右衛門ただ一人。少なくとも私がこの危険性を痛感したのは吉右衛門の舞台だけであった。それだけ危機感に溢れる芝居であり、その表情は死ぬ気そのものであった。

俊寛がそこまで覚悟した動機はいくつかある。

まず第一に、彼が死ぬ気になったのは、千鳥の身替わりに自分がなるべきだと思ったからである。俊寛にすれば、つい先ほど彼は千鳥の申し出によって父になった。成経との結婚によって、この島にいるたった四人の家族の家父長になった。近松の生きた時代、ことに経済都市大坂の商家での家族の家父長の責任は、外側に対しても家内に対しても大きいだろう。それは現代とは比べものにならない大きさだとしても、現代にもつながる問題であろう。少なくとも家族とは何か、その家族のなかでの

「父」とは何かは、人間にとって永遠の課題であろう。それは家族への家父長の責任として、俊寛が感じたもっとも大きな問題であった。

そこで彼は千鳥の身替わりになろうとした。ここに能のモドキとしての浄瑠璃の意味がある。これが第二の意味である。近松は能の描いた孤独を、まず千鳥にモドキとして演じさせた。そこで俊寛は自分の体験すべき、これから自分が体験するであろう孤独の恐ろしさをあらかじめ見ることになった。その恐怖に比べれば死んだほうがまし、俊寛がそう思ったとしても無理ではない。吉右衛門の俊寛が単に死ぬ気というよりも、自殺をその行為に含ませる理由はここにある。彼は千鳥を通して自分の「死」を感じた。

ここで私たちは『平家物語』、能の俊寛の死に方を考えるのも無駄ではない。『平家物語』では、俊寛は都からはるばる訪ねて来た家来の有王丸から、都の家族の一家離散の惨状を聞いて、断食して自殺する。能の『俊寛』ではその終末はわからない。それでも出ていく船にすがりついて、水夫に櫂で撲殺されそうになったほどのシテが、自殺するとはとても思えない。すなわち世阿弥の描く俊寛が人間の本性を表現しているとすれば、自殺はしないのである。近松は、その自殺をしそうにもない男が自ら死ぬ決心をする契機を描いた。『平家物語』でも能でもなく、自分から進んで死ぬ決心をもって島に残るのは近松だけなのである。吉右衛門はその近松のドラマの本質にせまったという点で、ほとんどただ一人の役者なのである。それは吉右衛門の現代性であり、現代の主体性をもって行動する人間というとらえ方のためだろう。

彼は瀬尾と闘う間も、千鳥が加勢しようとするのを止めてこういう。「寄るな寄るな、杖でも出せば相手の科はのがれぬ、差出たらば恨みぞ」。共犯になるというのである。瀬尾殺害はあくまで自分一人の犯行だと主張し、二人の争いを静観していた丹左衛門が、俊寛が止めを刺そうとするのを止めて、止めを刺せば確信犯になるというのに対して、俊寛は「上使を斬ったる咎によって（陰謀の罪は赦されても）改めて今鬼界ヶ島の流人」になると宣言する。ここは歌舞伎では関羽見得をする。関羽見得とは、のちに歌舞伎十八番の一つになる『関羽』で、関羽本人が左手に髭を持ち、右手に刀を持つ大見得をそう呼ぶ。むろん近松の浄瑠璃にはそんなところはないが、歌舞伎はこの俊寛が自ら自主的に島へ残るという主体性を強調したいからの工夫であろう。

それでも千鳥は、俊寛に申し訳ないと自害しようとする。それを止めて俊寛は、この世からなる地獄の三悪道を体験した自分を「弘誓の船」に乗せてくれという。

ここの吉右衛門の俊寛が、立身の千鳥の左手にすがってのせりふの痛切な響きは、未だに私の耳の奥に響いている。深い悲哀に満ちていると同時に、俊寛がすでにこの世の船に望みがないという思いが身に沁みるからである。

すなわちここに第三の理由がある。彼はもう現実の船を見ていない。あの世へ行く船――仏が済度した衆生をあの世に渡す船、つまり弘誓の船しか眼中にはないのである。

ということが説明された時、初めて俊寛はこの世の現実を超えて、仏教思想の内奥の世界に生きることになる。現実の死とそれを超える再生。

いよいよ船が出る。

舞台上手に着いていた船尾が消え、纜が解かれて砂の上をスルスルと滑っていく。むろん近松は、一度は島へ残る決心をした俊寛が「思い切っても凡夫心」をもったことを書いた。吉右衛門の俊寛も思わず知らず船を追って砂浜をすべっていく纜に乗って、その力で滑って転ぶ。そしてこの纜を手に取る。普通の人がやると、この纜を追う動きが運動会のごとく、大いに受けるところであり、さらに纜を引っ張って離さないところで拍手がくる。

しかし吉右衛門はそうはしなかった。

船には康頼、成経、千鳥をはじめ、みんなが乗っている。都へ向かってまっしぐら、一刻も早く都へ帰してやりたい。それが自分の家族の幸せだろう。そこで吉右衛門は、纜を引っ張ったりしない。みんな幸せになってくれという願いをこめて纜をポンと遠く放るのである。この纜一本に俊寛の情愛溢れんばかりであった。そしてその情愛が深ければ深いほど、その纜を遠くへ放る俊寛の手さきは無心であった。

思いをこめながら、しかも動きは無心だった。そのいいようのない悲しみが纜一本に出る。吉右衛門の芸はそういう芸であった。

この後、俊寛は正面の岩組へ上る。岩組が廻り舞台で正面へ来る。

浪音に千鳥の合方。

岩に上った俊寛が松の枝にすがる。枝が折れる。前の岩に俊寛が手をつく。

無心の顔が照り映えて、幕が閉まってくる。その吉右衛門は、義太夫狂言のなかの人物であり、しかも我々には、家族とは何か、家父長の責任とは何かを問いかける存在であった。

逢坂山の雪と桜――関守関兵衛実は大伴黒主

『積恋雪関扉(つもるこいゆきのせきのと)』

雪の逢坂山の関、桜の大樹に時ならぬ花の盛り。

その根もとで、関守の関兵衛が薪を割っている。柿色の頭布に白い手拭、萌黄地に白く香(こう)の図(ず)崩しの着付、水浅黄の手甲脚絆。

常磐津の浄瑠璃が「五尺手拭中(なか)染めた」と語るところで関兵衛は、左手を懐中に俗に「弥造」という形にきめ、左足を踏み出し、右膝をついて右手に煙管を持った手を伸ばした形で大きくきまる。

平成十六（二〇〇四）年十一月歌舞伎座、その時の東京では二十三年ぶりという吉右衛門の関兵衛の顔が実に美しかった。今でも忘れることができない。吉右衛門の顔といえば熊谷も盛綱もいいが、この関兵衛の顔が私は一番美しいと思う。

吉右衛門は同年輩の役者たちのなかでも決して顔立ちが歌舞伎に向いているわけではなかった。吉右衛門が美しく輝く瞬間は、決して天性の美顔ではなかった。芝居を重ねて人間の苦悩を描いた時に初めて輝くような美しさだった。芸のつくる美しさだったのである。

ところがこの関兵衛は、そういう条件抜きの美しさだった。第一この「五尺手拭」までにたいした仕事があったわけではなかったし、浅黄幕が落ちて目に入った、頬杖をついて居眠りをした関兵衛の吉右衛門の形は決していい形ではなかった。それに吉右衛門は踊りよりも芝居の人であって、十代目坂東三津五郎のようにわずかな動きでも身についた踊りで輝くような顔でもなかった。

にもかかわらずその吉右衛門の関兵衛の顔の美しさは、まさに錦絵に描かれた昔の役者を思わせるような顔であった。白塗りの上に薄く両頬に横に一筋、痩せ隈のような化粧、黒く太い眉、唇。そういう顔が周囲の風景、衣裳のなかにとけ込んで、その太いタッチ、力強さ、大きさが、遠い昔の『関の扉』という古典劇の世界に生きていた。

この味わいこそが、天明時代という江戸中期の短いが華やかで独特な世界のものだという気が私にはしたし、同時に今まで見てきた吉右衛門の父八代目松本幸四郎（初代白鸚）や伯父二代目尾上松緑のそれよりも深い大きさをもっていることを思った。

古典劇はこういうところが面白い。時に不思議に先輩たちを超えて輝くことがあるのだ。それは吉右衛門の身についた味わいが、二十三年の時を経て円熟したからであろう。その美しい古怪な顔を見ながら私はそう思った。

この顔は確かに彼が刻んできたもの、それも踊りというよりも『関の扉』という戯曲の中に彼が発見したものだった。

四十歳を過ぎたらば、人間誰しも自分の顔には責任をもつべきだといったのは小林秀雄だったが、まさに吉右衛門は自分の芸によってこの顔の美しさを刻んできたのだと思う。

「五尺手拭」が終わると小町が出る。問答になる。

ここには天明振りという、ゆったりと鷹揚な振りがついていて、たとえば十代目三津五郎の関兵衛はそこをまことに面白く見せた。吉右衛門はそれとは対照的に天明振りよりも何よりも、その踊りの意味するところを見せた。たとえばここには「キヤボ」と俗称される当て振りがある。歌詞はこうである。

「生野暮、薄鈍、情なし、苦なしを見る様に」。

今、私はわかりやすいように訓読点をつけた。すなわち「生野暮」は根っからの野暮な人、「薄鈍」は精神的にのんびりしている人、「情なし」は人情の機微を理解しない人、「苦なし」は苦労知らずの楽天家、という意味であるが、これを振りでは、「生」→「木」、「野」を矢を射る振り、「暮」を棒に、「薄」を臼を挽くしぐさ、「鈍」を太鼓をドンと叩く振りというふうに分解している。歌詞の意味とは全く違う振りがついているという点で、ほとんどアブストラクトのような面白さがある。ところが、この当て振りが、テンポが速い曲調のためによくわからないことが多い。

吉右衛門の関兵衛は、天明振りという匂いはあまりないが、その代わり当て振りの、その歌詞の意味が誰よりも鮮明で見ていてよくわかった。これが吉右衛門の関兵衛の大きな特徴だった。踊りとしてどうかというよりも、その描くところのモノがよくわかって、それによる当て振りの距離感が出たのであり、この曲の洒落た感覚が浮かび上がったのである。それが雪の降るのに満開の桜、しかも当世風でありながら、そこに浮かぶ平安朝の歌人——六歌仙の世界が浮かぶ奥行きが鮮明になったのである。

そういう風景のなかに吉右衛門の顔の美しさは浮かんだのである。

宗貞と小町の恋物語があって三人の手踊りになる。

この時はこの手踊りが面白かった。宗貞の五代目中村富十郎の手振りが絶品であり、小町の中村魁春がまた六代目中村歌右衛門張りで、三人のアンサンブルが見事だった。

こういう何人かが一緒に同じ振りを踊る時は、上手な人間が一番下手な人間に合わせるという口伝があるが、この場合は富十郎が吉右衛門と魁春をリードしたのであろう。

私は八代目幸四郎、六代目歌右衛門、十七代目中村勘三郎、あるいは二代目松緑、七代目尾上梅幸、三代目市川左團次で、この手踊りを何度か見たが、この時ほどこの手踊りが面白かったことはかつてなかった。富十郎のリードもよければ、吉右衛門と魁春がそれに一種のリスペクトをもって従ったのが功を奏したのであろう。ことに宗貞は先帝の寵臣、小町は官廷の有名な女流歌人、それに対して関兵衛はただの関守。しかし実は大伴の黒主という、上下の関係と「六歌仙」の世界の三人という二重の関係があって、それがうまく三人の関係に重なったのであろう。

さて、小町と宗貞の恋話が終わると、関兵衛が割符と勘合の印を落とす。それを小町と宗貞が拾って、一瞬空気が一転してこわばる。それを誤魔化す関兵衛が「そつこでせえ」というので、ガラリと雰囲気が三転して「恋じゃあるもの」の三人の手踊りになる。

他愛のない恋の歌であるが、これが詞章といい、曲といい、実に楽しい。

この楽しさをつくる条件は二つある。

一つは完璧に踊りが揃うこと。なんといっても三人の手振りが揃っていなければ面白くない。しかし、レビューのラインダンスではないのだからただ揃っているだけでは困る。そこでもう一つの条件は、それぞれの個性が出て揃っていながらつかず離れず、変化がなければ面白くない。このイキが難しいのである。たとえばすでにふれたように、私はたとえば幸四郎、歌右衛門、勘三郎、あるいは松緑、梅幸、左團次という組み合わせを見たが、幸四郎組は個性が強すぎて時にバラバラになることがあった。一方、松緑組は同じ六代目（尾上）菊五郎学校の卒業生だからイキはピッタリ、水ももらさぬ合い方で、さながら一人の人間が踊っているごとくであったが、あまり揃いすぎても面白くない。一体になる快感と同時に一体でしかないつまらなさもある。そこらの兼ね合いが難しいのである。

さて吉右衛門、魁春、富十郎だとどうなるかといえば、まずこの三人だと芸風、芸歴が一つではない。しかも個性的なだけではない、対照の妙がある。吉右衛門と富十郎とはすでにふれたようにイキの合ったコンビであった。富十郎が六代目尾上菊五郎張りなのに対して、吉右衛門は初代吉右衛門の芸風を受け継ぐ人であった。六代目菊五郎と初代吉右衛門は俗に「菊吉」と呼ばれて昭和歌舞伎前半期を牽引した名コンビであった。芸風からいえば吉右衛門と富十郎はその「菊吉」の伝統を引く対照的な芸風の役者だった。

それに加わる魁春は、歌右衛門の遺児であり、歌右衛門はまた初代吉右衛門の相手役でもあって、吉右衛門とは芸質が似通っている。

つまりこの三人は幸四郎組ほど離れていなく、松緑組ほど同じ学校の出身で一つではない。適当に離れて適当に一つ。その芸風において対照の妙をもっていたのである。

その三人が三人一致してイキを合わせようと努力したところに、自然に合うのではない、つくられた統一が生まれた。

こういう条件での「恋じゃあるもの」の手踊りは、それぞれの個性の対照、踊りのウデの違いによって一つのリズムをつくった。そこにはいつまでも見飽きぬ対照の面白さがあり、しかも寄せては返す浪のような、つかず離れずの統一されたハーモニィとアンサンブルが生まれたのである。

こんな面白い手踊りはなかった。

現にこの後、四年後の平成二十年二月歌舞伎座で吉右衛門が関兵衛を踊った時には、中村福助の小町、現幸四郎（当時市川染五郎）の宗貞であって、すでに背丈が合っていなかった。吉右衛門一人がずば抜けて、アンサンブルが前回ほどではなかった。

宗貞の役は、吉右衛門にとっては忘れがたい役だったはずである。

昭和四十一（一九六六）年十月新装開場した帝国劇場で、吉右衛門が前名の萬之助から二代目吉右衛門を襲名した時の披露狂言が、昼の部が『金閣寺』、夜の部が『関の扉』であり、新吉右衛門は昼の『金閣寺』で八代目幸四郎の大膳、六代目歌右衛門の雪姫で此下藤吉、夜の部の『関の扉』で幸四郎の関兵衛、歌右衛門の小町・墨染に、宗貞であった。

此下藤吉はともかく、宗貞は吉右衛門にとってニンにない役だった。やはり吉右衛門は文句なしに関兵衛役者だったのである。

下の巻になると、その吉右衛門の特質が十二分にあらわれる。

七代目三津五郎はその芸談『舞踊芸話』（演劇出版社、昭和五十二年）のなかで、関兵衛は実は大伴黒主なのだから、どこかに気品がなければいけないといっているが、私は気品はもとよりだが、同時に歌舞伎としては、天下横領の立敵（たてがたき）としてのスケールの大きさ、古怪な凄味が必要だと思う。

吉右衛門の関兵衛は下の巻の出の酔態もいいが、その本領が最初にあらわれるのはやはり星繰りだろう。大きな朱塗りの盃を持って右足を踏み出すと、その盃に天空にまたたく星が写る。それを見て関兵衛は天下横領の機会が来たことを知るのである。

　この古怪な味わいは、その分厚い凄味の感触からいって吉右衛門のものである。星繰りなぞという荒唐無稽な、しかも宇宙を一呑みにするようなスケールの大きさ、世界の背景の奥深さを出すところが吉右衛門ならではである。そのグロテスクさは舞台の天井から釣り下げられる渦巻く黒雲と銀の玉の星のつくりものに象徴されている。素朴だが趣が深い。

　それにしてもこの『関の扉』ほどさまざまな仕掛けのある作品は少なくない。この星繰りもそうだが、今宵この桜を伐って護摩を焚くとか、その桜を切るために斧を研ぐとか、血染めの片袖を石の上に落とすとたちまち鶏が鳴くとか、さまざまな怪しげな奇蹟が散りばめられている。そのありさまは一種の迷宮(ラビリンス)である。

　問題は、その迷宮の万華鏡のような世界の真ん中に座ることができる役者が関兵衛をするかどうかである。確かにそういう複雑な絵面を背景にすると、その役者の隠されていた持質が浮かび上がるということもある。しかし吉右衛門は天性そういう絵面のなかでの大黒柱という存在感をもっているうえに、この後半を一貫して流れる天下横領の大敵のリアルさをもっていた。

　関兵衛が桜の木を伐ろうとすると、墨染があらわれる。そこで墨染が伏見の撞木町(しゅもくちょう)から来た傾城だというので、関兵衛と廓話になる。

　吉右衛門はこの洒落た味わいよりも、いよいよ大伴黒主と本性をあらわしてからのほうがもの凄かった。

上手（かみて）横向きでマリカリを立てて持ち、それをタテにした陰で化粧を直すのだが、この位星（くらいぼし）をつけた顔が、冒頭の「五尺手拭」の見得の顔の美しさとはまた別な凄味であった。

「五尺手拭」がむしろ艶っぽい色気を感じさせる、洒落た美しさだとすれば、こちらは凄絶な凄味のある古怪さだった。

おどろな髪、位星の気品、敵役のもの凄さ、悪の魅力、ぶっ返りになった黒の衣冠束帯の官服の風情、その裾の白と紫の市松模様。そういう扮装が全て生きているのは、吉右衛門がこの長い間伝えられた拵（こしら）えの型のなかに生きていたからである。

あの「五尺手拭」の顔、この黒主の顔、この二つの顔は吉右衛門が生きた人生の感性を示すモニュメントであった。

三、復活狂言三種

悪七兵衛景清　『嬢景清八嶋日記（むすめかげきよやしまにっき）』

紀有常　『競伊勢物語（だてくらべいせものがたり）』

由良兵庫助　『神霊矢口渡（しんれいやぐちのわたし）』

吉右衛門は古典の型も大事にしたが、珍しい狂言を復活するのにも熱心だった。

ここでその三種というのは『嬢景清八嶋日記』俗に『日向嶋（ひゅうがじま）』の悪七兵衛景清、『競伊勢物語』の紀有常、『神霊矢口渡』の由良兵庫助の三つである。『日向嶋』は実父八代目松本幸四郎（初代白鸚）が復活して、文楽の竹本綱太夫竹沢弥七と共演した作品である。『伊勢物語』は、初代吉右衛門も八代目幸四郎も演じた作品である。『神霊矢口渡』の由良兵庫は大正時代に初代が上演したまま、その後、誰も上演しなかったのを吉右衛門が復活した。

景清は構成が能の『景清』によく似ている。というよりもそれを浄瑠璃化したといってもいい。大仏供養の後、一度は降参しながら頼朝への恨みを捨てきれなかった自分を恥じて、みずから盲目となった景清は、九州日向へ流される。里人の情けで生きている景清の孤独な生活。そこへ娘糸滝が訪ねてくる。しかし景清は「景清」という男は去年死んだという。なぜ自分だと名乗らないかといえば、平家滅亡後、頼朝に一太刀も報いられぬ自分を恥じているからである。

しかし娘糸滝を騙して追い返した後、里人が「景清」と呼ぶのを聞いて、景清はつい返事をしてしまう。盲目の悲しさ、そこに娘がいるとも知らずに。そこで娘がすがりつく。初めて景清が名乗る。

「親は子に迷わねど、子は親に迷う」といいながら娘を抱きしめる。むろんウソである。実は景清はそういいながら「子に迷って」いる。吉右衛門の景清はここがいい。オモテは「子に迷わぬ」といいながら、真底娘が可愛い。盲目ならばなおのことである。吉右衛門はそのウラオモテの心情溢れるばかりであった。

娘糸滝は、せめてこれで盲人の官位をとってくれといって金を出す。乞食同然の生活を知ったためである。彼女はその金を、身を売ってつくった。そのため、ここへ来るにも糸滝の抱え主左治太夫がついてきている。大金に驚く景清の気を引き立てようと、その左治太夫が実は今度大百姓の家へ嫁入りするという。すると突然、景清が怒り出す。悪七兵衛景清ともあろう者の娘が百姓づれの嫁になるのかというのである。これもウソである。自分のような滅亡した平家の人間が親では、娘が幸せにはなれないと思った結果の愛想尽かしである。早く帰れと怒鳴る景清に追い立てられて、娘と左治太夫が船に乗る。船が出た後、娘が残していった手紙を里人に読んでもらう。そこに身売りの真相が書かれていた。

盲目の悲しさ、こけつまろびつ船を止めようとする景清の狂乱。吉右衛門の景清はここがうまい。娘身売りと知って駆け出す景清の悲しみ。「ヤレその子は売るまじ、左治太夫どの、娘ヤアイ、オーイ娘よ、のうのう返せ戻せ」。吉右衛門のそのエネルギーの瞬発力が、広い歌舞伎座の舞台に溢れ、劇場全体をゆるがすばかりであった。

しかし船は戻らない。そこで景清は頼朝に改めて降参する決心をする。一度は頼朝に降参し、その怨念を断ち切るために、みずから盲目になってここに流された、それでも心底煩悩を断ち切ったわけではなかった。ところが、ここで娘の不幸を救うために回心しようとする。それを見た里人二人は、自分たちは鎌倉幕府の隠し目付、あなたを連れて鎌倉へ行こうという。その船中、景清はかねて日夜菩提を弔っていた平重盛の位牌をソッと海に流す。

この吉右衛門の景清の回心を見ていて、私は平家の侍大将悪七兵衛景清といわれる武将にしてなおかつ娘のために第二の人生を歩むことになるのか、という感慨に深く打たれた。吉右衛門の毅然たる武将と、平凡な父親として崩れていく人間性の表現があざやかだったからである。

こうして見るとわかるが、景清はかなり変わった人格である。そこにこの役の難しさがある。武道一筋、ほとんど偏屈であり、誇りが異常に高い。しかもその変化していく心理でいえば、つねに二重のウラオモテがある。娘を追い返すところ然り、百姓と結婚と聞いて怒りだす件然り。つねに二重の心理が働く。

歌舞伎では役の性根といい、ハラという。この二つの言葉は微妙に違う。性根とはその役の存在理由であり、終始変わらない。一方、ハラとはその場の状況によって変わる心の動きをいう。景清の偏屈という性格と娘への愛情をもつ人間の性格は、すなわち性根であり、その時々の二重のウラオモテがハラである。

その性根をつかまえて、その場その場でハラの変化を見せるのが吉右衛門はうまい。その振幅が演技の厚みになり、義太夫狂言らしいタッチの太い輪廓をつくる。義太夫狂言のドラマツルギーには、こういう性根とハフを追求する役が多い。そういう役が様式的なスケールの大きな型をもっているのは、外形を強く表現することによってウラオモテの対照をはっきりさせていれば、内面のハラも表現しやすくなるためである。

『日向嶋』の景清の至難な特徴は、『競伊勢物語』の紀有常にもある。史実は知らず、歌舞伎の『伊勢物語』の紀有常は、天下横領を企てた謀叛人紀名虎の実弟、若い時に罪を得て奥州に流人になった。本来公家貴族でありながら奥州へ流人となるに及んで、その身分を一般市民に落とされた。その時、六太夫小よしという夫婦と同じ長屋の隣同士になった。そこで一人の娘信夫をもうけたが、妻は産後の肥立ちが悪くて死去。男手一つで娘を育てかねた有常は、信夫を子のない六太夫小よし夫婦の養女にやった。

やがて有常は罪を許されて都へ戻った。戻ったけれども公家に復帰することは許されず、武家の身分に落とされた。武家は公家貴族よりも階級的に下位であった。公家貴族から一介の市民、そして武家になる。数奇な人生という他ない。

有常が東北から帰還した都では、時の帝文徳天皇崩御によって、惟喬親王と惟仁親王の御位争いの騒動が起きていた。有常はかつて文徳天皇の寵臣、ことにその皇后染殿の后に信頼されていて、その娘井筒姫が伊勢の斎宮に立って都を離れるのを悲しんだ染殿の后の気持ちを汲んで身替りを立て、有常は自分の娘として育てたほどであった。しかしその井筒姫に横恋慕した惟喬親王が、自分の意に従わぬ井筒姫の首を討てということになって、有常はその討手として井筒姫のいる春日野の里、春日村に向った。

一方小よしは、数年前に夫六太夫を失い、源融の奥州巡行の折、一夜の宿を提供した縁で融の大臣に都へ呼ばれ、今は娘信夫と小よし母娘の二人で春日村に住んでいる。

ある日突然、母娘の住む家の門口へ大々名のごとき行列が止まり、駕籠からさも大身の人らしき人が門口へ降り立った。誰あろう紀有常である。すでに春日村の周囲は惟喬親王方が十重二十重に取り囲み、表に大身を装っても有常は捕虜同然である。

有常は何十年ぶりかで小よしを訪ねた。仰々しい行列、立派な乗物、茶地錦の長裃(ながかみしも)の有常にびっくりした小よしに、有常は昔なじみの長屋生活を偲んで囲炉裏を囲み、あぐらをかき、手拭をチリ除けに頭に乗せて、はったい茶を飲む。はったい茶とは、米の粉を挽いてつくった粉を熱湯に溶かす飲みものである。この場面を俗に「はったい茶」というのは、ここの小よしと有常がはったい茶を飲みながら昔を偲ぶ景色が印象的だからである。

吉右衛門の有常は、この駕籠から出たところの風格がまことに立派であった。私が見た有常では、八代目松本幸四郎（初代白鸚）よりも三代目市川寿海のそれに似て、その柔らかさ、その豊かさ、その味わいの深さ、目の覚めるごとくであった。もともと吉右衛門はその長身に長裃、生締(なまじ)めという鬘(かつら)の似合う人だったが、ことにこの有常は印象深かった。小よしの田舎家に大時代な長裃の鷹揚さ、それが頭に手拭を乗せてあぐらをかく風情がまことにいい。

その柔らかさ、その品格に、どこかに公家貴族を偲ばせる位取りがあり、その御大身が砕けて小よしに「太郎助でござるわいのウ」という、扮装とは違う人情味。まことに面白い。「太郎助」は奥州で六太夫夫婦と合長屋時代の有常の仮名である。そして「命あればじゃのウ」となつかしんで昔にかえっての人情味。その人生観があざやかだった。

「はったい茶」の回顧談の後、有常は信夫が帰るのを待つために、十二単(ひとえ)の入った挟み箱を右脇に抱えて上手障子屋体の脇に立ち、向うを見た後、フッと小よしを見返るところがステキなうまさであった。信夫に十七年ぶりで会う、その娘はどうなっているか、婿の豆四郎と夫婦になっていると聞いたがどう変わっているのか、そういう思いで、無言で向うを見て、フッと小よしの視線を感じて気を変えて障子屋体へ入る、そのしぐさ、そこにのちに考えれば、深い意味があったことがわかるせいもあって忘れがたかった。

有常が障子屋体に入った後、信夫が帰ってきて小よしとの芝居になる。信夫は禁断の玉水の淵へ入ったために、その罪を隠してわざと小よしに辛く当たる。その母娘の喧嘩を止めて、有常二度目の出になる。有常が今日ここへ来たのは、娘信夫を取り返すためである。のちにあきらかになるように、彼は信夫を井筒姫の身替りに殺そうとしている。しかしその事情を秘めたまま、信夫を実の親である自分に返してもらいたいという。むろん小よしは渡そうとしない。

その詰め開きの最中に役人がやってくる。

信夫は昨夜、人の出入りを禁じられている玉水の淵に入って、三種の神器の一つの神鏡を淵から盗み出した。訴人あって役人は信夫を逮捕にやってきた。つかまれば死刑である。あわやというところへ有常が割って入る。信夫は実は井筒姫であり、先帝の遺子であり、今日只今伊勢の斎宮に立つところで私がお迎えに来た。玉水の淵は伊勢の神域、もし信夫が斎宮になれば玉水の淵は斎宮の支配下。どこへ入ろうと自由である。これを聞いた役人は手も足も出ない。信夫は救われる。

ここは俗に歌舞伎で「捌き役」といわれる理非曲直を明らかにして問題を捌く役柄であり、筋を通す役の一つである。吉右衛門はこの捌き役がうまい。ところが残念なことに、平成二十七（二〇一五）

年九月歌舞伎座の時の上演台本がよくなかった。原作によれば有常と小よしの詰め開きも面白いが、この台本ではカットだらけ。有常が役人にいう「某が娘は伊勢の斎宮、仮りにも天子の御胤」という大事なせりふもカットされている。この一句が役人を黙らせる決め手なのにそれがなかった。せりふを吟味しての再演が期待されたところであったが、吉右衛門の有常は再演されなかった。

ここで歌舞伎は道具が替わって奥座敷になる。

奥座敷の御簾が上がると髪梳き、信夫の髪を有常が梳いている。

この髪梳きは単に十二単を着るために、おすべらかしにするのではない。斎宮に立つのは天皇の内親王と決まっているが、その内親王と別れのために「別れのみぐし」といって天皇みずから櫛をとって内親王の髪を梳く儀式を模したものである。

有常はそこで初めて信夫に実は私はお前の父親であり、「天が下、四海万民のため」に井筒姫の身替りに死んでほしいと頼む。驚く信夫。しかし信夫の夫豆四郎もすでに井筒姫の恋人在原業平の身替りに立つと聞いて、自分も死ぬのを承知する。彼女がそこまで決心したのは、一つにはむろん実の父有常の頼みであるからだが、一つは夫豆四郎が在原業平の旧臣の息子であり、是非とも身替りにならなければならないことを知ったからである。

かくて有常は娘信夫の首をはねる。

小よしの悲嘆、有常の嘆きいうまでもない。

ことに惟喬、惟仁の御位争いを収めるための犠牲に立って二人の死を行う有常の悲劇は、深い印象を残す。

紀有常に続く三人目が、『神霊矢口渡』の三段目である。由良兵庫助。

建武天皇の中興以後、新田義貞の子義興(よしおき)と足利尊氏の間に戦争が起こる。足利軍の攻撃によって居城を落とされた義興は、多摩川の矢口の渡しで船頭頓兵衛の計略によって討死する。

義興の出陣の留守を守っていた新田家の重臣由良兵庫助は、妻湊(みなと)に奥方筑波御前を託して落とし、義興の遺児徳寿丸を南瀬(みなせ)六郎に託してこれも落として、みずからは降参して足利尊氏の臣下になった。

その兵庫の館へ、女房湊と筑波御前が追手を逃れてやってくる。疲れ果てた筑波御前をせめて軒先にでも休ませてくれという湊の懇願にも兵庫は耳をかさず、二人を追い返した。

引き返して追われてきたのは、六部姿の背中の箱に徳寿丸を隠した南瀬六郎。追い返そうとする南瀬六郎の追及を受けて兵庫はついに二人をかくまう。

そこへ訴人があって乗り込んできたのは、足利尊氏の腹心竹沢監物(けんもつ)。もう叶わぬと思ったか、南瀬六郎が隠れた障子屋体へ兵庫が矢を射込む。南瀬は抵抗したがたちまち倒され、笈(おい)の中の徳寿丸を引き出した兵庫は一刀のもとにその首を取る。

その首を持って、竹沢監物は満足して帰っていく。

そこへ駆け込んできたのは、筑波御前と湊。急を聞いて駆けつけてきた二人の女に兵庫が意外な物語をする。新田の館落城のみぎり、兵庫の諫言を退けて出陣した新田義興が、形見にやるといって兵庫に渡した扇面に義興の「書置」があった。朝廷には佞臣多く自分のいうことをきかない、早晩自分も亡ぼされるだろう、その時は南瀬六郎と心を合わせ、徳寿丸を頼むという文面。そこで二人は相談した。敗戦目前の新田家を救う方法はすなわち二つ。一つは「瓦となって全(まった)からんより玉となって砕け」る――つまり決死玉砕である。もう一つは「死ぬは一旦にして安し、跡に残って若君を守立つる其方の大役、死するに増する千辛万苦」の生き方。以上二つのうち南瀬六郎は前の生き方、由良兵庫はこの後の生き方を選んだ。この二つの生き方にはそれぞれ理由があるし、人によって違うだろう。しかしそのいずれにおいても崩れゆく体制を支え、そこに窮地を逃れる方法がかかっていることは事実である。

由良兵庫の生き方の面白いところは、この生き方を選んで次から次へ起こる危機を切り抜いていく決断と実行の素早さ、その変り身の早さである。

かくて竹沢監物をもあざむいて帰した由良兵庫は、その事実を語る。南瀬六郎といい合わせて、彼が殺した徳寿丸こそ実は由良兵庫と湊の実子友千代と告白する兵庫の物語を聞いて、筑波御前と湊は初めて兵庫の忠義を知る。

吉右衛門の由良兵庫は、江田判官と連れ立って帰ってくる花道の出が立派であった。織物の着付裃、生締めの鬘（かつら）がこの人によく似合う。続いて筑波御前と湊を追い返す件（くだり）、障子屋体からジッと様子をうかがっている具合、南瀬六郎が来ての対決、いずれも底を割らずにオモテに悪をきかせて、裏切り者、人でなしと罵（ののし）られながらも強硬でいる具合が面白い。オモテに強く、ウチに柔らかにその二本柱と危機に対応する素早さがよかった。

しかし南瀬六郎を斬るあたり、あるいは徳寿丸（実は友千代丸だが）を斬るところの手順が悪い。南瀬に射る矢を取りに一度入ったり、徳寿丸を斬るのに一間へ入ったりする手際が悪い。ここはものをもいわず素早く斬るからこそサスペンスがあり、つい先ほどまでと態度が一変するから面白いのだろう。そこがこの男の性格であり、生き方が出るところなのに残念だった。

竹沢監物が帰って吉右衛門は長袴に衣裳を変えて、正面から徳寿丸を抱いて出て物語になる。この物語が吉右衛門では芸の面白さ、立派さであった。ことに新田義興の戦場の模様を語るところで裏に紺地に月、表に金地に太陽を描いた軍扇を右手にかざし、三段にかかって左足の長袴を流して左手の袖を返したツケ入りの大見得をはじめ、カドカドの見得が圧巻だった。その大きさ、その迫力、その古怪な美しさ、これぞ歌舞伎という見事さであった。

もう一つ特記すべきは、この物語の後の古怪な笑いであった。古怪かつ豪快、グロテスクかつ美しく、劇場全体をゆるがすばかり。それにこの笑いの後の寂しい表情がなんともいえぬよさであった。それは子を失った悲嘆の結果でもあろうが、私にはそれよりも、裏切り者として誰にも理解されぬ孤独のいわんかたなき寂しさのためであったと思う。

以上三役。悪七兵衛景清、紀有常、そして由良兵庫助。この三人の人間にはどこか共通点があり、それがまたこういう役にピッタリだった吉右衛門という一人の俳優の芸風を照らし出していると思う。三人の、というよりも三役の共通点はおよそ三つあると私は思う。

第一にその作品の成立である。『日向嶋』は明和元（一七六四）年十月大坂豊竹座で初演された。若竹笛躬（ふえみ）ほかの合作である。

『伊勢物語』は最初、歌舞伎の奈河亀輔（ながわかめすけ）の脚本で、初演は安永四（一七七五）年四月大坂中（なか）の芝居であり、のちに人形浄瑠璃に輸入された。

『神霊矢口渡』は、明和七年一月江戸外記座で初演された。作者は福内鬼外（ふくうちきがい）すなわち平賀源内である。

これを見ればわかるように、この三作はいずれも人形浄瑠璃の最盛期を過ぎて、江戸時代後期にさしかかった時代の作品であり、強く歌舞伎の影響を受けている。なかでも『伊勢物語』は、歌舞伎の作者によるものだし、『日向嶋』に歌舞伎の先行作品を示唆する研究者（鶴見誠『総合日本戯曲辞典』河竹繁俊編、平凡社、昭和三十九年）もいるほどである。福内鬼外も浄瑠璃の作者としては決して一流とはいえないが、劇作家として今までの視点とは違うもの（たとえば由良兵庫と南瀬六郎との対照的な生き方の対比）をもっていた。いずれにしてもこういう作品が浄瑠璃の全盛期を経て、それだけに複雑な構成、技巧をもつようになっていることは疑いない。それが第二の特徴であり、第三の特徴を生んだのである。

第二、景清、有常、由良兵庫助の一風変わった偏屈な性格。

この三人の人間としての特徴は、ともに敗軍の将であり、逆境にいたために屈折した人生を体験したことである。景清は滅亡した平家のなかでその敗戦を体験して、なお源氏への恨みのために孤独で偏屈、娘が来ても会おうともしないし、有常は堂上貴族であり、天皇皇后の寵愛信頼を受けながら流人になり、一般庶民の生活を経て武家になり、しかも捕虜になって周囲を囲まれている。その人生は数奇という他なく、それがこの人物の複雑な陰翳になっている。由良兵庫助もまた敗軍の将として生きのびた人であることはすでにふれた通りである。

第三、その結果。この三人には常にウラとオモテ、外面と内面とがある。景清は、一度は娘に会いながらこれをつき放して、しかもその結果生まれ変わって新しい人生を歩む。紀有常にもその境遇から仕方がないとはいえ、ウラとオモテがある。たとえばここではふれなかったが、信夫が琴を弾き小よしが砧を打ち、それと知らずにいるうちに豆四郎が腹を切り、信夫が首を討たれるという構図は、そのウラ、オモテのもっとも象徴的な例だろう。由良兵庫助の敵の目を晦ます戦略またいうまでもない。

むろん歌舞伎にはオモテに平静を装い、ウラというか内面にその苦悩を隠しているという二重底のドラマは枚挙にいとまがない。にもかかわらずこの三役ほどそれが大きい役はないだろう。

以上三点。ことにこの第三点、すなわち第一点と第二点の物語によって生まれた第三点の演技がうまいのが吉右衛門であった。

吉右衛門はしばしばハラに内心を隠しながらオモテに強い描線を描くのがうまかった。むろんハラは無言のうちに隠されているのに、その言葉によらぬハラのなかが実に正確に観客にわかるところがこの人の得意であった。

むろん彼は敗軍の将、悲劇的な人物が得意であったが、そういう人間のもつ暗い鬱屈した翳がこの人にあり、それがしばしば舞台にその光彩を放ったが、その光彩の陰には常にそのハラのわかりやすさがあった。なぜわかりやすいのか。おそらくほんの少しの前後の暗示があり、それと同時に観客の心を引き込む芝居のうまさがあったからだろう。そして私は、その言葉にならないものが実に正確に伝わり、そのためにわかりやすいことにしばしば驚くのである。

それは決して説明的でもなく、あざとい底割りでもなかった。ジッと見ていると自然に客席に伝わってくる電波であり、それはきわめて正確だったのである。

そういう吉右衛門の芸の特徴は、この三役のなかで特に生きた。

ただ残念なのは、『日向嶋』が東京での二度の上演によってほぼ完成したのに対して、『伊勢物語』と『矢口渡』が一度きりで未完のままに終わったことである。再演されれば優れた舞台になっただろうと思えば、残念でならない。

四、実事を生きて

二つの本心——大星由良助『仮名手本忠臣蔵』「七段目」

一座のなかにいくら美しい顔世御前や、男前の早野勘平がいても、大星由良助がいなければ『忠臣蔵』は成立しない。いくらキレイな女形がいても、人気抜群の書き出し（連名のトップに座る人気役者）がいても、いくらハンサムな二枚目（書き出しの次の、つまり二枚目の役者）がいても、渋くて実力のある座頭役者がいなければ歌舞伎の一座は成り立たなかった。『忠臣蔵』の由良助を勤める一座の中心的な役者を座頭といい、一座の大黒柱という。

吉右衛門は、歌舞伎の大黒柱だった。彼が由良助を得意にしたのは決して偶然ではない。そういう役者だったのだ。

なかでも吉右衛門が得意にしたのは「七段目」の由良助だった。『忠臣蔵』全十一段で由良助が出るのは、四段目判官切腹、七段目一力茶屋、九段目山科閑居、十段目天川屋、十一段目討入りである。このうち九段目と十段目は脇役、十一段目はさしたる仕どころがない。したがって主な見せ場は四段目と七段目である。

吉右衛門はどういうわけか、四段目はそれほど好まず人に譲ることが多く、七段目を得意にした。何故だろうか。一つは、四段目は比較的堅く、七段目のほうが複雑でかつ色気に富んでやりがいがあるからだろう。それに七段目には本心と、敵をあざむく仮面と二つの顔を見せる技巧があって面白い。今、私は技巧といったが、本当はその人間の生き方といってもいい。例えば豊竹山城少掾の語る「七段目」の由良助はその典型であり、私が最も感動した由良助であった。

由良助（史実の人石内蔵助）が事件後、京都山科に隠棲し、妻子を実家へ返した後、しばしば京都の祇園町や伏見の撞木町で遊蕩を尽くしたことはよく知られている。当時、京都一番の遊廓は幕府が公許した島原であり、祇園は二流地であった。由良助はそこであえて、島原ではなく祇園で遊んでいたらしい。今でも残る茶屋一力には由良助遊蕩の伝説が残り、毎年二月四日の大石切腹の祥月命日には「大石忌」が行われている。

それは敵の目をくらます計略だというのが通説であるが。果たして本当だろうか。むろん本心はそうかもしれないが、山城少掾の場合は少し違っていた。すなわち由良助が寺岡平右衛門の仇討ちをしないのか、という問いに対して答えた言葉を聞くと、その微妙なニュアンスがわかる。由良助は仇討ちに成功すれば「首はころり」、つまり死なねばならない。「そこでやめたじゃ」というのである。むろん嘘だろう。しかしそういいながら「とかく浮世は」楽しく生きるべきだという。冗談だろう。平右衛門はじめ急進的な三人侍の鋒先をかわして、本性を隠すための冗談である。

しかし私は山城少掾の由良助を聞いていて、それはそうだとしても、ここに由良助自身の幾分の本音があるという気がした。仇討ちはやる、それは死ぬこと、それも本当。しかし今はここ遊廓で楽しく遊びたい。人間は、いずれは死ななければならないのだからこそ今は生きたいというふうにも聞こえた。死ぬから生きる。生きるから死ぬ。そういう響きが山城少掾の由良助のこの件には溢れていた。こういう由良助は珍しい。文楽でも歌舞伎でも大抵の由良助は、本心を隠すための遊蕩というふうにやる。ここでは思いっきり勝手なことをいいながら、後では本性をあらわす、そこに芸の醍醐味を見せるという人が多い。しかし山城少掾は淡々と言葉の面白さを聞かせながら、それだけではないものを聞かせたのである。計略と本心、ウソとマコトではなくて、両方とも本心。つまり二つの本心である。

こういう由良助を見せたのは、文楽では山城少掾ただ一人、そして歌舞伎では吉右衛門一人であった。

たとえば歌舞伎では、私の見た由良助のもっともここがすぐれていたのは、初代吉右衛門と十三代目片岡仁左衛門であった。初代吉右衛門のそれは「青のり貰うた返礼に太々神楽打つようなもの」とか「そこでやめたじゃ」とかいうところで、滋味に富んだ歌舞伎のせりふ廻しの芸の極致を聞かせた。

一方、仁左衛門は誰の由良助よりも洒落た茶屋遊びに慣れた人の、遊んでいる面白さを見せた。遊びが人生そのものであり、生きていた。仁左衛門晩年の舞台と日常を撮影した羽田澄子監督の記録映画がある。その一コマに仁左衛門が行きつけの京都祇園のお茶屋で趣味の義太夫を語るシーンがあるが、そのいかにも楽しそうに遊んでいる姿が由良助に生きていた。それはある意味で遊びに浸っている由良助そのものであった。

由良助には、幕開きの「めんない千鳥」というところで仲居相手に鬼ごっこをしたり、平右衛門とのやりとりとか、あるいは斧九太夫を相手に手水鉢(ちょうずばち)の手拭い掛けを人形に見立てて「バァーッ」といったりとか、他愛のないところがある。普通の人だとこの他愛なさがたまらない違和感になるが、仁左衛門だとそれがいかにも身に付いてそれらしく見える。茶屋遊びというのは、他愛ない、しかし人を熱狂させる何かがある、そういうものかと思わせるのであった。

しかし吉右衛門は、そのどちらでもなかった。確かに吉右衛門は初代吉右衛門を学んで一言一言の言葉の面白さを縫うようにして、ここのせりふを聞かせた。せりふの一言隻句を噛みしめるように、劇場の隅から隅へうまさが届いていく。「太々神楽打つ様なもの」で、扇を持って空を打つところの面白さ。「蚤(のみ)の頭を」の「無念」の一句にそれとはなしに性根がにじむ由良助の一方のハラが、つまり両方が合体している。しかしそれはせりふ廻しの芸の面白さに没頭しているわけでも、仁左衛門のように遊びの楽しさを見せているのでもなかった。それはあの山城少掾の淡々と自分の運命を見詰め、その時々に生きている人間の姿に近かった。

寝てしまった由良助を一人残して平右衛門が入っていく。

〽月の入る山科よりは一里半、息を切ったる嫡子力弥」。

舞台の空気ががらりと変わって、花道から力弥が出る。「七段目」のようにいわゆる「廓場」といって遊廓を舞台にした作品は、人の出入りも多く場面がこまかく分かれている。

この「七段目」もまず「めんない千鳥」があって、ここで一段落して花道七三の庭木戸の力弥と由良助とのやりとりがあり、九太夫の出からいわゆる「蛸肴(たこざかな)」といわれる場面になる。由良助と九太夫の酒宴で九太夫が蛸を肴に由良助にすすめる。今日は塩冶(えんや)判官の命日の前夜、すなわち逮夜(たいや)である。その不浄を忌む逮夜に由良助が蛸を口にするかどうか、九太夫が由良助の本心を試すところである。その道具が蛸の肴であるところから、この通称がある。由良助は平気で蛸を食べる。そこで由良助は一度入って、九太夫と鷺坂（さぎさか）伴内との件、九太夫が床下に潜んで「折に二階へ勘平が妻のおかる」で、二階からおかるが出る。

そこへ由良助が出て、釣灯籠で力弥が持ってきた顔世御前からの密書を読む。二階からはおかるが「よその恋よとうらやましく」「夜目遠目なり字性（じしょう）も朧ろ」なので、手鏡に写して手紙を読む。縁の下からは九太夫が読む。一本の手紙に三人の読み手。この場最大の見せ場である。ここを「釣灯籠」という。

続いて由良助が入ると、おかると兄平右衛門の出会いから、密書を読んで敵討ちの計画を知ったおかるを平右衛門が殺そうという件になる。ここは特別に名前がついていないが、この後、由良助が出て幕切れである。「めんない千鳥」「蛸肴」「釣灯籠」「おかると平右衛門」「幕切れ」と全段がほぼ五つに分かれている。

さて、力弥の出に戻ろう。花道を出た力弥は本舞台へ来て、寝ている由良助に刀の鍔音（つばおと）を聞かせて合図をする。由良助は力弥に木戸へ行けと合図し、自分も起きて花道へ行く。

初代吉右衛門はここで得意の小唄「二軒茶屋の灯が見える云々」という小唄を歩きながら口ずさんだ。半開きにした白扇を口元に当てながら、小唄を口ずさむ初代の姿は忘れがたい。客席も本人も、ここでは『忠臣蔵』も由良助も忘れて「吉右衛門」を楽しむ。それがまた自然に芝居に戻って溶け込んでいく面白さである。私はこれで「二軒茶屋」が京都のどこにあるのかを知った。

初代以外は誰もしない型で、むろん二代目もこれだけはやらなかった。

花道へ行った由良助は、力弥から密書を受け取り、「他に御口上はなかったか」と聞く。力弥が不用意に「近々敵が」と口走るので、それにかぶせて「敵と見えしは群居る鷗」という謡を謡うのも、誰もがやる通り。吉右衛門もさしたることはなかった。しかしここでしっかりと本心を見せておくことが大事なのはいうまでもない。

本舞台へ戻る由良助を九太夫が見つける。旧交を温めた二人が「呑みおれ、差すは」「差しおれ、呑むは」と言い合うところへ、仲居や太鼓持ちが大勢出て、賑やかな酒席になる。「蛸肴」である。仲居や太鼓持ちたらの「見立て」という遊びがある。これもまた他愛のない廓の遊びである。いよいよ九太夫が蛸肴を出良助にすすめ、由良助が食べる。むろん吉右衛門にこういうところの手落ちはない。それよりもこの見せ場は、九太夫の鉢を叩いての「テレツクテレツク、スッテンテン」に合わせて竹本の「騒ぎに紛れ」で立ち上がった由良助が縁端へ行って、手水鉢の手拭い掛けを胴体に、柄杓を頭にして人形をつくり、扇で隠して九太夫に「バァーッ」と見せるところからである。これも他愛なく見えるところだが、仁左衛門はこういうところの遊びの雰囲気がうまい。

「おのれ」と九太夫にかけて鋭くいうのは、吉右衛門がうまい。そして一瞬、気を変えて柔らかく、太鼓持ちに「末社ども」と砕けるイキは、吉右衛門の瞬間の気の変わり目の対照、すなわち前の怖いほどの鋭さ、後の砕けるイキがうまいのである。

これで由良助はじめ太鼓末社が奥へ入って、一人残った九太夫のところへ鷺坂伴内が出て、二人の芝居になる。

次がいよいよ「釣灯籠」で、吉右衛門の由良助は、全幕中ここが一番うまい。

そのうまさにはいくつかのポイントがある。まず第一のポイントは、上手奥から出て壁際に忘れていった自分の錆刀をチラリと見る。九太夫と伴内がいじったなという思い入れがあって、二重正面に立って、「九太はもう、いなれたそうな」という。このせりふで俗に「カカチョン」という薄い入れ方の柝が入る。二重後方の麻の葉の鹿の子模様の暖簾が落ちて、その奥に暗い庭と灯の入った座敷の、夜の遠見の景色になって、一挙に舞台の雰囲気が変わる。

吉右衛門だと、この時代のせりふが大きく滋味に富んでうまいだけでなく、いかにもその立ち姿が立派に見えて、紫色の無地の羽織着付が、美しく舞台に映える。「七段目」の由良助はここまでは紫の羽織着付け、この後の幕切れが鶯茶の無地になるが、この紫と鶯茶と両方を着こなすのが難しい。ことに紫のほうは、こういうところで立派な錦絵の艶にならなければならない。身に付いていて、しかもいぶし銀のように底光りのする渋い色気に見えなければならないのである。

吉右衛門の由良助の紫の色気を感じさせたのは、この後のおかるとのいかにも廓らしい芝居であった。

九太夫がいないのを確かめた由良助は、この間に力弥が持ってきた密書を読もうとする。幸い縁端の軒先に釣るした釣灯籠。懐中から手紙を出した由良助は、灯籠の明かりで密書を読み始める。その途中で手紙から顔を上げて向こうを見てジッと頭を下げる瞬間がある。密書は塩冶判官の未亡人顔世御前からのものであり、おそらく敵師直の動静が書かれていると同時に由良助への心遣いも書かれていたのだろう。由良助はそれに頭を下げる。その一礼のうちに由良助の紫の色気がことさら舞台いっぱいに広がって、一幅の錦絵の美しさになるのである。

由良助は手紙を読み進む。その手紙の端を縁の下から九太夫が、二階から鏡でおかるが読む。そのうちおかるの簪が落ちる。そのバッタリという音に驚いて、由良助は後へ手紙を隠しながらおかるを認める。「由良さんかえ」「おかるか」。そうして手紙をたぐっているうちに手紙の端が切れているのに気がついて、袂の下から確認してアッと驚く。九太夫が、あのおかるが簪を落とした瞬間に引きちぎってしまったのである。誰かいる、そう思った由良助は手紙をしまって懐中から懐紙を出して一枚取り、これを丸めて縁の下にほうる。案の定、人の手が出てそれを取る。九太夫の手。それを知った由良助は思わず懐紙を持った手を後へ廻してついてベッタリと下に座って、おかるのほうを見て笑いながら「ようまア、(風に)吹かれていやったのゥ」という。ここが第二のポイントで、吉右衛門はここがうまい。初代もこのせりふ、この動きが濃厚なうまさであったが、吉右衛門は濃厚さよりもキッパリとした大きさが面白い。そこに初代生き写しの愛嬌、芸の艶が出て独特な面白さだからである。

ここのうまさは単にそこがうまいだけではない。次の「釣灯籠」後半とのやり取りの導入部として、またそれとの対照としてのうま味をもっている。

それからおかるを二階から下ろして、二人の芝居になる。このじゃらつき出した遊客と遊女とのやり取りが吉右衛門はうまい。若い頃はぎこちのないところがあったが、年を経るにしたがって自由で、自然で、それらしい滋味が出てうまくなった。なんでもないようでいて、ここのやり取りは難しいのである。

そしておかるに身請けしてやろうという。おかると由良助とはむろん初対面ではない。たびたび酒席に呼ばれてはいるが、身請けされるというような仲ではない。驚くおかる。それを押しきって身請けするという由良助。

由良助は、手紙の秘密を知ったおかるを身請けしたうえで人知れず殺そうとしているのである。秘密を知ってしまった女の悲劇。この設定は『仮名手本忠臣蔵』の直前に書かれた先行作品『忠臣金短冊(ちゅうしんこがねのたんじゃく)』にすでに見える。由良助にあたる大岸宮内(くない)という人物が密書を見られた遊女を身請けした後、夜の暗闇に紛れて殺してしまうのである。「七段目」のおかるは殺されずに済んだが、この女は無残に殺される。

さて、この「釣灯籠」の最後のポイントは、身請けと聞いて喜ぶおかるの顔を見て「それほどまでにうれしいか」と聞く由良助。「アイ」というおかる。その顔を見て「アノ嬉しそうな」と時代に張っていい、「顔わいやい」と世話に砕けて、トントンと前へよろめいて白扇でおかるの肩を軽く打つと、サッと扇を開いて顔を隠してきまる。おかるも団扇で顔を隠して、立身の由良助、座ったおかると二人上下にきまる。

由良助が扇で顔を隠した表情には、深い思い入れが浮かぶ。こんなに喜んでいる女を殺さなければならないのか。しかし秘密を守るためには仕方がない。そこで由良助の視線はおかるから上手の縁の下、おかるを二階から下ろした時に使った梯子(はしご)を横にして出られないようにしてある九太夫の存在にいく。これも殺さなければならない。と、これだけの思い入れをする。

吉右衛門はここがうまい。そのうまさは第一に、「あの嬉しそうな」の実感のこもってしかも時代なせりふ廻しのうまさからポンと「顔わいやい」と世話に砕けるせりふのうまさであり、それにともなってのトントントン、パッというイキのうまさである。むろん誰でもやる型であるが、吉右衛門のように濃厚なコクをもっている人はなかなかいない。それは「九太はもう」から「ようまア、吹かれて」からへの積み重ねによる。積み重ねていく芝居の運びのうまさなのである。

うまさの第二はその後の顔を隠しての思い入れのうまさである。何の罪もないおかるを殺さなければならない、そのせつなさはもとより、その殺気が九太夫のほうへ移っていく具合、その間に秘密の大事さ、それを裁く男の行動への決意、そういうものが無言のうちに表情に出る。誰にでもわかるその気持ちの表現が、吉右衛門はうまいのである。ことにキッとなって後の心のうちで泣くうまさは無類であった。

以上、この場の三点を含めて、吉右衛門の由良助はこの「釣灯籠」を全段中第一の特色とする。ということは、吉右衛門が由良助という人間を強いリーダーシップをもった断行の人ととらえると同時に、山城少掾のように複雑な両面をもった人間としてとらえている証拠である。それにつけ加えれば吉右衛門のこの場のおかるとの芝居は、年を経るにしたがって柔らかく自由で、華やかではんなりした色気に富むものになった。この色気は二枚目や女形の外見的な色気ではなく、この男の行動の、あえていえば精神の美しさであり、芝居運びの芸の発散する目に見えない色彩であった。

この後、平右衛門とおかるの件があって、おかるが死のうとするのを止めて、由良助三度目の出になる。

九代目市川團十郎は、おかると平右衛門の芝居を上手で聞いている姿を観客に見せたというが、吉右衛門はそんなことはしなかった。しかし鶯茶に着替えてガラリと変わって出てくる。

幕切れの九太夫を白扇で打ちすえての、「獅子身中の虫とはおのれがことよな」のせりふは、初代が実に名調子であった。人によってはこのせりふの「君傾城の勤めを」で観客を泣かせる人もいるが、初代はそういう人情を聞かせることよりも、ひたすらせりふ廻しそのものの滋味によって私たちを陶酔させた。「播磨屋ッ」の声、場内に満ち溢れたのも無理ではない。

しかし二代目は人々を陶酔させるよりも、そのせりふのリアルさによって、現実の厳しさで人の胸を打った。言葉の一つ一つを空間に縫うように刻みつけて、今更ながら人々の苦しい人生を現前に描いたのである。

かくして「七段目」は終わる。その終わりに令和三（二〇二一）年一月、吉右衛門が最後にやった由良助の幕切れについてふれたい。

九太夫を折檻したところへ仲居たちが揃って「由良さん送ろうかえ」と出る。

その声を聞くと、吉右衛門の由良助の身体がフッと変わる。今までの激しい男の顔が急に遊びにひたりきった遊客の顔になる。意識してそうするのではなく、自然に体がそうなった。この味こそが吉右衛門が由良助を通して身につけた芸の味であり、無類であった。しかしそれは同時に、吉右衛門の由良助と私たちのこの世の別れでもあった。

寺子たちの家——武部源蔵　『菅原伝授手習鑑（すがわらでんじゅてならいかがみ）』「寺子屋」

「寺子屋」は、六代目尾上菊五郎と初代中村吉右衛門の、いわゆる「菊吉」と呼ばれた名コンビの当り狂言であった。吉右衛門の松王丸に菊五郎の源蔵。あるいはその逆に、菊五郎の松王丸に吉右衛門の源蔵。そのどちらの配役も好評であり、菊五郎の最後の舞台も菊五郎の松王丸に吉右衛門の源蔵であった。

それについて劇評家岡鬼太郎（おにたろう）が面白いことをいっている。

役本来の要求しているニンからいえば、吉右衛門の松王丸、菊五郎の源蔵というのが正しい。松王丸は前半敵役の手強さがいるし、なんといっても狂言の世界を支える大黒柱でなければならないからである。それに対して源蔵は、菅原道真に仕えた公家侍であり、書道の弟子である。しかも何よりも大事なのは、菅原道真の奥方園生（そのう）の前の腰元だった戸浪と愛し合って不義の罪に問われ、すでに死罪になるところを道真夫婦に助けられて勘当を受け、今はひっそりと京都郊外の芹生（せりょう）の里に夫婦で身を隠して寺子屋を開いていること。

この芹生の里へ私は一度行ったことがある。

北山の山奥深く、両側を高い絶壁に囲まれた谷底に細い小さな川の流れが一本。その両岸にへばりつくように数軒の民家があり、細い道が通じている。道は行き止まりではなく、山を越えて京都の一角に通じているという、昼なお暗い谷底の村だった。いかにも世を忍ぶ駆け落ち者が隠れ住むのにふさわしい寂しい村である。

そこに、驚いたことに武部源蔵の家があった。むろん『菅原伝授手習鑑』は全て事実ではないから、武部源蔵のモデルがいたとしても源蔵の家というのは後世の人のつくり話だろう。

その家は川岸に立った小さな平屋で、いかにも寺子屋らしく、しかも手狭な家であった。なるほどこれが源蔵夫婦の家かと思った。それと同時に、この谷で数百人の捕り手に取り囲まれたら逃げ場がないだろうという恐怖が湧き上がってきた。

話を戻すと、そういう事情だから源蔵の役には、不義と知りつつ戸浪を愛してしまう柔らかさと色気がいる。

という役のニンからいえば、吉右衛門の松王丸、菊五郎の源蔵という配役が正しい。しかしそれから先の岡鬼太郎の意見が面白い。

確かにそれが芝居としては正しいが、どっちが面白くなるかというと、実はその逆で、菊五郎の松王丸、吉右衛門の源蔵のほうが芝居は断然面白くなるというのである。

そこら辺に歌舞伎のニンの面白さもあれば、難しさもある。

菊五郎は二枚目も女形もやるくらいだから、柔らか味も色気もある。それを押し殺して敵役をやると、そこに工夫と誇張の面白さが出る。一方、吉右衛門はその本来の手強さを殺して源蔵をやると、そこに隠されていた色気と艶が出る。役のニンと役者のニンの微妙なズレが光彩を生むのである。

二代目吉右衛門は、祖父の初代の芸風を受け継いで、松王丸もやれば、源蔵も当り芸であった。しかしどちらがいいかといえば、松王丸のほうがいい。そこに初代と二代目の微妙な違いがあった。源蔵は、松王丸にくらべて脇でもあり地味でもある。松王丸のほうが派手な、それだけ各人各様の型であるのに、源蔵はほぼ誰がやってもそう変わりがない。たとえば戦前の大阪の名優の一人、尾上多見之助（三代目尾上多見蔵）にはこういう芸談がある。

明治二十一（一八八八）年十月、浪花座で源蔵を演じた多見之助は、若い頃は女形で、明治の大阪の名優中村宗十郎の源蔵に戸浪を勤めた。多見之助にいわせると、宗十郎の源蔵は他の人と同じことしかやっていないのに、なんともいえずにいい。たとえば表で玄蕃と松王丸が芝居をして、〽打てば響けのうちには夫婦」というところで、二重上手の障子屋体から戸浪が走り出す。それを追って出た源蔵が刀で戸浪を止めて、二重の中央で白緑（階段）へ一足、足を踏み下ろしてきまり、また屋体へ戸浪を押し返して入る。誰でもする型であるが、宗十郎だと、ただこれだけの動きなのにそれが言葉につくせぬ面白さだったという。

それほどの源蔵だから、手落ちがあってはいけないと思った多見之助は、初日の前に宗十郎のところへ聞きに行った。そうしたらば、宗十郎がいつもみんながやっている通りでいいという。それではというので総浚い（舞台稽古の直前の、稽古場では最後の稽古）になった。

宗十郎から一か所だけ注文が入った。これは私も見たことがない型だが、「寺入り」が終っても戸浪が舞台に残って（普通は源蔵の邪魔にならないように一度入る）、子どもたちの習字を見てやる。そこで「源蔵戻り」になる。源蔵が寺子を見て「いずれを見ても山家育ち」というと、戸浪が「え」

と振り返って聞き咎める。そこで源蔵が「ハテ世話がいのない習へ習へ」になるという演出である。

ところが、この「え」の一言が、宗十郎の気に入らない。三度もやり直しをさせられた。おそらく、「山家育ち」といった後、源蔵がこの「え」だけで気を変える。普通は源蔵が一人でやるのを、戸浪を使ってより自然にしたのだろう。

変った型には違いないが、いつもとそれほど違うわけではない。しかし実際にやってみれば、「え」一句でこれほど違うのかと思うほど微妙な感覚がいるのである。

源蔵はそういう役なのである。

その花道の出もソッといつ出たかわからぬように、揚幕をチャリンといわさずに出る。

ここは初代吉右衛門の腕組みをして出てくるのが、なんともいえず滋味溢れるよさであった。二代目もそれを学んでいい。しかし初代と違うのは、初代が何を考えて歩いてくるのかよくわからないのに、ひたすら味わい深い。ところが二代目だと何を考えているかがよくわかって、そのうえでいい。七三で止まって本舞台を見て、腕組みをほどいてツカツカと来て門口を開け、出迎えた寺子たちを見ての「いずれを見ても」、それが砕けて「習へ習へ」もよく気持がわかっていい。すなわち二代目の芸は初代と同じハラ芸でも、透明感があってわかりやすい。

小太郎に引き合わせされて、〽いうに思わず振り仰おのき」も、自然でいて面白い。手織り木綿のような細緻な感触でいてしっとりとわかる芝居である。

有名な「せまじきものは宮仕え」も、その深さが見ている者の胸を打つ。しかも単に源蔵の苦悩をあらわしているだけではなく、女房とともにこれまで歩んできた人生があからさまになる。

ここで忘れられないのは、今の菊五郎の戸浪でここをやった時である。現片岡仁左衛門の襲名の時であった（平成十〔一九九八〕年一月歌舞伎座）。松王丸が仁左衛門、それを囲んで吉右衛門の源蔵、菊五郎の戸浪、七代目中村芝翫の千代、四代目中村雀右衛門の園生の前、涎くり（よだれ）が五代目中村勘九郎（十八代目勘三郎）、その父が二代目中村又五郎という大顔合わせであった。だからこそ吉右衛門と菊五郎の源蔵夫婦という配役も実現したわけだが、この時、私が感銘を受けたのは、それほど変わったことをしているわけでもないのに、二人の夫婦の情愛がしたたるばかりだったことである。そして吉右衛門の何気なく演じられているいつもの源蔵の下に、これほどの情愛が隠されているという事実であった。

一方で吉右衛門の源蔵は、たとえば松王丸の二度目の出の「先刻は段々」の大見得について立身で刀を構えたきまりは、シテの松王丸に譲って控え目にするという行儀を厳しく守っているために、その本心を隠しているという側面をもっている。

したがって一見、誰でもやる型を守っていながら、その地味さのなかに隠された光沢がその内面から浮かんで、独自の艶になっている。この艶はむろん初代のそれと同じではない。初代のそれはしばしば一つの芸の艶であり、その意味では戯曲の本筋、役の人間的行動とは一つではなかった。しかし二代目のそれはドラマの進行そのものに絡んで、それを内側から照らし出している。間接照明のような鈍く、渋い艶なのである。

しかもそれが時には表面を越えて溢れてくる時があった。

その一つは、松王丸に小太郎の最期を聞かれた時である。源蔵は小太郎がお身替りといい聞かせたらば、「首さしのべて」「にっこりと笑うて」死んだという。古来ここには源蔵が松王丸の悲しみを思って嘘をついているとか、少なくとも修飾しているとかいう説がある。しかしむろん吉右衛門はそうではない。そうではないどころか、吉右衛門の源蔵はそのことをその場に居合わせて自分が弟子を殺さなければならなかった苦悩、そしてその罪の意識に打ちひしがれて語っている。思えばあの花道を「屠所（としょ）の歩みで帰」ってきた源蔵の、ここに苦しみがある。この世の中に今日入学してきた自分の教室の生徒を殺さなければならない教師がいるだろうか。源蔵はそういう運命を背負わなければならなかった。と考えれば、小太郎が「にっこりと笑うて」という源蔵は、決してその事実を松王丸にいうのがつらいのではない。小太郎を殺す凄惨な風景をもう一度体験しながら、そういっているのである。とすればそれは、源蔵が自分自身に改めてその体験を確認しながらいっているのだろう。

吉右衛門の源蔵でもっともすぐれているのは、実は幕切れの「いろは送り」で、源蔵が舞台下手（しもて）に置かれた駕籠に安置された小太郎の遺骸に焼香した時であった。半ば客席に横向き（駕籠に正対すればそうなる）になった吉右衛門が手を合わせた時、私が強く感じたのは、この男が小太郎を殺した罪を一生背負っていくだろう、その重みであった。忠誠、菅家一流の書道の奥義を残すための犠牲。とんでもない、どんな口実によってもこの罪は許されない。そういう罪をこの男は背負ってしまった。それをこの男は一生背負って生きていくしかない。逃れようがないのである。吉右衛門のかすかに震えているように見えるその肩を見ながら、私はそのことを思った。

吉右衛門の源蔵は何よりもそういう人間であった。

「思えば佐々木兄弟が」——佐々木盛綱　『近江源氏先陣館（おうみげんじせんじんやかた）』「盛綱陣屋」

吉右衛門の佐々木盛綱は、二重正面の銀襖（ぎんぶすま）に四ツ目結いの佐々木家の家紋を散らした襖が開いて出てきたところが、その長身、その恰幅実に立派な風格だった。

この風格は一朝一夕にできたものではない。私は若い頃の吉右衛門が実に無造作に出てくるのが不満だった。それには理由がある。ここの本文には盛綱の出に対する描写がない。『近江源氏先陣館』の八段目「盛綱陣屋」の段には初めに「凱陣」といって、今日の戦場から北条時政の陣屋へ出頭した盛綱の一子小三郎が今日戦場で捕虜にした従兄弟の小四郎をつれていき、そこから帰ってくる場面がある。小三郎は鎧姿、小四郎は直垂（ひたたれ）の縄付きで、この一行に盛綱が付き添って帰ってくるのを、盛綱の母微妙（みみょう）、妻早瀬が迎える。盛綱はすでに鎧を脱いで、いつもの茶地錦の裃（かみしも）姿である。小三郎の大手柄に陣屋は喜びに溢れているというシーンである。ここは滅多に出ない。私はたった一度だけ、十八代目中村勘三郎が勘九郎時代にその個人の会でやったのを見ただけ。むろん吉右衛門もやっていない。

そこへ和田兵衛が使者として来る。そこで盛綱は一同を奥へやって、一人で和田兵衛を迎える。だから、主人公の盛綱の出に何も描写がないのである。描写がないところでも盛綱は一段の主人公、それなりに出には意味がなければならない。そこで風格がいる。

もっとも描写の文がないからといって、盛綱の肩に大きな負担がふりかかっていないわけではない。それにはこの作品の背景を知る必要がある。

近松半二の浄瑠璃『近江源氏先陣館』とその続編『太平頭鍪飾』（今日の『鎌倉三代記』）は、大坂冬の陣と夏の陣を扱う。むろん幕府の法律によって徳川家に関する史実は劇化禁止であったから、近松半二は全てを鎌倉時代に移した。京方（大坂方）の坂本城は大坂城、頼家は豊臣秀頼、鎌倉方（関東方）の北条時政は徳川家康、宇治の方は淀の方である。大坂の陣で信州上田の真田信之は徳川方につき、信之の父昌幸と弟信繁（幸村）は豊臣方について、一家で敵味方に分かれて戦った。その真田家を源氏の名門佐々木源氏の一族とし兄信之を盛綱、弟幸村を高綱にした。

そこまでしても結局は興行半ばで上演中止になり、『太平頭鍪飾』は上演さえ許されず、後年『鎌倉三代記』という別な作品の題名を借りて上演を許された。

盛綱はその戦いの渦中にいる。のちに彼がいうように「今朝の矢合せ」は「味方はわが子」敵は甥という修羅場である。ところが幸いにも小四郎を生け捕りにした。北条時政はことのほか喜んで小三郎と盛綱を褒めてくれた。

しかしそこに重大な罠があることを盛綱は知ったのである。すなわち北条時政は、小四郎という子を「餌に飼うて高綱を味方につけん謀」を思いついたのである。

盛綱がこの謀を「鏡にかけてあらわれたり」という確信をもったのは、敵方の侍大将和田兵衛（後藤又兵衛）の来訪であった。

和田兵衛は京方に名を得た勇士であり、その和田兵衛が単身鎧も着けずに盛綱の陣屋へやってきたのに、盛綱は驚いた。しかも彼がやってきたのは、今日捕虜になった小四郎を返してほしいからだと聞いて、盛綱はわずか小児一人に侍大将が敵地へやってくるとは「珍説々々」とあざ笑うが、同時に小四郎の親であり、自分の弟高綱のための「情けの使者」かという。吉右衛門はここがうまい。それを知って向うを見て、高綱の「子故に迷う未練な性格」と怒るところである。弟への同情を含めて盛綱はこの時大きな危機を感じる。そこがうまいのである。

危機とは他でもない。高綱が小四郎可愛さに降参しそうであり、そうなれば高綱ばかりか佐々木一族の不名誉このうえない。それればかりではない。そこが北条時政の謀であり、盛綱は京方のこの姿勢（小四郎を大切に思う）を知って、今や小四郎という小児一人の命が京方鎌倉方両陣営の勝負を決定する鍵であることを確信する。

なんとかしなければ。そう思う盛綱が「軍慮を帷幕（いばく）の打ち傾き」軍陣のなかで戦略を考え尽くして四苦八苦する。吉右衛門はこの和田兵衛の使者を受けてから、ハラのなかでさまざまな考えをさぐりながら「思案」をするところ、その「思案の扇をからりと捨て」、つまり思案がついて扇を捨てて、前半最大のヤマ場である母微妙との対話に入っていくところがうまい。線の太いタッチで観客をグイグイと引き込んでいく。

「思案の扇」と、膝についていた白扇をどう捨てるかにも人それぞれ好みがある。パッとあざやかなイキで手を放す現松本白鸚、扇の先から要までグッとしごいて丁寧に膝の脇へ置く片岡仁左衛門、これに対して吉右衛門はごく地味に自然である。それが淡彩にも思えるが、実は吉右衛門の芸は形容よりもハラ本位だからである。

盛綱が考えた案は、母微妙に小四郎を切腹させるという苦肉の策であった。

このまま小四郎が生きていては、高綱が動揺してどんな屈辱的な行動に出るかもしれない。北条時政の狙いもそこにあり、それは同時に佐々木一族の名誉にかかわる。佐々木家の長男である盛綱にはたとえ敵方についている高綱といえども、一族の一員にかわりはない。その一員の弟高綱の行動は家父長である盛綱自身の責任なのである。

そこでどうするか。小四郎を殺すことは簡単だがそうできないのは、主人北条時政が大切に守護せよといって盛綱に預けたからであり、もし小四郎を手にかければ、忠義に反する。したがって殺すこともできない。それではどうするか。小四郎が「自身に切腹いたしなば、我は油断の誤ちばかり」。そうなれば自分は、責任をまぬかれる。盛綱が決して無責任なのではない。そうしなければ自分ばかりでなく佐々木一族の責任を問われ、家の存続を問われる。そうならずに、しかも高綱にとっての「迷いの種のこの」小四郎が死ねば、「なおなお鉄石、兄が義も立ち弟が忠も立つ、双方全きこの」案だと母に話す。

しかし小四郎はなんといっても子ども、もし失敗したらば大変だから、母にその時はよろしく頼むというのである。

ここの母への物語は、吉右衛門が二つの点で人を感動させる。

一つは戦場のリアルな臨場感。我が子と甥が闘う「血汐の滝」で、右手の扇を滝に見立ててかざすところ、あるいは「修羅の巷(ちまた)の責め太鼓」で右手の拳に太鼓の緒をつかんで、左手の扇で膝を打つところ、いずれも一言一句ゆるがせにしない格調の高さでありながら、戦場を描いて誰よりもリアルそのもの。初代吉右衛門のこの件が一つの芸として美しさをもっていたのとは対照的に、吉右衛門はリアルな血で血を洗う一族の戦いの悲惨さそのものの迫力であった。

もう一つは、全ては形よりもハラが深いことである。それが一見淡彩に見える。確かに造形の美しさを見せることはないが、深く見る者の心にしみる衝撃があった。しかしそのためには風格がなければならない。

吉右衛門の盛綱は、その風格が実に堂々たるものであった。

この件の最後には、母微妙に小四郎切腹を頼んだ盛綱が「聞き分けてたべ母上」と、母の膝にすがりつくところがある。ここは昔から子どもの心に返ってやれという口伝がある。しかし大の大人が今更母の膝にすがりつくのは照れるわけで、これを歌舞伎のユーモラスな表現とする仁左衛門を別にすれば、ほとんどの盛綱役者が滑稽になることをさけるために内輪にする。初代吉右衛門ですらそうであった。

ところが吉右衛門は、気持ちだけ子どもに返って、形は大人のまま、ほとんど悪びれずにやって面白い。それは吉右衛門が気持ちはそうでも立派な風格をもっていたからである。こういうところで風格が生きてものをいうのである。

そしてそのことが、私にこれまで多くの役者の盛綱が感じさせたことがないことを思わせた。それは吉右衛門が平成二十（二〇〇八）年九月歌舞伎座の秀山祭で盛綱をやった時であった。

それまでは、初代吉右衛門でさえ私はこの盛綱の提案が疑わしかった。第一、「我は油断の誤ちばかり」というのは責任のがれの言い訳にしか聞こえなかった。もっと他の方法はないのか。たとえば小四郎をひそかに逃がしてやるとか。そう思っていた。ところが二十年九月の時、初めて私はこれが盛綱にとってのたった一つの選択肢であって、この他にはどんな方法もなかったのだということを強く感じた。そうではないということは、いくらもいえるかもしれない。しかしこの時の吉右衛門にはこれが絶対であり、他にはどんな選択肢もないと思わせるような何かがあった。それが盛綱の風格であった。風格というと何か印象的なもののように聞こえるが、この時の盛綱には、そんなことはいわさぬ強い何かがあった。それを私は風格というのであり、それが大の大人が母の膝にすがるような甘ったるいことをしながら、動かしがたいものを感じさせる堂々たる人格なのだと私は知ったのである。

風格とは単なる印象ではない。演技のキメのこまかさである。吉右衛門晩年の盛綱は三つの特徴をもっていた。第一に、その形が一言一句ゆるがせにしない丁寧でかつ動かしがたい格調をもっていること。第二に、形をキッパリとしながらそれが少しも不自然でなく、自然にその心持ちから手が動き足が動いて形にはまっていく具合が絶妙だったこと。だからあの最後の「聞き分けてたべ母上」の膝にすがりつく形が少しもおかしくなく、堂々たる大人でありながら、母子の情を見せたのである。第三に、この形と心持ちによって生まれる格調が、この風格の内実であり、キメのこまかさが実体となって輝いていた。

以上三点が、吉右衛門の盛綱の風格の実質を支えた内実であった。風格は決して印象的なものではない。はっきりした内容をもつものだったのである。

そういう風格を見ながら私は鐘の音を聞き、「早や短日の暮れ近し」という盛綱のせりふに改めて心を打たれた。この男の人格が示した光彩である。これは初代吉右衛門とは全く違う歴史の音であった。

これだけの思案、これだけ断腸の思いで四苦八苦して立てた盛綱の計画は、轟砲一発高綱の攻撃によって一挙に粉砕される。

戦場の異変。北条時政の本陣に「事あり」と覚えた盛綱は、倅小三郎を加勢に向かわせる。とそれと引き違いに戦場からの報告がくる。俗に「注進受け」と呼ばれるシーンである。盛綱は「御注進御注進」と叫ぶ信楽太郎の報告を受ける。それによれば、倅小四郎を奪われた高綱は自ら戦場へ打って出た。しかし、かねて用意の鎌倉方はそれを四方八方から取り囲み、高綱を討ち取るのも目前だろうという。

それを聞いた盛綱の「南無三宝」と向うを見るところ、憂いのハラになるところは、吉右衛門が先代写しでうまいところであった。もっとも時にはあっさりしている時もあったが、それよりも私は吉右衛門の芝居で盛綱のこの一段の芝居の構造がよくわかる気がした。

すなわち第一段は、和田兵衛との対決、第二段が「思案の扇」から母への打開策の提案。第一段で北条時政の計画、全体の戦況を見ての苦悩と確信があり、それに対する対応策を考えるのが第二段。その大きなうねりが頂点に達するのがこの注進受けであり、ここで一気に破局がやってくる。吉右衛門の芝居運びはここまで太く大きくうねりを見せていて、ここで一挙に破局を迎え、さらに第三段の首実検、第四段の述懐、さらに第五段の幕切れまで盛り上がり、さらにそれを通して盛綱が真の人間性に目ざめるまで続いていく。

盛綱苦心の計略は木ッ端微塵に粉砕されて風景が一変する。ここからが後半、盛綱は白地の着付、黒地の長裃、四ツ目結いの熨斗目（のしめ）になる。

時政が登場していよいよ首実検になる。後半第一の見どころ、仕どころであり、かつ全段のクライマックスである。

吉右衛門は首桶を見ての、〽無残の弟」の片膝を立てての件は、他の人にくらべてごくあっさりしている。ここであまりに情を見せてしまうと、首実検の首を見た瞬間の芝居の落差が大きくなる。それではその後の芝居の段取りに狂いが生じるためもある。

吉右衛門でいけば、首桶の蓋を取るとすぐ偽首とわかる。その表情はあまり大きくない。意外は意外、一度は死んだと思った弟が生きているらしい（少なくとも首は偽ものだった）。その驚きはあるにしても、それ以上のことはしない。ここでもこれ以上深入りしては、寸法が違うからである。

そこで吉右衛門だと見どころは、ここでかたわらに切腹している小四郎に目を引く。なぜこの首で小四郎が腹を斬っているのか、自分よりも見間違えるはずのない小四郎がなぜ死にかかっているのか。

ここが吉右衛門の独自の仕どころである。なぜか、なぜか。それを考えて考え抜く、二度三度と小四郎を見る。

「盛綱陣屋」は、実は近松半二得意の謎解きドラマなのである。和田兵衛との詰め開きで始まった北条時政への謎、弟への謎。盛綱は必死にそれに対抗して謎を解こうとした。その謎がここで最高潮に達する。自分が考えていた小四郎殺しは今眼前に実現している。兄弟考えることは一致。でもその先がわからない。その謎を解くために、盛綱は二度三度小四郎を見る。この横顔が吉右衛門の芸のエッセンスであり、最大の見どころである。義太夫物の大役はこれでなければ面白くない。アッ。向うを見た盛綱が謎を解いた瞬間である。その顔は弟の真意を知った兄の顔であるが、全てがしっくりと、複雑なジグソーパズルの最後の一片がはまって全体が見える瞬間である。

小四郎が見事に切腹できるかどうか、それを見定めるために、和田兵衛も篝火もここへ来たのだ。謎は解けた。盛綱が薄く笑うのは、謎が解けた喜びであるが、ふたたび小四郎を振り返った盛綱はさらに大きなドラマに進む。この時にはわからないが後の述懐でわかるように、盛綱は小四郎のために全てを捨てる決心をした。ここが吉右衛門の見せどころでもある。全身をかけて盛綱は反りを打った刀を返す。

ここは初代吉右衛門も滋味溢れるうまさを見せた瞬間であったが、現吉右衛門もドラマ全体を引っ担いで打っちゃる勢いである。むろんその覚悟は時政に知られてはならないが。

ここをもって二股武士というのは、私は間違いだろうと思う。少なくとも吉右衛門を見るかぎり、彼は主人を裏切ったのでも、二股をかけたのでもない。全てを捨てたのである。佐々木家の名誉も自分の身の安泰も、むろん京方も鎌倉方も天下そのものも。全ては一人の幼い子どもの命に代えることができない。だからその死を無駄にしないために、彼は全てを捨てた。ということは、盛綱は生まれ変わった。一人の少年の身替りに自分を殺す。この一段は高綱が身替りをたてる芝居ではなく、大の大人の盛綱が小四郎の身替りになるドラマである。大事なのは、そう思った時に盛綱は新しい人間に生まれ変わったということである。死と再生のドラマ。少年の死は盛綱の再生であった。吉右衛門の首実検が素晴しいのは、これだけのことが語られるためである。

篝火はどこにいる、和田兵衛はどこに。盛綱はそう叫んだに違いない。この二人がいなければジグソーパズルの最後の一片がはまらない。その絵が完成しなければ、切腹して果てる自分の命を少年に捧げてやるという盛綱の企ては完成しないからであり、その真情を告白もできないからである。

吉右衛門の長い述懐は、彼の盛綱のなかでの白眉であった。むろんそのせりふ術が歌舞伎味溢れるという点では、初代のほうがすぐれていた。しかしこの男が命を賭けたドラマ全体での位置、それ故にこそ起こる切迫感、緊迫感は、先代よりも二代目のものだった。

二十年九月歌舞伎座での「盛綱」について、この部分にふれた私の劇評を引用しよう。

「私が感心したのは、首実検が終わって篝火に『佐々木四郎左衛門高綱が妻の篝火』から『ほめておやりなされ』までの大芝居である。ここが今まで私にはもう一つ面白くなかったが、今回は急テンポのうちにこれも一言一句おろそかにしない芸で圧倒的であった。せりふのイキがつんでいるのと芝居の運びのうまさ。とかくダレるところを一気に駆け上がる迫力、勢い、芝居の密度が見事である」

(「歌舞伎の格調」拙著『渡辺保の歌舞伎劇評』角川学芸出版、平成二十一年)

その勢いの圧倒的な力であった。初代のここは名調子であり、せりふ廻しのうまさが善尽し美尽したうまさで、聞く者を陶酔させた。しかしそれは、せりふ廻しの芸を聞いたからであって、対する二代目のそれは、陶酔よりも盛綱という男の人生をかけた気迫そのものの力であって、陶酔ではなく感動であった。

パズルのもう一つの断片は、盛綱が主人時政への不忠の申し訳に腹を斬ろうとする瞬間にあらわれる。そして今、腹を斬ったらば、すぐ偽首と発覚し、小四郎の死は無駄死になるという和田兵衛のアドバイスであった。

もっともな意見である。その通りだろう。しかしそれでは盛綱は二股武士だというのと同じであって、この場の真意を理解していない。吉右衛門を見ているとそれがよくわかる。

盛綱は小四郎に自分の命を捧げたのであって、それ以外のことはどうでもいい。彼はその時点で自分が二股武士でも裏切り者でもなく、もう何もこだわらない。だから申し訳に斬る腹といっていながら、実はそうではない。甥の命へ殉じようとしているだけなのである。

吉右衛門は盛綱だけでなく、この「陣屋」では和田兵衛もうまい。ことに仁左衛門の盛綱に付き合った時に、その面白さが対照的によく出た。彼の和田兵衛は、剛直な男であり、盛綱のように謎解きもしない。そもそも彼は世界の全てを見透かしているのであって、謎というものが存在しない。したがってそのために変化も動揺もしない。盤石不動なのであって、そのために盛綱のように芝居の主人公にはなれない。脇でいて、そのくせ人々が住む世界を支える大黒柱なのである。

そういう和田兵衛から見れば、盛綱は小四郎に自分の命を捧げるという、考えられない人間であって、前後の見境がなさすぎる。それは盛綱が愚かなのではなく、すでに和田兵衛の住む世界から超越している存在だからなのである。

おそらく小四郎は、伯父のこの覚悟を知って初めて成仏できる。そうなった時、人々が近江八景という自然の風景を割りぜりふによって描写するのはごく当然のことである。

その風景の詩による鎮魂歌こそ、小四郎へ捧げる盛綱の鎮魂歌であり、自分自身への哀歌でもあった。

吉右衛門の盛綱は、そういうドラマの中心に立っていたのである。

名剣の神話――梶原平三景時『梶原平三誉石切』

紅梅白梅の咲き乱れる鎌倉八幡宮の社前。

平家に叛旗を翻した源頼朝を石橋山の一戦に破った、伊豆半島の平家方の大名たち、大庭三郎景親、俣野五郎景久らが勝利を祝っている。

破れた頼朝は海路、三浦大助一族を頼って房総半島へ逃れた。一先ずの平和。伊豆半島はまだ平家方についた大名たちばかりだった。そこへ梶原平三景時がやってくる。のちに鎌倉幕府の重鎮になる梶原も、この時はまだ平家に従う一武将にすぎなかった。

顔は白塗り、白地に錦の縫い取りの模様の着付、黒地に梶原家の家紋矢筈を模様にあしらった裃。花道七三に止まった梶原に、本舞台の大庭、俣野が呼びかける。梶原は「しからば御免」と本舞台へ来る。

この第一声が吉右衛門はうまい。むろん「しからば御免」で爽やかさを強調する人も多いが、吉右衛門はむしろどっしりした貫目、明るい上機嫌さ、そして愛嬌と、義太夫狂言らしいコクを聞かせる。七三へ止まって右足を引いてこのせりふをいう吉右衛門の姿には、この狂言の梶原の芸の艶が溢れている。この最初の一句でこの役の出来不出来が決まるといってもいい。

本舞台へ来た梶原は、八幡宮へ一礼した後、毛氈を敷いた席で、持参の酒肴を広げて大庭たちと盃をかわす。そこへ青貝師六郎太夫とその娘梢が刀を持ってやってくる。青貝師は螺鈿の細工人であり、急に梢の夫に金がいることがあって、かねて大庭に所望されていた刀を売りたくて、ここまで大庭を追ってきたのである。

ちょうどよいところ、と大庭は梶原に刀の目利きを頼む。梶原は刀の鑑定家として有名だったからである。

ここが梶原最初の仕どころである。まず刀を見るために手水を取ろうとする梶原に、六郎太夫が私づれの刀に手水はおそれ多いというと、梶原はそうではない、剣は「日の本の神宝」といって手水を取る。この「神宝」というせりふ廻しが難しいが、それはせりふ廻しのうまさが出ると同時に、梶原の人間の奥行、公平な性格が自然と滲み出るからである。

刀の目利きは、舞台の上でモノを見るという芸の一つであるが、もう一つ大事なのは、この刀に銘がないのに、その「さし裏（刀の根元）」に「八幡」の二文字がありありと見えるのを梶原が知ることである。それはここではあからさまにならないが、のちに梶原の行動の大事なポイントになる。「八幡」とはいうまでもなく源氏にゆかりのある名前で、梶原はここでこの刀が源氏になんらかの関係があることを知ったのである。

梶原はまず刀をタテに持ち上下と見て、次に刀の切っ先を左の袖口にのせて倒し、同じく上下、裏表と丁寧に見て、もう一度刀を立て仰ぎ見るようにして、口に咥えていた懐紙を落とし、「天晴れ、希代の剣」という。その容姿、その動き、そのせりふ廻しが見どころになる。

六郎太夫は刀の値段を三百両という。大庭はその大金を払おうとするが、それを見た俣野が、いくら名刀でも斬れなくては仕方がない、試してみるべきだと主張する。

むろん梶原は自分の鑑定に対して異論をたてられて不満である。しかしそれをジッと抑えているところにこの男の度量がある。

それでは、ということで「二ツ胴」を試すことになる。「二ツ胴」とは人間の胴体を二つ重ねておいて一度に斬ることをいう。しかしむろん大庭といえども勝手に罪のない人間を斬ることはできない。そこで死刑の確定した囚人を斬る。ところが折悪しく、死刑囚は一人しかいない。それを聞いた時に、六郎太夫がフッと思いつく。すでに「二ツ胴」を斬ったという証明書が家にある。それを取りに行けばいい。この大庭らと六郎太夫のやり取りを梶原は黙って聞いている。

梶原は鑑定家だから口をはさむ余地がない。しかしそれ以上に、梶原は孤立している。この場の主客をいえば主は大庭であり、客は六郎太夫であり、梶原はワキにすぎない、何もすることがない。ところが吉右衛門は、「しからば御免」以降、幕切れまで一つの一貫した行動でドラマをつくっている。この六郎太夫の芝居の間、吉右衛門は終始ハラのなかで人々の芝居を受けている。それが次の芝居の進行につながる。

梢が折り紙（二ツ胴を切ったという証明書）を家へ取りに行く。その娘の後ろ姿を見送った六郎太夫が、実は折り紙があるというのは偽り、娘がいてはできないが、金の入用は急ぐので自分をもう一人の囚人として「二ツ胴」を行ってくれというのである。

そこで俣野が囚人と六郎太夫の「二ツ胴」を行うことになって立ち上がる。

それを梶原が〽面色筋を荒らげれば」で止める。

鑑定した自分に断りもなく勝手に「二ツ胴」を行うのは無礼だというのである。

ここは初代吉右衛門が実にうまかった。

俣野が刀を持って立ち上がる、梶原がそれを止めて「無礼でござろう」といった後、竹本の〽面色筋を荒らげれば」という浄瑠璃に合わせて、右手に白扇を逆手に持って右膝に、左の袖口を返して座ったままツケ入りの見得になる。この見得がうまい。もともと初代は見得がうまく、滋味に溢れる深い味わいがあったが、とりわけてここの見得の姿、間、そして顔の動かし方の味の深さは、今も私の目先にちらつくほどである。

二代目もうまい。しかしそのうまさが初代とは全く違う。初代は芸としての見得そのものがうまい、二代目はそれがドラマの、この一幕の中枢になっている。すなわち芸がうまいのではなく、芝居がうまい。梶原という人間の表現が一貫しているところがうまいのである。

二代目はこのままだと六郎太夫が死ぬ、そのうえ「八幡」という二字の事情もわからなくなる。さてどうしたらとなって、ハッと気がつく、おれが二つ胴を斬って、気の毒な六郎太夫を助けてやろうと決心する。しかし、上に囚人、その下に六郎太夫が重ねられているところで、上の囚人を斬って六郎太夫を助けるのは至難の業だろう。それがうまくいくためには、自分の腕と刀の奇蹟に頼るほかない。一か八か。あの「ハッ」と気づく一瞬の思い入れは、これだけの決心を含んで、〽面色筋を荒らげれば」になるから、その「荒らげ」た「面色」の「筋」がどれだけの深い意味をもつかが明確になる。ということは、吉右衛門の場合は見得そのものの面白さではなく、芝居のなかでの行動の意味の重さになり、それがこの見得の面白さになるのである。

そこで梶原が「二ツ胴」を斬ることになる。六郎太夫が梶原に、自分の死後に金を娘に渡してくれと頼むところは、五代目中村富十郎の梶原だとホロリとするところだが、吉右衛門だとただ深く思いに沈むだけである。なんとかこのあわれな老人を助けようと思っているからである。

「二ツ胴」を斬るところは、この一幕前半のクライマックス。大上段に振りかぶって派手に斬る人もいるが、吉右衛門は一度大上段に振りかぶってきまった後、小腰をかがめてリアルに斬る。初代が居合の専門家に習った形で、これが上の囚人を斬って、六郎太夫は縄目だけ、体に傷つけないという斬り方を見せるという型である。

梶原の六郎太夫を助けるという計画は成功した。しかし、大庭や俣野の衆目の見るところそれは「二ツ胴」を斬れなかった失敗に映っただろう。彼らは梶原の目利き違いとあざ笑い、梶原は〽この場の味を梶原は、苦り切ったるばかりなり」ということになる。

ここは大庭らと顔を合わせた梶原が、ハッと気を変えて左手に持った刀をタテに持って、懐紙で刀を拭き上げる形できまって見せる。

この形が重要なのは、ここにこの芝居の重要な秘密が隠されているからである。

表面は「二ツ胴」に失敗したように見えるこの結果に、梶原がそれこそ「苦り切ったる」ように見える、目利き違いに後味が悪い。つまりこの刀が、自身が目利きしたような「稀代の剣」ではなかったという気まずさにあるように見える。しかしそれは、梶原としては自ら計画したことであり、むしろ彼の計画は成功したのである。それを表向きにできない。できない理由は、この刀が源氏伝来の刀らしいためであり、六郎太夫を助けると同時に、この刀を平家方の大庭に渡さないためである。梶原はここで完全に一座のなかで孤立する、その孤立を生きなければならない。

武智鉄二は『石切梶原』一幕は、梶原がこの刀を自分のものにするドラマだという。それは確かにその通りだろうが、もしそれだけならば、大庭が六郎太夫に刀を持ち帰れといった時に、大庭が買わないならば私が買いましょうといえばすむことだろう。梶原がそうしなかったのは、この刀を梶原が手に入れたことを誰にも知られてはならなかったからである。

この刀が源氏の刀であることは、いずれ明らかになるだろう。たとえ世間が知らなくとも、八幡宮の神前では隠すことができない。それを自分のものにするということは、この伊豆半島で平家全盛、誰もが平家である状況で一人源氏に味方するということであり、単なる裏切りではなく、大勢によってたかって殲滅（せんめつ）される対象になることであった。

それでも梶原はひそかに源氏の世が来ることを願った。それはこの次の梶原の物語によって明らかになる。

この物語はこの一幕の中核をなす、もっとも重要な部分である。その重要さは二つの理由による。

第一、梶原も大庭や俣野とともに京都の平家の命令に従って、源頼朝討伐の戦さに参加した。その石橋山の合戦で、梶原は洞穴の中に逃げ込んだ頼朝に会ったのである。その人相、その骨柄を見て、この人が次代の源氏の頭領になるだろうことを知った梶原は、自分の後から洞穴へ入ってきた大庭や俣野をあざむいて、ひそかに頼朝を逃がしたのである。それが時代の先を見た梶原の政治的判断であり、頼朝の頭上に多くの白鳩（源氏の象徴）の群がるのを見た梶原への天の暗示であった。しかし衆目をあざむき源氏の大将を助けたからは、梶原は平家に弓引くことになる。少なくとも大庭や俣野とは敵対しなければならない。ここに梶原が「この場の味」を苦く感じても、その真相をあかせない大きな理由があった。

第二の理由は、未来の話にかかわる。どうしてここで話が未来になることができるのか。物語のなかで梶原は、後世自分は「佞人讒者（ねいじんざんしゃ）」といわれているが決してそうではない、と主張している。

ここで歴史上の事実と人形浄瑠璃で扱われている事実を振り返ってみる。歴史上の梶原平三景時はのちに鎌倉幕府の要員となり、源平合戦の時に頼朝の軍（いくさ）目付として義経と意見が合わず、その事態を逐一頼朝に報告した。その報告が正確であったかどうかは別にして、頼朝はその報告をもとにして義経を奥州に追討した。その他にも頼朝は梶原の報告を重用したらしいから、それによって「佞人讒者」という世評が成り立って、ついに頼朝死後、多くの人々の訴えによって梶原一族は追討され、景時自身も討たれた。

この歴史的な事実はまだ斟酌（しんしゃく）の余地があるが、浄瑠璃や歌舞伎は判官贔屓（びいき）であり、義経はヒーローだからそれに敵対する梶原は必然的に敵役になった。その結果、実に敵役でない梶原を描いた作品はこの作品たった一つなのである。

そういう背景をもって見ると、この作品はそういう悪人像としての梶原を別な視点から見るという意味をもっている。それはのちに詳しくふれるが、この物語の特徴の第二点はこの歴史の塗り替えにある。

以上二点、頼朝を助けたこと、歴史が塗り替えられるべきこと、この二点がここでの梶原の物語のポイントである。

梶原はこの時、周囲の者を中間、小姓に至るまで遠ざけて、六郎太夫父娘だけにこの秘密を明かした。それはこの父娘が源氏ゆかりの「八幡」という銘のある名刀を持っていたからであり、同時にこの秘密は人に聞かれてはならぬからである。

それにしても、この秘密が未来の梶原の歴史的な評価を前提にしているのはなぜだろうか。むろん作者が、いつもは敵役としか扱われない梶原を白塗りのいい役に書き替えてみたいという趣向を立てたことは容易に想像できる。それは浄瑠璃の本義によることだからである。

浄瑠璃は名所古蹟、神社仏閣の由来を語るものであり、過去の出来事を説くものである。それは浄瑠璃だけではなく、世界中の古典劇の本質でもある。ギリシャ悲劇の『王女メディア』は、王女メディアが嫉妬のあまり我が子二人を自ら手にかけて殺すさまを描く。そしてこの悲惨な事件は、その事件後に幼児の守護神の由来として、この悲惨な事件をタブーとすることによって成立したのである。そのメディア信仰のもとが『王女メディア』という作品だったのである。

同様にして『合邦(がっぽう)』は、継子俊徳丸のために死ぬ玉手御前の霊を祀る月光寺という尼寺の由来を語っている。『石切梶原』も悪人として描かれる梶原を源氏の忠臣として描く浄瑠璃なのである。そこで話は未来の歴史上の「佞人讒者」という評価に及ぶ。

浄瑠璃がそのために時空を超えるのは、過去の信仰伝説に至る時計の針を、単に未来に向けた時間感覚にすぎない。

『源平布引滝(げんぺいぬのびきのたき)』の「実盛物語」では、斎藤別当実盛が何十年か後の自分の死について語る。何十年か後に白髪を黒髪に染めた自分は、今、目の前にいる子ども——手塚太郎に、北国篠原というところでの戦さのために討たれるだろう。実盛が自分の死を語れるのは、この浄瑠璃の時間の感覚による。

梶原も同じことである。

今という時間のなかで未来を生きる。そのために彼は頼朝を助け、のちに鎌倉幕府の重要なメンバーの一人になって、汚名を受ける。しかし彼は今、その歴史を超えるのである。

こういう梶原の旅を可能にしたのは、一つは剣のためであり、剣の持ち手としての聖者になったからである。

その事実を証明するかの如き奇蹟が起きる。

八幡宮の社前の石の手水鉢、そのそばに梶原は六郎太夫父娘を呼ぶ。手水鉢の端に二人を立たせると、折からの夕日で二人の姿が水に写る。それを「二ツ胴」に見立てて梶原が刀を振り下ろすと、石の手水鉢が真二ツになる。いくら名刀でも手水鉢は石である。斬れるはずがない。それが斬れる。さっきの「二ツ胴」は斬れなかった。いや梶原が斬らなかった。しかし今度は見事に「二ツ胴」が斬れた。奇蹟である。

奇蹟は何かの暗示か、秘事の成就を意味する。すなわちこの芝居は「刀の神話劇」なのである。そしてそれを発見した梶原が刀の神威によって、一つの力を得たのである。

吉右衛門の梶原が他の多くの人の梶原と全く違うのは、このドラマが一貫して一筋通っているうえに、それによってこの役が独特の輝きをもっている点である。

「しからば御免」の第一声から刀の目利き、そこでこの刀に「八幡」の銘を発見し、二ツ胴を自分が引き受ける決心、六郎太夫を助けてからの物語での秘密の告白、石切の二ツ胴まで。

そういう梶原の一貫したドラマがあるのが、吉右衛門の梶原の他の人と違う特徴である。初代吉右衛門はもとより、八代目松本幸四郎（初代白鸚）、十一代目市川團十郎、十七代目市村羽左衛門、四代目坂田藤十郎、五代目中村富十郎、十五代目片岡仁左衛門、十代目坂東三津五郎と、さまざまな梶原のなかで、このドラマが貫通しているのは吉右衛門ただ一人であり、平家の独裁政治のなかで一人源氏に与して生き、のちには歴史上の悪名を着せられながら生きた武将の姿が、一つのドラマとして浮かび上がったのも吉右衛門一人だった。

吉右衛門自身でも初めからそうではなかった。

少なくとも平成十七（二〇〇五）年一月の歌舞伎座の時には、私にはそれほど明瞭にはそのドラマの骨格は見えなかった。六年後の二十三年六月新橋演舞場の時に初めて明瞭に一貫した骨格が見えてきた。私はその舞台を見て初めてこの作品の本当の意味を理解したのである。むろんしていることは六年前と違うわけではなかった。同じなのだけれども、梶原の心持ち、微妙な体の動きのニュアンスが違う。それは吉右衛門の芝居が一本強い線を通すことによって、微妙な動きのニュアンスが変わってきた、それによって男の人間像の描線があきらかになってきたということだろう。それは部分的な芸の光沢のように見えているが、より本質的なことであった。芸のうまい下手とは違って、作品が芸の見せ場の集積から一つのドラマになった。

『石切梶原』は、お芝居としての嗜好品から、現代に通じる演劇の古典として発見されたのである。

雪の夜に煙草を切る――唐木政右衛門『伊賀越道中双六』「岡崎」

のちにふれる上演頻度の高い「沼津」は、『伊賀越道中双六』の六段目であり、七段目が藤川新関、八段目が岡崎宿の山田幸兵衛の内――俗に「岡崎」といわれる場面である。

「沼津」とは話変わって、敵沢井股五郎を追う和田志津馬は、股五郎一行を追って、ここ藤川の関所へさしかかる。すでに一行は関を通っているらしい。しかし和田志津馬は関所を通る切手がない。偶然そこに居合わせた関の下役人山田幸兵衛の娘お袖と知り合い、その機転で関を通る。この場は沢井股五郎の家来奴助平が、峠の関所で望遠鏡を使う件があるので、俗に「遠眼鏡」と呼ぶ。

夕方になって間もなく関所の扉が閉まる。そこへ唐木政右衛門が来る。政右衛門は和田行家の弟子であった時に、行家の娘お谷と恋仲になり駆け落ちした。今は大和郡山の誉田家の剣術師匠として、お谷との間に生まれたばかりの一子がある。行家が殺されて志津馬が敵討ちに出るが、これを志津馬の姉お谷も助けたいし、彼女の夫唐木政右衛門も助けてやりたい。しかし政右衛門はお谷と駆け落ちしているから、正式に敵を討つ資格がない。そこで政右衛門はお谷を離婚し、改めてお谷の妹の少女と結婚して正式に和田行家の敵沢井股五郎を討つ資格を得て、やはり一行を追ってこの関へ来かかる。しかし政右衛門も切手を持っていない。そこでやむなく関を破る。

この場の幕切れに政右衛門が姿をあらわす。そして関破りのために間道へ入っていく。その時の藪畳(やぶだたみ)に入って振り返った吉右衛門の姿が立派だった。

ここは、初代中村鴈治郎の政右衛門の写真が実に印象的である。あの面長な立派な顔、黒い瞳の大きな面がまえ。十一代目片岡仁左衛門の政右衛門の写真も立派だが、吉右衛門のそれは鴈治郎や仁左衛門のような一時代も二時代も昔の役者の色艶はないものの、その代わり、ドラマの骨格のもつ精神性が精彩を放っている。政右衛門はすでにふれた通り、駆け落ちまでした相思相愛の女房お谷を離婚してこの仇討ちの旅に出ている。そういうドラマを背負った人間の骨格である。

この七段目藤川宿関所の次がいよいよ岡崎である。岡崎は全段二時間余りもかかる大作であり、かつ寂しい雪景色のなかで起こる凄惨なドラマの、地味で長い大曲である。全段四つに分けることができる。

第一段が相合傘、第二段が遠州行燈、第三段が煙草切り、そして第四段が幸兵衛、政右衛門の対決であり、段切れである。

第一段を相合傘というのは、前の幕で出会った幸兵衛の娘お袖が一目惚れした志津馬を今宵一夜わが家へ泊まるようにと連れ帰ってくる。ちょうど雪が降って、二人は相合傘で帰ってくるところからこの通称がある。

山田幸兵衛は半分百姓、半分関所の下役人であるが、鎌倉の武士たちと付き合いがあって、その関係から、娘お袖を沢井股五郎の許婚(いいなずけ)にした。むろん当人たち抜きの親同士のいいかわしであり、股五郎本人はお谷を嫁にと願ったほどだから、いわば仲人同士の話。お袖も股五郎もお互い顔さえ知らない。しかし約束は約束。お袖が股五郎の許婚と知った志津馬は、あえて股五郎の行方を知るために股五郎になりすましてお袖と相合傘で帰ってくる。

それを迎える父の幸兵衛とその女房の母、二人ともこの男が股五郎と知って大いに歓迎する。

ここまでが相合傘。この段の端場であるが、かつまた雪の夜の寂しい風景のなかに一点ともる美しい色気である。冒頭に母が一人で綿繰り唄に唄う通り、ここは三河国、大昔在原業平が東下りに八ツ橋の歌を詠んだところ、その色彩の伝統がほのかな彩りになっている。

この後の「すでにその夜も深々と」からが切場である。その最初の段——端場を入れれば第二段になる遠州行燈。遠州行燈とは遠江国の行燈という意味ではなく、茶人の小堀遠州好みの細い桟(さん)の丸味をおびた華奢な行燈をいう。岡崎の宿外れの田舎家には珍しい行燈。その洒落た感覚とその薄明かりが照らし出す微妙なめぐり合いがポイントである。

この段の最初に、舞台が半廻しになる。藪畳と雪のなかを、関を破った政右衛門が逃げてくる。関破りは極刑だから追う捕り手も追われる政右衛門も必死である。

その描写は義太夫では難しい。私が最近、素浄瑠璃で聞いた竹本千歳太夫、豊澤富助ではここがまことに見事だった。豊竹山城少掾のレコードも残っているが、山城少掾は、ここの難しさは一人一人の捕り手まで語り生かせるかどうかが大事だといっている。文楽ではこの場の捕り手のような端役の人形は、俗に「ツメの人形」といい、一人遣いである。山城少掾は、そのツメの人形が生きているように語れればその義太夫はホンモノだといっている。

その戦いを物陰からソッと見ている老人がいる。山田幸兵衛である。政右衛門の腕前を見届けた幸兵衛は、捕り手の小頭と政右衛門の間に入って、自分は関所の下役人だが、この人の身分は私が保証します、関破りではない、そういって政右衛門を助けた。むろん一存あってのことである。出会った股五郎（実は和田志津馬）は、若くていかにも心もとない。万一に備えて助太刀がいる。そこで政右衛門の腕前を見定めて、娘婿の助太刀にしようと思った。しかし政右衛門はなんのために老人が自分を助けてくれたのか、不審に思う。縁もゆかりもない老人が、通りすがりの自分を。

そう思ってジッと老人を見つめた政右衛門が、遠州行燈の灯りにすかしてこういった。

「要（かなめ）さまではござりませぬか」

運命の一言である。「要さま」とは政右衛門の旧師の名前である。ここがこの段のポイントであり、吉右衛門がうまい。立派な政右衛門の言葉遣いが少年の昔に返っている。

政右衛門は、伊勢神宮の神官荒木田宮内という人の息子で庄太郎といった。小さい時に両親に死なれて孤児になった。それを幸兵衛（当時は要といって庄太郎に剣術を教えていた）が引きとって育て、剣術、槍術、あらゆる武術を教えた。やがて庄太郎は武者修行を心がけて家出をした。それから十五年。今夜思いがけなくも助けて家へ入れた青年が、幸兵衛の旧名「要さま」と呼んだ。十五年ぶりの師弟の対面。運命の出会い。遠州行燈の繊細な明かりは、その師弟、育ての親との再会を照らし出した。後でわかるが、その行燈の光は微妙な二人の関係の複雑さを照らし出す灯火であった。

吉右衛門の政右衛門が昔の懐かしさ、大恩ある旧師への思いをこめて「先生」というところがうまいうえに、その後、幸兵衛と互いに手を取って床のイト（三味線）についてきまるところが、中村歌六の幸兵衛の好演とともに強く印象に残った。この師弟の愛情、武術でつながった絆があればこそ、この一段は生きて感動的になるのである。

そこへ二人の対話を聞きつけて、幸兵衛の女房が出てくる。庄太郎かという懐かしい回顧があり、彼女は政右衛門についい心安立てに婿である股五郎の助太刀の事情を全部打ち明けて頼んでしまう。それが当の敵唐木政右衛門その人であるとも知らずに。

むろん幸兵衛もそのつもりである。

ここが作者近松半二のうまいところである。知らず知らずのうちに政右衛門は、自分が政右衛門であるということもできずに、自分が恩人夫婦の敵であることを知ってしまう。老練の筆致である。

この女房は六代目市川團之助が傑作であった。いかにも田舎の老母、朴訥でありながら、気の廻る女であり、つい大事なことを口走ってしまう。吉右衛門の時はこの役は中村東蔵であったが、東蔵はまた團之助の古風さはなくとも、この女の娘可愛さの一途で大事なことを打ち明けてしまう母の、ある意味で一途な愚かさを見事に描き出した。

この歌六の幸兵衛、東蔵の女房二人に囲まれて吉右衛門の政右衛門が一際面白い。

吉右衛門はもともと無言のハラ芸がうまい。しかも人の芝居を受けて気持ちを観客に伝えるのがうまいのである。ことにここの政右衛門の複雑な心境を実に明快に描いた。政右衛門は辛抱立役ではないが、その辛抱立役風なところが吉右衛門の芸質にピッタリだったのである。

政右衛門は師弟再会の喜びからいきなり地獄へ突き落とされる。

大事な師匠は自分の敵側、むろん自分が、師匠が敵として警戒している唐木政右衛門であるとは打ち明けられない。それどころか、これが股五郎の行方を探すいい手掛かりだから、庄太郎になりすますしかない。これだけのことを無言のうちに描かなければならない。そういうところがうまいのである。

もうすんでのところ、股五郎の行方を（といっても幸兵衛夫婦にすれば志津馬が化けた股五郎だが）夫婦が打ち明けそうになったところで邪魔が入る。

蛇の目の眼八（がんぱち）という悪党が長持ちの中に隠れていることを幸兵衛が目ざとく見つける。股五郎の行方は誰にも知られてはならない。

そこへ村の庄屋から使いが来て、至急幸兵衛に来てほしいという。幸兵衛はやむなく長持ちに錠前をかけ、必ず誰にも股五郎の行方をいうなと女房にいいつけ、心を残して出かけていく。ここまでが第二段「遠州行燈」である。

幸兵衛を送り出したところで、次の第三段「煙草切り」になる。残された女房の「戻らしゃるまで寝られもすまい」という一言は幸兵衛夫婦の夫婦仲、生活をそれとなく描くうまい言葉である。そこで女房は幕開きの糸繰りを続ける。政右衛門は所在なさに、幸兵衛が旅から持ち帰った煙草の葉を刻み煙草に切る。静かな雪の夜更けに響くその包丁の音、女房の唄うひなびた糸繰り唄、その景色が私は大好きである。

そこへ政右衛門が国元に残してきた、別れた女房のお谷が、生まれたばかりの赤子の巳之助を政右衛門に見せたいばかりに、夫の後を慕って回国巡礼になって、この雪のなか、寒さのために癪（しゃく）に悩みながらやってくる。

私が初めて見た岡崎の時（昭和二十七〔一九五二〕年二月新橋演舞場）の三代目中村時蔵のお谷が傑作

だった。吉右衛門の時（平成二十六〔二〇一四〕年十二月国立劇場）は中村雀右衛門（当時芝雀）である。女の一人旅はどこでも泊めることを禁じられているために、彼女は人家の軒下に寝たり野宿をしなければならない。

それを通りかかった夜廻りが咎める。この役がなんでもないようでいて、この役一つで雪の夜の寒さが観客の身にしみるという大事な役である。八代目松本幸四郎（初代白鸚）の時の初代中村吉之丞の、この夜番が傑作であった。幸四郎にとって團之助、時蔵、そして吉之丞とこの場の三人に囲まれての煙草切りがどれほど引き立つ名舞台になったことか。

夜番はむろんお谷を咎める。しかし雪明りに提灯の灯ですかして見ると、いい女である。それでだんだん情けが出てくる。それでもどうしようもない。そのユーモラスな具合が、吉之丞だと実に見事だった。

この物音で政右衛門が何事かと表に出て、お谷と知ってビックリする。今ここで自分が唐木政右衛門と知られたらば、折角つかみかけた股五郎の行方がわからなくなる。なんとしてもこの機会を逃したくない。しかし目の前には幸兵衛の女房がいるから、お谷に事情を説明することができない。八方塞がりの四苦八苦。その苦悩煩悶を心に収めて、吉右衛門の政右衛門は三段（二重へ上がる階段）に片足をかけてグッと後ろ姿できまる。後ろ姿というところが、政右衛門の今の表面にあらわすことのできない、皮肉な苦しみを象徴する。それだけに難しい。ここが吉右衛門のもっともすぐれたところであった。造形の線が確実で心中の煩悶がよく出ていたからである。

表に凍死しそうな女房お谷の嘆き、内にそれとは対照的にのんびりした幸兵衛女房の糸繰り唄。間で煙草を切る政右衛門の苦しさ、包丁の手元も思わず狂う苦しさである。

ついに幸兵衛の女房が一人旅の旅行者を泊めるのはご禁制ゆえ泊められないが、せめて赤子だけは預かろうといって赤子を抱いて奥へ入る。

その際に表へ出た政右衛門とお谷の再会。政右衛門は大事な敵の手がかり、しばらく宿はずれで休んでくれとお谷にいう。

お谷が杖にすがって、政右衛門が後から抱きかかえる二人のきまりの大芝居になる。前半の抑えた芝居が、二人きりになったことで爆発する。吉右衛門と雀右衛門の駆け落ちまでした夫婦の情愛が色濃く出るところである。

お谷を舞台下手（しもて）へやったところ、向こうから幸兵衛が帰ってくる。ここまでが煙草切りで、ここからいよいよ第四段、最後の段になる。

ここの幸兵衛は、出が難しい。というのは、のちにわかるが、この時、幸兵衛は本物の沢井股五郎本人に庄屋で引き合わされていて、すでに沢井股五郎と名乗って、我が娘が連れてきた男がニセモノだと知っているからである。あれがニセモノだとすれば、庄太郎は敵か味方か、そう思いながら出てくる。そうとは知らぬ政右衛門。

そこへ幸兵衛の女房が赤子を抱いて駆け込んでくる。この子の身に付けている御守りに「政右衛門一子巳之助」と書いてあるという。幸兵衛は、これはよいものが手に入った、これを人質にすれば政右衛門を倒す六分の強みだという。それを聞いた政右衛門がいきなり赤子を殺して庭に捨てる。やあなんで大事な人質を。「この倅を留置（とめお）き、敵の鉾先をくじこうとする御思案、お歳の加減か、コリャちと撚りが戻りました」。敵討ちという晴れの勝負に人質を取る卑怯者といわれますよというのだが、むろん政右衛門はこの赤子から自分の身分がわかって、敵の行方を知ることができなくなるからである。

ここがこの一段最大のクライマックスである。この危機に可愛い我が子を手にかけて殺す政右衛門の心境はどうだろうか。吉右衛門はいっさいそういうことを説明しない。サッサッと行動して巳之助を殺す。それでいて政右衛門の苦衷が手に取るごとくわかる。

そして子を殺して幸兵衛に詰め寄られた時の狂的な笑いが、人間が追いつめられた極限の状況にいることを示している。確かに残酷なドラマである。しかしその残酷さを超えるドラマがここにはある。そこまで彼を追いつめたのは、敵討ちという制度そのものなのである。

復讐は人間本来の行動だろう。しかしそれを制度として正当化するのは必ずしも正しくない。だから現代では、復讐は個人的には許されていない。しかし幕府はそれを制度化した。そうしなければ、独裁的な軍事政権のもとで秩序を保つことが難しかったからであろう。そこで幕府は、復讐についての法制化を行った。第一に届出制。届出された復讐のみが正式な敵討ちとして許可される。届出のない復讐はただの殺人とみなされる。届出は各藩主から江戸の幕府に出され、全国手配される。届出第二に復讐することのできる人間の資格。これにもルールがあって、さればこそ唐木政右衛門はお谷を離縁しなければならなかった。以上二点。その他にもルールがあるが、それでもなお敵討ちは容易ではなかった。何十年も日本全国を歩き廻って敵を探しても、敵を発見できずについに死ぬ者も決して少なくなかった。写真も電信もない時代にこの困難を超えることは容易ではなかった。だからこそ政右衛門は女房と別れ、子どもを殺して、師匠夫婦を騙してまで股五郎の行方を探そうとする。そうしなければならなかった。それは政右衛門にとって、敵討ちを制度化した体制との戦いであり、自分に課された運命との戦いであった。それでなければなぜ最愛の妻と別れ、子を殺すことができようか。あえてそれをするのは、それが政右衛門にとって避けることのできないものだったからである。

あの狂的な笑いの後の政右衛門の「お歳の加減か」という苦しい言い訳も吉右衛門はうまい。それは、あの苦しい言い訳こそが体制への批判だからである。敵討ちは正々堂々とやらなければ意味がないと政右衛門はいう。なぜか。それは体制が要求しているものが正義の規範だからである。敵討ちの原因である、沢井股五郎の和田行家暗殺は完全な騙し討ちである。正々堂々ではない。その卑怯な騙し討ちに対して、敵討ちは正義を主張する。それは正しいだろう。しかしそれは体制の都合であって、政右衛門が直面しているのはそんなナマやさしいものではない。それにもかかわらず政右衛門がそういうのは、今の自分の状況に対して、体制の要求しているものに対する批判以外の何ものでもないだろう。それで我が子を殺さなければならない。これは残酷というよりも、復讐を正当化した体制への批判以外の何ものでもない。

吉右衛門のあの狂的な笑いと、その後の言い訳の苦しさはこの批判のためなのである。俺が今生きている時代の、それが今の俺の運命だから仕方がない。あれはそういう笑いであり、せりふであった。

それを乗り越えたのは、幸兵衛と政右衛門の師弟愛であり、育ての親への愛情だった。幸兵衛は、我が子巳之助を殺した時の政右衛門の目に一滴浮かんだ涙を見逃さなかった。その涙を見た時、幸兵衛は全てを知った。幸兵衛は奥にいる志津馬と政右衛門を対面させ、股五郎を間道沿いに落したことを告白する。しかし股五郎への義理はそこまで、今は正体が明らかになった志津馬と政右衛門の二人を、娘お袖に道案内をさせて出立させる。

問題はこの幸兵衛と政右衛門の和解である。

我が子を殺して、幸兵衛に言い訳した政右衛門が思わず下手向きになる。それをジッと見つめる幸兵衛、吉右衛門と歌六の二人が手を取り合って運命の苛酷さを乗り越える瞬間であった。私は思わずギリシャ悲劇の『オイディプス王』を思った。彼は神託によって予言された自分の運命と戦い、それから逃れようとして結局はその運命の犠牲になって自ら目をえぐって荒野に旅立つ。政右衛門もまた運命と戦う、それを越えようとして、幸兵衛の親として師匠としての情愛によって乗り越える。師匠に股五郎に味方してくれと頼まれて、引くに引かれず我が子を殺したのは、師匠であり育ての親である幸兵衛に対する言い訳であり、挨拶だろう、それは確かに受け取った。幸兵衛が「過分なぞや」といった時、その言葉に政右衛門はこの敵討ちの残酷さ、不条理を乗り越えたのであり、このドラマは、それを乗り越える人間の物語なのである。

私は昭和二十七年二月、八代目幸四郎の「岡崎」を見た時、そこまでは理解できなかった。いくら時蔵のお谷、團之助の幸兵衛女房、吉之丞の夜番がよくとも、肝腎のドラマのこの本質がわからなかった。それは私の鑑賞眼の低さによるだろう。しかし今は理解できる。敵討ちも武士の意気地も昔のことになった。しかし、体制や運命と戦う人間の物語は『オイディプス王』が生きているように今でも生きている。それが、人間が生きる条件だからである。ということを発見したのは、吉右衛門と歌六の功績である。

私はそういう吉右衛門と歌六の二人の男の姿を見ていて思わず涙が出た。

松浦鎮信の笑み――松浦鎮信『松浦の太鼓』

『松浦の太鼓』の主人公松浦鎮信（一六二二～一七〇三年）は、九州平戸六万三千石の藩主で、兵法を山鹿素行に学び、また茶道を片桐石州に師事して、のちに石州流のなかの一派「鎮信派」をたてた茶人である。

『松浦の太鼓』では、赤穂浪士が本所の吉良邸に討入りをした時、隣家の松浦鎮信が同門の大石内蔵助の打つ「太鼓」の音を聞いて、討入りを知ることになっているが、当時大川端に住んでいたのは鎮信ではなく、彼の次男、分家して一万石の松浦大膳昌であったらしい（西尾福三郎「茶劇　松浦の太鼓」『道頓堀』昭和八年十二月号）。この人も父鎮信に石州流を学んだ。

石州流は、大和小泉一万六千石の藩主片桐石州が、四代将軍家綱に茶を献じて将軍家の茶道指南になって一流を開いた。いわゆる千家の町人の茶に対して、大名茶の茶人であり、徳川時代の大名たちは大半その門下であり、石州流であった。松浦は石州に師事した結果「鎮信派」という一派を起こしたのである。

ところで私の母方の祖父伊藤隆三郎は、この「鎮信派」の教師で、のちに独立して「抱月庵」という流派を開いた。祖父はどういう関係からか、初代吉右衛門と親交があって、初代が昭和二十七（一九五二）年一月歌舞伎座で『松浦の太鼓』を上演した時、劇中で六代目中村歌右衛門の腰元お縫が茶を点てるシーンを指導してほしいといわれて、歌舞伎座の楽屋へ行った。その時、芝居が好きだった高校生の私を連れていってくれたのである。

初代吉右衛門はすでにこの時体調を崩していて、人に背負われて舞台へ行く途中に、祖父に挨拶をし、私も黙礼をした。吉右衛門は昼の部の『賀の祝』の白太夫の扮装で、無言で私の脇を行きすぎていったが、夜の部の『松浦の太鼓』には無事出勤して、私は初めて見る『松浦の太鼓』に夢中になった。とりわけ私を夢中にさせたのは、その松浦鎮信の笑いと、隣屋敷から聞こえる討入りの太鼓を聞くところであった。

笑いの方はほとんど意味なく繰り返される笑いであり、何かが可笑しいから笑っているのではなかった。彼は時に赤穂浪士の不甲斐なさをなじり、家臣や宝井其角に当り散らしながらも笑う。それは滑稽というよりも自嘲であり、苛立ちを隠したりするものであり、吉右衛門からすれば、何かを表現するためというよりも、その身に備わった愛嬌といったものであった。

この役は吉右衛門の父三代目中村歌六の当り芸であり、おそらく吉右衛門はその父親の芸風から受け継いだのであろう。歌六はもと上方の俳優であり、愛嬌に富んだ人であったらしい。

有名な逸話に『袖萩祭文』の安倍貞任で、花道へ行きかけると遠寄せになる。その鳴り物を聞いて貞任が七三で止まる。その時ちょうど目の前の花道のランプが切れかかっていた。歌六は「何奴の」といって、その灯火の芯をつまんで明るくすると「仕業なるぞ」といったという。信じられない話であるが、そういう場当りの芝居が平気だったらしい。

この『松浦の太鼓』にもそういう匂いが色濃く出ている。作者がそういう芸風を当て込んで書いたのか、歌六が直したのかわからないが。

しかし初代吉右衛門の松浦鎮信には、そういう匂いが面白味になっていた。むろんこの匂いは両刃の剣である。たとえば三宅三郎はこういっている。

「演り方は、歌六の型かもしれないが、歌六系の芝居であるにもかかわらず、技芸そのものに歌六臭が少なく、一種の気品を保っているのがいい。事実、吉右衛門の歌六臭は即臭味といえるくらいよくないものだが、元来、歌六とか仁左衛門のようなマンネリズムの濃厚な芸風は、その人自身に即いている時は言い知れない味わいのあるものだが、自然のその影響、意識的な模倣などは、その後継者にとっては臭味以外の何ものも得られないと思う。ともかく、氏のこの役は、歌六臭即臭味が少ないのがいい」(『続歌舞伎劇鑑賞』三田文学出版部、昭和十八年)

ここには歌六の芸の臭味がどういうものか、そしてまた、その後継者の芸の伝承の場合にどういうことが起こるかが的確に述べられている。すなわち歌六の臭味は本人の個性によるところが大きく、本人の時にはそれほど気にならないが、それが後継者になるとたまらない臭味になることが多い。しかし歌六の後継者である吉右衛門の松浦鎮信には、意外にそれが少ないという事実が指摘されている。

おそらく吉右衛門は、松浦鎮信では歌六の臭味がつかないように努力したのである。私は歌六を見たことがないから想像する他ないのだが、吉右衛門は松浦鎮信にかぎっては、歌六臭を消すために努力したと思う。いや、彼は単に歌六の芸を受け継いだだけではなく、彼独自の視点をもったのであろう。私が見た初代吉右衛門の松浦鎮信は、それでも歌六はこうであったかという匂いを残していたが、歌六とは違う初代吉右衛門独自の面白さも十二分にもっていた。

　ところが初代の後に他の役者が演じた松浦鎮信は、とても嫌な臭味をもっていたのである。初代の弟十七代目中村勘三郎にしても、女婿であった八代目松本幸四郎（初代白鸚）にしても、初代にくらべて初代の型の違和感が強かった。唯一つの例外は十四代目守田勘弥の松浦鎮信で、これを見た時、私はこの戯曲自体が勘弥のやるような小芝居の演目のような独特の臭味をもつものであり、それを誇張したり避けたりしないで、それに従ったほうがいいことを知ったほどである。

　そのことを考えると、初代吉右衛門の行ったことがよくわかったし、なぜ三宅三郎の指摘したようなことが起こるのかもわかった。戯曲そのものが実に小芝居向きに書かれているのである。それを初代吉右衛門は、立派な大芝居向きに演じたのであり、その型だけを真似しようとした勘三郎や幸四郎はそこに違和感が生じたが、戯曲そのままに演じた勘弥の小芝居的な演技だと違和感がないのである。

　そういう事情のなかで、二代目吉右衛門の松浦侯は、勘三郎や幸四郎のように初代吉右衛門の単なる模倣ではなく、初代吉右衛門が父歌六の松浦侯において行ったような芸の継承を行ったからである。むろん勘弥のように、戯曲そのものについたわけでもなかった。

　私が、戯曲そのものが小芝居的だという理由は、その場その場で松浦侯の性格が変わることである。彼はほとんどミーハー的に赤穂浪士を贔屓にしている。そのために、浪士の一人大高源吾の妹お縫を召使いにやとった。しかし浪士が思うような仇討をしないと、たちまちこれを解雇した。しかもあからさまにその理由をいわずにである。いわないのではなく、いえなかったのであろう。六万三千石の名家の当主ともあろう人物が、そんな理由で使用人を解雇することができるはずがない。しかも彼は

「お縫にさらに罪はない」といいながら解雇するのだから、その行動たるやほとんどその場その場の気まぐれという他ない。それが殿様の我儘といえばそれまでだが、その我儘が一編のドラマの主人公の資格を失わせることはいうまでもないだろう。

こういう欠点がある作品ができた理由は、作者がひたすら歌六の芸風に合わせて書いたからである。それを初代吉右衛門は、一人の人間としてとらえ直した。おそらく初代吉右衛門は松浦鎮信がいかに立派な文化人であったかを知って、ひそかに尊敬していたのだろう。すでにふれたように松浦鎮信は一派をなした茶人であり、それを思ったからこそ、歌右衛門のお縫が点てる点前は鎮信派のものでなければならないと思ったのだろう。

そこで初代は父歌六の型を襲いながら、同時に別な人格者としての松浦鎮信をつくった。だからこそ、それは歌六臭の薄いものになりながら、独自の面白さをもったのである。初代吉右衛門のあの笑いはそうして初めてできたものであって、戯曲を追ったり、ただ型を模倣したりしたものではなかったのである。

そこを考えずに戯曲を読んだり、型を模倣しようとすると、勘三郎や幸四郎のようになり、一方では勘弥のようになる。

初代吉右衛門のもう一つの面白さは、あの太鼓を聞いて大石内蔵助の討入りを知るところであった。初代は太鼓の音が響くと同時に、スルスルと座っていた座布団をすべり降りて舞台端へ出てくる。そして揚幕から聞こえる太鼓の音に耳をすます。音につれて指を折って数えながら、「今、この太鼓を打つものは、千坂兵部に赤穂の大石」といいかけて、「アッ」となる。大石内蔵助ならば討入り、大高源吾が昨日両国橋で出会った宝井其角に「明日待たるゝその宝船」といったのはここか、と全ての謎が解ける。

「播磨屋ッ」の声、満場に満ちて、そのどよめき大波のごとく、誰も陶然とするところであった。三宅三郎も「吉右衛門の松浦侯が座布団をすべり出る所や、山鹿流の太鼓の音を聞く緊張的な場面など、ちょっと面白い」（同上書）と書いている。

このうまさは確かに、座布団から舞台端へ出てくるうまさで観客の心をつかむところにある。ところが、ここは誰がやってもうまくいかない。吉右衛門のようにいつの間にかスルスルと、気がついたらば目の前に来ている、という具合にいかない。吉右衛門だともうこれだけで見ていて陶然となる、そういう具合にいかない。そこがもっとも初代吉右衛門に近くなったのは、勘三郎でも幸四郎でも勘弥でもなく二代目吉右衛門だけであった。

以上二点、笑いとスルスルとは、初代以後二代目がもっとも初代にそっくりであった。それは二代目が初代と同じように、松浦鎮信をただ模倣するのではなく、自分の掌中で拵（こしら）え直してその人間性を生きたからである。

二代目が他の人たちと違ったのは、六万三千石の大名としての品位をもっていた点であった。それは彼が、九州平戸の松浦家の当主松浦鎮信を人間としてとらえ直したからである。むろん台本は同じだから、戯曲の人間像の矛盾はそのまま残っている。しかしそれを、矛盾のままに生きている一人の人間として統合しようとした。たとえば、あの家臣や其角をひそかに罵（のの）しる「馬鹿〳〵」というせりふを二代目は捨ぜりふのように小声でいって、その人間の口ぐせのようにして内面化した。矛盾は矛盾として残るが、それでもそうすることによって極力違和感は少なくなり、逆に一つの面白味になった。

これは初代が歌六の芸を洗い直したのと同じことではなかったか。

ここで大事なのは、初代が松浦鎮信に対してもった畏敬の念である。二代目が松浦鎮信への畏敬の念をもっていたかどうかはわからない。しかし初代の芸に対する畏敬の念はもっていた。そしてこの畏敬の念こそが彼に松浦鎮信を――そして初代吉右衛門の芸を生きさせることになったのである。伝統は先祖への畏敬によってしか伝わらない。

それは初め模倣から始まったかもしれないが、決して模倣だけには終わらなかった。そのせりふを、その動きを、その芸を深めるに従って、それを自分の身体化し、そこに生きることを意味したのである。それがまた伝統の原点に還ろうとすることであると同時に、より普遍的に、より人間的に、現代につながることにもなった。

吉右衛門が古典に生きながら、常にこの現代性を発見した装置はここにある。この装置によって彼は古典に生きることによって現代にも生きた。

『松浦の太鼓』は、必ずしも優れた作品ではないが、それ故にこそ吉右衛門の芸の構造そのものがあきらかになった作品でもあった。

五、世話物の人情

軒端の鶯――毛谷村六助　『彦山権現誓助剱(ひこさんごんげんちかいのすけだち)』「毛谷村(けやむら)」

吉右衛門は地芸がうまかった。

ここで地芸というのは、際立った見得や動きのかげで地紋のようにそれらを浮かび上がらせる芸のことである。地芸の「地」は文章でいえば、人物の対話を浮き立たせる「地」の文章をいい、模様でいえば、特殊な模様のかげに一面に敷かれている地味な紋様――「地紋」をいう。そういう地芸があって初めて仕どころが浮き上がってくる。

例えば「毛谷村」には、冒頭三人の「母」が登場する。

まず一人は六助の母。六助は母一人子一人、ここ九州豊前国彦山の麓の毛谷村に住む一人の剣術のうまい青年であったが、つい先頃その母を失った。今日はすでにその亡母の四十九日。六助は杉坂の墓へ参り、日々の看経(かんきん)を怠らない。従ってこの「母」は、芝居全体あるいは六助の行動に大きな影を落としているが、舞台には登場しない。

二人目の母は、微塵弾正(みじんだんじょう)が六助に試合の勝ちを譲ってくれともちかけた母である。この母は実は杣(そま)の斧右衛門の母であるが、耳の遠いこの老婆を、弾正は無理に自分の母に仕立て、六助にこの母に孝行したいから自分に勝ちを譲ってくれといって六助を騙した。六助に勝った弾正は、六助に勝った者は召し抱えるという藩主の試験に通って仕官してしまう。そのうえで弾正はこの老婆を殺した。これが二人目の母である。

三人目の母は、六助のところへ訪ねてくるお園の母で、暗殺された吉岡一味斎の妻お幸である。

三人の母。それが微妙に交錯して芝居が運ばれる。すなわちこの母三人が六助の芝居の地紋であり、その母に対する微妙な交錯が六助の地芸になる。例えば六助にとって今日四十九日の亡母が、忘れることのできぬ母であり、そのために弾正のはかりごとにはまって勝ちを譲ってしまう。

三人目の母は、突然あらわれて六助に親子になろうとか、金をやろうとかという。それでも六助はこの老婆にやさしく、例えば障子屋体に入ろうとする老婆が、立てつけが悪くて障子が開けられないのを見て、敷居を叩いて通してやるというようなことをする。それも亡き母とイメージが重なるからであろう。

こういう交錯をそれとなく見せるのが地芸であり、吉右衛門の六助のうまさは、一つはこういう地芸が生きて、さりげない動作が観客に強い印象を残すうまさであった。

例えば老婆を障子屋体へ入れて茶を出してやった後、煙草盆を持つとちょうど家の背戸で鶯が鳴く。それを下手（しもて）の柱によりかかって聞く六助の姿に余情があるのは、鶯が「ホウ、法華経」と鳴いて六助に看経を思い起こさせ、母への思い、春の日ののどかさとつながるからである。茶を出す、煙草盆を持つ、鶯を聞くといったさりげなく、なんでもないような動き一つ一つが味わいをもつから面白いのである。それを地芸という。芝居は仕どころも大事だが、それだけではない。それを浮き出させる地紋が大事なのである。

もっとも地芸ばかりでは芝居が面白くならない。地芸からキッパリした仕どころへ、仕どころから地芸へという移り変わり、かね合いが大事なのである。

順序をたてて書いていこう。

まず毛谷村の前段杉坂墓所から。六助は上手(かみて)から花の入った手桶をさげて出る。床の竹本を使わずいっさい世話の芝居での樵(きこり)たちとのやりとり、それが「そんなら皆の衆」と自然に運んで時代になっていく具合がコクがあっていい。こういうイキが大事なのである。

そこへ弾正が母――実は斧右衛門の母だが――を連れて出る。ここで吉右衛門はそばの石を転がしてきて座るのだが、この石の転がし方一つで、六助の大力をさりげなく自然に見せる。なんでもないのだが、客席がワッといった。吉右衛門が地芸のうまさで観客の気持ちを掌中にした証拠である。

吉右衛門はここでの弾正とのやりとりもうまい。なんということもないのだが、締めるところは締めていいのである。ことにいいのは幕切れ。一寸水を汲みに行った隙に、お園の妹の一子弥三松(やそまつ)をつれた吉岡家の若党佐吾平が追われてきて殺される。かろうじて弥三松は助かった。佐吾平の死骸に向った吉右衛門は弥三松を片手に抱いて、「この子は親御に届けます」というところへ、カラミが襲いかかるのを返す。それが柝(き)のカシラ、大きく時代にきまる。数珠で弥三松をあやしながら、佐吾平の死骸を見て片手で拝む。その姿が情に溢れてこまかく、しかもその一方で時代のキッパリした輪廓のあざやかさ。私はここに吉右衛門の特徴があると思う。それは一方でこまかなリアルな芝居を見せていながら、一方では時代に絵になっているという、この両義性である。一方で情に溢れ、一方で様式になる。ここに地芸と絵面の秘密があってコクが生まれるのだ。

しかしそれだけではない。吉右衛門の地芸はさらに深い。すなわち六助の亡母への思い、弾正の母への同情から、それがさらに転じて孤児弥三松への哀れみ。親子関係が二重三重に重なって流れていくのが大事であり、その流れがこの幕切れを絵にしている。

そしてその流れが、杉坂墓所から次の六助内へとつながっていく。今、目前にしたお幸の姿への思いすでにふれた通り。吉右衛門の鶯を聞く姿が余韻溢れているのもそのためであり、弥三松を抱いてあやす芝居が情に溢れてこまかくうまく見えるのもそれだからである。

いよいよお園の出になる。

平成二十三（二〇一一）年十月にＮＨＫホールの「古典芸能鑑賞会」で一日だけ見た吉右衛門の六助は、相手の弾正が中村又五郎、お園が中村雀右衛門だったが、又五郎や雀右衛門の芝居がよく見えるのには驚いた。むろん当人たちの努力の結果だが、それと同時に、それを受けて引き立てて芝居を面白くしている吉右衛門のうまさも認めないわけにはいかなかった。この場の六助は受けの芝居が多く、その受けのうまさで芝居が面白くなる場合が多いからである。そういう面白さがコクを生む。

ことにお園が表に干した弥三松の着物を見て、六助が殺したと思って斬りかかる。それをかわした六助が平舞台へ飛び下りて前に廻した屏風に頬杖をつき、お園が弥三松を横抱きにして懐剣を振り上げてきまる、お定まりの上下の見得は、吉右衛門のリードがうまいために二人立ちの大判の錦絵になった。こういうところにも六助という役の苦心があることを思わずにはいられなかった。

弥三松にせがまれて、太鼓を打ちながらのお園への物語になる。ここも吉右衛門はうまい。子どもへの愛が生きているうえに、懐剣を振り上げているお園への警戒心があって、そのうえでの時代から世話、世話から時代のせりふ廻しの変化の面白さ、さらに竹本にのるいわゆるノリ地というリズミカルな技巧がある。その面白さはせりふが生きている点で十二分。もっともっと聞きたいと思う。細緻で変化に富んだうまさだった。単にせりふ廻しがうまいばかりでなく、その運び、その間が面白いからこそ聞かせるのである。

お園の、六助こそ亡父吉岡一味斎が決めた自分の許婚(いいなずけ)だと知っての付け廻しになる。二重のお園が平舞台へ下りる。六助が入れ替わって二重へ上がる。付け廻しは歌舞伎のありきたりの技法であって、二人の人間が大きく舞台で楕円形を描くようにして入れ替わる。この時、二人の間には寄るに寄られず、離れるに離れられない、目に見えない緊張した糸が張りめぐらされなければならない。寄るも寄られずというのは、二人の人間の身体のなかに寄ろうとする力と離れようとする力の、二つの拮抗する、相反する力が働くからである。

しかしこの手法は、この作品ばかりでなくどこにでもあるから、普通にやろうとすればこの見えない糸は切れて緊張関係は生まれない。吉右衛門はそこがねばり強く面白い。引く力も強ければ、反対に離れようとする力もたっぷりしている。それに引かれて雀右衛門の力も強くなる。力が強くなるから緊張もおのずと増して面白くなる。その結果たっぷりした量感が生まれる。

しかしこの前後はどちらかといえばお園の仕どころであって、六助はそれを受けている芝居が多い。歌舞伎の演目はシテが立役でワキが女形というのが常法であるが、女形がシテで、六助はとかく辛抱役に見えるところがこの狂言の特色でもあり面白さだろう。

しかし、そう見えても実はお園のクドキはじめ仕どころを支えているのはやっぱり六助であって、六助がよくなければお園も引き立たない。そこに六助の地芸が生きる面白さがあるといってもいい。吉右衛門の六助で、お園の、例えば雀右衛門や中村時蔵のお園が引き立つのは、少し注意していれば誰にでもわかる。そうすることによって六助も面白くなるのだから不思議である。

さて、もう一つ吉右衛門の六助の特徴は、お園が実は六助にとっては師匠ともいうべき吉岡一味斎の娘と知れたあたりから、自然と体つきも言葉もただの百姓ではなく武家のそれになることである。こういう隠し味が六助を面白くする。

六助を許婚と知ったお園が手を取り合うところで、障子のうちに声があってお幸が出てくる。ここで「毛谷村」は後半に入る。

ご承知の通り、芝居には人間と同様に身体があって、その身体にはツボもあり、感覚もあり、そして形もある。しかしそのツボは、余程目をこらして見ていなければ見過ごしてしまう。「毛谷村」もそうである。前半の早春ののどかなうちに哀歓を尽くしたドラマは、後半では鋭くテンポの速い現実になる。それは仇討ちという現実があらわれてくるからであり、その変化は六助が百姓から武士に転身することに象徴されているといってもいい。

お幸の出現がこの芝居を一変させるきっかけだとすれば、お園と六助の結婚はそのドラマの変化を象徴しているシーンであり、それが決定的になるのは、杣斧右衛門たちの登場である。私は又五郎の六助、雀右衛門のお園という顔合わせに、吉右衛門が斧右衛門を付き合った舞台を見て（平成二十四年六月博多座）、このことを痛感した。吉右衛門の斧右衛門は付き合いにすぎないが、彼が出ることによって舞台が一変したのである。

むろん斧右衛門の登場には、単なる空気を変える以上に大きな意味がある。すでにふれた母三人という設定にそっていえば、六助の亡母は今や遠景になり、今ここにはお園の母が君臨している。そのなかで弾正の母が実は斧右衛門の母であったという真相があきらかになるからである。

初代吉右衛門の芸談をとった大橋秀花は次のようにいっている。

「初め笠を取って死骸を見た時は『それはさっきの母親だ』と驚き、それが斧右衛門の母というのはおかしいと二度目に笠をあげて見ている中に『さては杣の母を自分の母としてきたのだな』と思って杣に『斧右衛門の母か』と念を押すと、そうだというので、『親孝行をいい立てに試合に勝って行ったか』偽られたかと口惜しいので向うを睨み、どうしてこの敵を取ってやろうと腕を組んだまま段の上で考えているのです。それに斧右衛門の話もすんで『気遣いせまい、今に敵は取ってやるぞ』というのも必ず自分の敵を取るという勢いが含まれているので……ここをハッキリ見物に見せて置かないと跡の『金剛力』が引きたたないと吉右衛門氏もとりわけ悉しく話してくれました」(「『毛谷村六助』の型」大橋秀花編、初代中村吉右衛門校『揚幕』大正八年三月号)。

初代の六助について三宅周太郎も次のようにいう。

「『あのこれが斧右衛門の母か』と云って突っ立つと、後へすたすたと段を上って二重に腰を落して見得になる件は吉右衛門の六助の中で最も見事である。この件のせりふも見事であれば、科も見事である」(三宅周太郎「彦山権現」の「毛谷村」『日本演劇考察』〔冨山房、昭和二十三年〕所収)

三宅周太郎のいう通り、「腰を落して」の見得がいい形だとすれば、それは吉右衛門が六助の性格をあらわしていたからだろう。

ここでの「敵」は、六助が騙された「敵」であるが、すぐ次の瞬間にはその騙した相手であり、斧右衛門の母の敵が一味斎を暗殺した京極内匠と知れて、この「敵」が六助の敵であり、斧右衛門の敵であり、すなわちお幸、お園の敵であることがわかる。「母三人」が地芸をつなぐ地下水脈であったように、ここでは三人の「敵」が「母三人」につながっていくのである。

そして二代目吉右衛門の地芸もこのあとの件の「金剛石」の造形の地紋になっていく。すなわち弾正に騙されたと知った六助は「おのれ弾正、今にどうする、覚えておれ」から、舞台端の石をグッと踏み込むと石が向うへ動いて立つ。吉右衛門のそのスケール、その勢い、その迫力、まさに怒濤のごとくであって、場内が拍手の波であった。その勢いばかりでなく、「覚えておれ」のきまった形が怒りの光彩で絵のような美しさであった。

そこで「微塵」と聞いて、お幸の不審から弾正こそ一味斎を討った敵の京極内匠と知れて用意をする。六助は物着の合い方で、あられ小紋の裃に着替える。

お幸、六助、お園と三人のノリ地のせりふになる。前半のリアルな風景とは対照的に音楽の洪水、リズミカルにテンポアップされる。すなわち芝居の身体が違うのである。

ここにお幸のせりふを受けて六助の「なにさなにさ」での笑いがある。

吉右衛門のここの笑いは、実に豪快かつ古怪で面白かった。鶯が鳴き、梅や椿の咲く毛谷村の百姓家は、この後半の、この笑いの古怪さによって一オクターブ上がった敵討ち狂言のグロテスクさをもつ。むろん六助の人の好さは変わりはしないが、それでも今は弾正に対する怒りに彩られて、変わった景色になっていく。

こういうところが「時代世話」の面白さであって、世話な味のなかに時代の骨格があらわれ、その両方が鮮明に出るところが面白い。吉右衛門の笑いの古怪さは、その両方をもつと同時に、前半のリアルさとは対照的なキッパリした輪廓の造形であった。

例えば「天地に慙(は)じぬ義の一字」の、左手で刀の反りを打ち、右手で裃の襟をしごいて、その手をにぎって胸に当てるツケ入りの大見得の立派さ、あるいは、〽見極め置きし吉岡の」で、弥三松をあやしながら「眼力違(たが)わぬ勇者なり」で白扇をサッと開いてのきまり、いずれも吉右衛門は豪宕(ごうとう)でコクがあって面白い造形であった。

これも前半のリアルさにくらべれば、輪廓の鮮明な大きな動きの造形的な美しさである。それはこの後段が音楽的かつ感覚的に盛り上がった結果の造形であった。

「ほんそう小倉の領内へ」の幕切れの、左に弥三松を抱いて右袖を返した見得まで、派手な造形美である。つまり前半の地芸の水脈が後半に表にあらわれて、地芸と様式的な造形が一つになる。地芸が一つの造形になって花と咲くといったらばいいだろう。

仏壇の野菊——呉服屋十兵衛 『伊賀越道中双六』「沼津」

ここは富士山を目近に見る東海道沼津の街道筋。行き来の旅人の通る道傍に一軒の茶店がある。そこへ白い手拭を吉原冠りにし、合羽を着て白い手甲脚絆の旅姿、手には煙草の火をつける火縄を持った、呉服屋十兵衛が荷持ちの安兵衛を連れてやってくる。

吉右衛門の十兵衛は、この花道の出が軽く明るくて、艶があっていい。パッと場内が明るくなるよさである。七三で一度止まって安兵衛とのやりとりがあって、「サ、来い来い来い」と軽くいってテンポに乗って歩き出す。

本舞台へ来て茶店で一服したところで、フッと昨夜泊まった宿への忘れ物を思い出し、すぐ安兵衛を取りにやる。テキパキと気持ちがいい。

そこへ茶店の陰から雲助の平作があらわれる。雲助というのは街道筋で駕籠舁き、旅人の荷物運びなどをする人足で、住所不定の無頼漢が多い。その平作が、安兵衛を使いに出した十兵衛を見かけて、荷物を運ばせてくれという。それを吉右衛門の十兵衛は煙草を吸いながら煩そうに聞いていたが、フッと気が変わって平作に荷物を頼む。吉右衛門はここがうまい。このフッと気持ちが変わるのが、後で思えば十兵衛の運命の分かれ道だからである。あゝ、あれが悲劇の始まりだったかと誰でも思い出す。思い出してなるほどと思うほどの運命的な瞬間をさりげなく、しかし動かしがたい確かさで出すところがうまいのである。

十兵衛と平作は舞台上手（かみて）から客席へ下りる。普通ならば仮花道へ出るところだが、最近の劇場では仮花道は常設されていないから、客席の通路へ下りる。観客大喜びのところである。客席正面まで行って、今度は客席の通路を横切って、本花道へ出る。ここらは、吉右衛門は愛嬌たっぷりで、明るく、それが後半の悲劇と際立った対照になる。

本花道七三で平作が木の根につまずいて生爪をはがし、その痛みを十兵衛が持参した薬で治してやる。のちにふれるが、敵（かたき）沢井股五郎の一味から逃亡中の股五郎へ届けてくれと預かった秘薬であり、これが次の運命へと十兵衛を導く第二の鍵になる。

平作と十兵衛が花道で芝居をしている間に、舞台は街道筋の茶店の装置から引き道具で、ただの野道の遠見になる。十兵衛たちがその野道へ通りかかったところで、舞台下手（しもて）から貧しい身なりの、平作の娘お米が野菊の花を持って通りかかる。そのお米を見て、十兵衛が一目惚れをする。ここで二枚目風の和事になるのが上方型の十兵衛で、東京型は普通の辛抱立役風のまま、つまり浄瑠璃の本文に近い。どちらにしても十兵衛はお米に目をつける。その思わず目をつけるあたりの色気は、上方型ほど濃厚ではないが、それでも吉右衛門だと面白い。のちにわかるのだが、お米は十兵衛の実の妹だから、いわば兄妹という血筋の縁が、それと知らずに二人を自然に近づけたという運命の深さを思わせる面白さである。

再び道具が変わって平作住家になる。十兵衛はさっきの茶店で、安兵衛に先に行くが目印に十の字のついた自分の笠を出しておくといっておいたので、安兵衛がその笠を目印にここまで訪ねてくるが、十兵衛は仮病を使って、今夜はここに泊まるといい、安兵衛を次の宿場である吉原宿へ先に行かせる。十兵衛はお米の美しさに惹かれて、ここへ泊まることになった。

落ち着いた十兵衛が、改めてお米を女房にもらいたいというと、平作がお米は実は亭主持ちだといって断る。お米は実は鎌倉の廓で「瀬川」といった有名な遊女なのである。しかもこのお米を廻る騒動から有名な「伊賀越えの仇討」という事件が起こった。

上杉家の剣術師範和田行家（史実の渡辺靱負）の弟子沢井股五郎（河合又五郎）は、行家の子息志津馬（静馬）に瀬川を取りもち、それをカセに、行家の娘お谷を嫁にしたい、そして自分に和田家を継がせてほしいという条件を出す。

むろん行家がそんな話に耳を貸すはずがない。そこで股五郎は行家を闇討ちにし、偶然そこへ戻ってきた志津馬の足を傷つけて逃走した。しかも股五郎は将軍家昵近の旗本たちに助けを求めたので、その旗本一行はかねて意趣のある上杉家に対して股五郎をかくまったばかりか、九州へ逃がした。

これはこの『伊賀越道中双六』という浄瑠璃のモデルになった実際の事件をふまえているので、ことは岡山池田家三十二万石の大名と江戸の将軍直参の旗本たちの、大名対旗本の争いにまで発展した事件である。

むろん史実では瀬川だの、十兵衛、平作といった人たちは出てこない。作者近松半二の創作である。しかし和田志津馬と沢井股五郎の敵討ち事件は史実そっくりである。

さて、もとへ戻って、平作の内では十兵衛がお米との縁を断られた気まずいうちに夜の仕度が進んで、いくらあばら屋の貧乏所帯でもせんべい蒲団一枚くらいは敷く。その間に十兵衛は縁先へ出て、柱へ寄りかかっている(吉右衛門では出窓の障子のそばでうつむいている時もあった)。その間のなんとも気まずい、所在のない手持無沙汰なところが吉右衛門はうまい。

秋の夜の釣瓶落とし。やがて月が中天にかかって、十兵衛も平作も一家が寝静まったところで事件が起きる。

深夜忍び足で十兵衛の寝床に近づいたお米が、十兵衛の印籠を取ろうとした。物音に目を覚ました十兵衛が捕らえてみれば、娘お米。目を覚ました平作も驚くばかり。しかし平作はすぐ気がついた。あの昼間の自分の傷をなおした秘薬を、敵のために傷ついた夫志津馬につけて、傷を治したさの盗みだろう。

お米も十兵衛への言い訳に、名前こそ明かさずとも自分の身の上を話した。お米のクドキである。それを聞いた十兵衛は、さてはお米こそ、和田家の騒動のもとになった吉原の遊女松葉屋の瀬川と察した。どうしてかといえば、十兵衛は呉服屋として鎌倉の御屋敷方へ出入りし、その俠気を見込まれて沢井股五郎にも頼りにされ、あの秘薬を預かっているほど信頼されていたからである。沢井股五郎をめぐっての瀬川一件を当然知っていたのである。

それと悟った十兵衛は、平作に子どもはお米のほかにいないのかと何気なく聞く。これほどのお米の苦境に思わず同情したのが半分、もう半分は瀬川の実家とあればよく知っておかねばならぬという用心のためである。

ところが返ってきた返事は意外なものであった。平作がいうにはお米の上に男の子がいた。しかし貧苦に迫って、二歳の時に鎌倉八幡宮へ捨て子にした。その時、書付をつけておいた。父は平作、母の名は「とよ」。その子が今年二十八歳になる。噂に聞けば鎌倉で立派な商人になっているらしい。しかし自分から捨てた子だから会いにも行かない。それが世間の義理というものだと思うからである。

煙草を吸いながら平作の告白を聞いていた十兵衛の手から、煙管がポロリと落ちる。ここが吉右衛門はうまい。もっともここがうまいのには仕込みがある。お米のクドキをジッと聞いて、ハラのなかで受けているからである。こういう受け方が難しい。無言で表情も変えず、ただハラだけで芝居を受ける。ということが、お米の役者にもよくわかって芝居が引き立つし、観客にもわからなければならない。吉右衛門がうまいのはそういう芝居をしながら、お米のクドキをジッと聞いていて、それではお前は瀬川かとわかる、その心の動きが手に取るように観客にもわかるからである。

そこまでしておいて、平作に子どもはこの人一人かと何気なく聞く。だから平作の意外な告白が舞台に大きく広がり、それが十兵衛に与えた衝撃も大きくなる。たった煙管一本、それがポロリと落ちただけで電撃が舞台を走る。

さては平作は自分の実の父、お米は実の妹か。一介の雲助平作が自分の父親だと聞くのも、十兵衛にとって大きな衝撃だったに違いない。しかしそれ以上に大きな衝撃だったのは、お米が自分の妹だったことではないだろうか。そうとは知らずに、十兵衛はお米に懸想してしまった。これは近親相姦であり、当時の感覚でいえば畜生道に墜ちることになる。人間のおそろしい悲劇である。

ここで問題なのは、浄瑠璃本文と歌舞伎台本の設定の微妙な違いである。

浄瑠璃の本文によれば、この平作の告白はお米のクドキの前になっている。したがって十兵衛がお米を自分の妻にしたいというのは、実の妹と知ったうえである。なぜそうするのか。このままでは平作やお米の貧困を救うことができない。実の父、妹と知れたからはなんとか金をやって目前の貧困を救いたい。しかし二人の気性では自分の素性を打ち明ければ別だが、赤の他人にただ金をもらうことは決してしないだろう。かといって自分の素性を打ち明けることはできない。自分は沢井股五郎の側近、妹はその当の敵和田志津馬の妻だからである。

そこで進退きわまった十兵衛は、お米を自分の妻にくれないか、その仕度金をといって金を出す。平作がお米には夫があるといって断ったのは当然である。しかしこれでいくと十兵衛の恋は、いわば金をやる策略であり、本当の恋ではない。

ところが歌舞伎台本は、十兵衛の恋を改訂してお米のクドキ、平作の告白の前にもってきた。そうすると十兵衛の恋は本当の恋になる。本当の恋にしたいのは歌舞伎役者であり、ことに上方系の十兵衛を二枚目にしたい、上方役者の工夫であった。現に初代中村鴈治郎は、野道のお米の後を追っての引っ込みに、「下座のメリヤスをあしらって、いかにも軽やかな足どりを見せ、この人の大きな魅力だった色っぽい流し目を観客席へ投げた」（山口広一「『沼津』芸談雑話」ＬＰレコードの解説）という。流し目はともかく、この演出は今でも鴈治郎系の十兵衛に残っている。私の見た二代目鴈治郎も四代目坂田藤十郎もこの独特な身のこなしの引っ込みを見せた。

志野葉太郎によると、本文通りなのは東京型の三代目市川寿海と初代松本白鸚だけ（志野葉太郎『歌舞伎――型の伝承』演劇出版社、一九九一年）であって、ほかの役者は東京系といえども上方系と同じ歌舞伎台本によっている。

吉右衛門はおそらく、初代吉右衛門の演出によっているのであろう。私は初代の十兵衛を見ていないので断定はできないが、初代は父三代目中村歌六から教わったに違いなく、歌六は上方系であったから、細部の感覚は別にして、播磨屋に代々伝わったのは上方系の演出なのであろう。だからこそ、志野葉太郎は当然見ている初代吉右衛門の十兵衛を、本文通りの寿海と白鸚とは区別したのだろう。

それではなぜ歌舞伎役者は、浄瑠璃本文の十兵衛のニセの恋を本物の恋――本能のおもむくままにしたのだろうか。

むろん鴈治郎の例のように、十兵衛に色気をもたせたかったからである。本文通りでいけば、沢井股五郎のような武家にさえ男と見込まれる大丈夫よりも、お米の美しさにほれる二枚目のほうが観客に好まれると思ったからであろう。そしてそのことが思いもかけず近親相姦という問題を引き出してしまったのであって、まさか近親相姦をさせようとしてこの改訂を行ったのではないと思う。

しかし、これが面白い結果を生んだ。その面白さは、この近親相姦によって十兵衛の悲劇はより運命的なものになるからである。少なくとも吉右衛門の十兵衛を見ていて、私はこれまでの十兵衛とは違うものを発見した。

それは煙管を落とした後も父の告白を聞いていた吉右衛門は、平作が「母の名はとよ」といった時に仏壇をグッと振り返ったからである。その視線には母への深い想いが溢れていて、そのために私の目の前でジグソーパズルの一片がはまって全体が完成したように思われた。

そのパズルは、あの序幕のフッと平作に荷物を頼む時の十兵衛の反応、そして野道でお米が持ってきた野菊の花、それが仏壇に生けられていること、自分がお米に惹かれてこの家に泊まったばかりでなく、自分の女房にまで所望した本当の恋。以上の断片が一瞬にして納まった。それは吉右衛門が仏壇を見た時の芝居によって、このパズルの最後の一片が、「母、とよ」だったからである。それが吉右衛門の仏壇を見る芝居によって一挙に完成した。「母、とよ」は亡母に対する深い愛情から、自然に吸い寄せられたように妹への恋、そして近親相姦の罪まで。運命のリンクを一挙に示している。

私は文楽の豊竹山城少掾はじめ歌舞伎の「沼津」、そして寿海、白鸚はもとより二代目鴈治郎の十兵衛を見てきた。にもかかわらず、「母の名、とよ」を聞き流して、ほとんど一度も正確に聞き止めなかった。それが吉右衛門の仏壇を見る視線によってクローズアップされたのである。

その視線が語ったのは、母はもうこの世にいないのかという十兵衛の深い感慨であり、その感慨の裏側には、十兵衛の空想のなかの母の面影と重なる妹の姿であった。お米は母の形見であり、母の象徴であった。だからこそ彼はお米に惹かれたのである。今は亡き母の形見としても、お米をなんとか救ってやりたい、それは二歳の時、捨てられた十兵衛の悲しみであり、本当の母への愛であった。

十兵衛はこの父娘の窮状を救うために、石塔を建てたいといって金を渡す。私は十兵衛が建てようとしている石塔が誰のものであるのか、吉右衛門の十兵衛を見るまで考えたこともなかった。しかし吉右衛門の出発する時に、フッと仏壇に近寄ろうとして寄れずに心のなかで手を合わせるとでもいった芝居を見て、初めてこの石塔が名目はどうあれ、十兵衛にとって母のもの以外の何ものでもないことを思った。吉右衛門の抑えに抑えた芝居によって母への強い思いが溢れていたからである。全ては亡き母へのため。しかしそう内心では思いながら、十兵衛の目の前にはそれと名乗ることもできぬ実の父平作と実の妹お米がいる。そうとも知らぬ二人が。

出発間際に十兵衛はひそかにお米を門口へ呼ぶ。そして父親の健康に気をつけろといい、「人間万事芭蕉葉の、露より脆き人の命」という名せりふをいう。私には寿海の名調子が耳に残っているが、吉右衛門も見事なせりふ廻しであった。

しかし本当に感心したのは、花道七三へかかった吉右衛門が空をあおいで、「ア、降らねばよいがなァ」といった時であった。十兵衛の心のうちには涙の雨が降っているだろう。「降らねばよいがなァ」というせりふには、亡き母への思い、ここに残していかなければならない父と妹。あの茶店の一服の運命の別れ道から、フッと立ち入った脇道で運命に引きずり廻された十兵衛の悲惨さがこもっていた。今こそこの男は運命の実体を知り、人間の浅ましさを知ったのだ。そして天をあおいでこうつぶやき、運命にたえるしかなかったのだ。その思いがこのせりふ廻しにこもっていて、なんともいえないよさであった。

十兵衛が発った後、残された包みを見た平作とお米は十兵衛が息子であり、兄であることを知る。と同時に残してあった印籠から、沢井股五郎の側近であり鎌倉を出発したという股五郎のありかも知っているに違いないと思う。それを知ろうとして後を追う平作、その後を訪ねてきた家来池添孫八とともに追うお米。

いよいよ大詰の千本松原になる。

急いで来かかる十兵衛、「オーイオーイ」という声が聞こえて平作。この場は夜であるという設定で、これがこの幕の鍵である。むろん夜の闇といっても舞台が真ッ暗では芝居にならないから薄明かりで、しかし闇の心である。

この闇が象徴しているのは、一つには十兵衛と平作父娘をへだてている社会の闇だが、もう一つにはこの人たちの住む社会が武家専制の封建社会で、一介の呉服屋や雲助や遊女には近づくことのできぬ闇だからである。

この夜の闇を表現するのが、当然ながら吉右衛門がうまい。ことさらにこの千本松原の夜の闇の深さを表現している。

そうしておいて、この闇を十兵衛が破る。

『伊賀越道中双六』はすでにふれた通り、武士の敵討ちの事件を劇化したものであるが、この事件に巻き込まれた周囲の人間の悲劇も描かれている。「沼津」もその一つであり、事件の当事者である武家は一人も出てこない。ただひたすら事件に巻き込まれた市民が出てくるだけである。そういうドラマだから、「沼津」は武家社会にすっぽり包まれた闇にうごめく市民の物語である。

したがって十兵衛も平作も、その夜の壁のなかで実の父子の名乗りもできない。しかし一度は平作を突き放して闇を強調した十兵衛も、父がその闇のなかを手さぐりでさわった自分の腰に差している脇差を抜いて自害したのを知って、闇を突き破らざるを得なくなる。

「親父さまッ」。十兵衛の叫びが夜の闇に響くのは、吉右衛門の十兵衛ばかりではない。現に二代目鴈治郎の十兵衛はこの一瞬にして体が息子の体になった。鴈治郎は芸で息子になったのだが、吉右衛門は芝居の運びで息子になる。それは夜の闇の深さ、つまり武家社会の義理、道徳の暗黒をそのそばでつぶさに見た男がつくる闇を吉右衛門がうまく描くからである。それは闇そのものであると同時に社会の暗黒であり、前段の運命の暗黒でもあった。そういうものを背負っているからこそ、描くことができ、またこの闇を破ることの恐ろしさも知っているのだ。

死を賭けた平作によって、ついに十兵衛は、股五郎が落ちていくのは「九州相良、道中筋は参州の、吉田で逢うたと、人の噂」と打ち明ける。

吉右衛門のここは過去の名優たちのような名調子ではない。それよりも深く、それよりも痛切であった。それは吉右衛門が名調子で闇を破るのではなく、闇の深さを背負い、その苦しみを生きる苦痛を耐えながら破った衝撃であった。

それを聞きながら平作は死ぬ。その最期の一瞬を、池添孫八が刀の刃を路傍の石で叩いて火花を散らし、その薄明かりの中に照らし出した。

武家社会の闇を、武家の表道具である刀の、それも石と散らした火花によって破られることこそ、このドラマの皮肉な結末であり、それは十兵衛の皮肉な立場とそのドラマの悲劇性を示すものであった。

「手も二本、指も十本ありながら」——浮世又平『傾城反魂香（けいせいはんごんこう）』

「ここに土佐の末弟」。床の浄瑠璃が響いて、花道へ又平の足許を提灯で照らす女房おとく、つづいて又平が出る。

おとくはもの思いに沈んでいる。又平もまた無言のいうにいわれぬ思いにとらえられている。

ここは吉右衛門の又平がうまいところであった。

まず逆七三（普通の七三の逆に揚幕から三分、本舞台から七分のところ）で、又平が今来た道を振り返る。さらに数歩歩いて花道なかほどでおのずと足が止まって、左からウラ向きで周囲を振り返る。そしてさらに七三近く、今度はオモテ向きで振り返る。

以上三度の振り返り。同じような動きに見えるが、三回とも身体の表情が全く違っている。

おとくと又平が出る前に、ここでは一騒動あった。

百姓たちが虎が出るといって大騒ぎになる。虎は本来日本にはいないが、人を襲う猛獣だから危険である。その騒ぎに絵師土佐将監（しょうげん）の内弟子修理助（しゅりのすけ）という前髪の若者が出てくる。つづいて主人の将監夫婦が出てくる。将監は、これは本物の虎ではない、絵から抜け出してきた虎だという。それを聞いた修理助が絵に描いた虎ならば、自分にこの虎を書き消させてくれという。

修理助が筆を使って虎の姿をなぞると、たちまち虎が消える。驚く百姓たち。将監は修理助の功績を認めて、土佐の苗字を与える。

その騒ぎが収まり、百姓たちが帰って舞台が無人になったところへ、花道から又平夫婦が出てくる。そして振り返るのは途中で百姓たちと行き会って、今の話を聞いたという思い入れである。

又平の表情は、弟弟子で年下の修理助が土佐の苗字をもらったのに、自分はまだ苗字をもらえないという絶望である。再三、師匠将監に願い出たが許してもらえなかった。そういうなんともいえぬ思い入れ、言葉にならぬ絶望が手にとるように吉右衛門の身体全体から立ちのぼっている。

二度目の振り返りはウラになるから見えにくいが、その暗い表情からは、驚きと同時に、それも仕方がないか、世間とはそういうものか、画の世界は実力本位、年の順ではない、とそういう諦めの表情である。一時は深い絶望にとらえられても正常に戻った人間の姿である。

しかしまた数歩歩いているうちに、どう考えても諦めきれない、世間一般に対する、おれは一体なんなのだという絶望にとらえられる。その絶望が、又平の口が不自由であるというコンプレックス、障害者に対する差別であることは後でわかる。ここでは一度は思い返して諦めたが、さらに大きく深く強くなったことがあきらかになる。そしてそれが本舞台へ来ての芝居につながる。

ここでは吉右衛門の無言のうちの、体全体が表わしている深い思いが、私たちを引きつける。事情は鮮明ではないかもしれないが、又平がとらえられている絶望だけは鮮明にわかる。

それが本舞台へ来てあきらかになる。

おとくが、苗字をほしいという再度の願い。夫又平は、「身は貧なり、吃り(ども)なり」。大津の宿で物見遊山の人たちに売る土産物の大津絵を描いてその日を暮らす貧乏人、そのうえ口が不自由。それでも苗字がほしい、それだけを目標に生きてきた、その切々たる願いを無言でジッと聞いている又平の姿が、この三度の振り返り、百姓に聞いた修理助の噂の結果であったことが、雪が溶けるように観客の胸に落ちる。この無言のハラ芸が吉右衛門はうまい。言葉でいわなくとも、身体の言葉が鮮明なのである。

そこで将監は、苗字を許す条件は二つあるという。一つは画業に功績があること。もう一つは、絵師は宮中の貴族とも交際しなければならないから、それなりの品位がいること。以上二つの条件のうち、修理助は第一の条件に適うから苗字を与えた。しかしお前にはなんの功績もないし、第二の条件も満たしていない。そこには将監の、というよりも社会の障害者に対する差別が露骨である。すなわち将監はこういうのだ。「物も得(え)いわぬ吃りめが推参千万、似合うた様に大津絵書いて世を渡れ、茶でものんで立帰れ」。

これを聞いて又平は絶望し、女房は「こなたを吃りに産(うみ)つけた、親御を恨みさっしゃれ」というので、又平も「口に手を入れ、舌をつめって泣きけるは、理(ことわ)り見えて不便(ふびん)なり」。吉右衛門の又平は、ここが凄まじい。むろん現実に「口に手を入れ」たり「舌をつめっ」たりはできない。これらは形容であるが、吉右衛門はここでほとんど狂乱ともいえるありさまを見せる。その凄まじさ、その迫力は劇場全体に広がって客席をゆるがすばかりであった。

それを見ていて私は、将監は先ほどいった二つの条件のほかに又平の、この激しく激昂する性格の異常さに気がついていたのではないかと思った。吉右衛門の又平は、いい意味でそれほど衝撃的であり、差別された人間の悲劇の無惨さをあらわにしていた。

しかし、それには又平にとっての苗字がどれほど重要なものだったかも考慮しなければならない。「土佐」という苗字は日本画の名門の一派のものであり、この一派に所属するということは、その人間の人生を支配するほど重要であった。又平の女房おとくは死後にも石塔に「俗名土佐の又平」と刻みたいというが、そういう名誉の問題は、社会的階級的な重みをもっていたのであり、それは生活の経済さえ左右するものだった。ことに又平のように被差別のコンプレックスをもつ者にとっては、それをはねかえすためのこよない武器であった。その武器を自ら捨ててしまうような狂気が又平にあったのを見れば、又平の悲劇が自ら自分を追いつめるという無惨さをもっていたことがあきらかである。

そこへ突然、雅楽助（うたのすけ）が必死の姿でやってくる。

将監の仕えた旧主の家で御家騒動が起き、姫君が敵方の手に渡りそうだから助けてほしいという使者である。

将監は雅楽助の姿を見た途端に、又平に追手が来ないように物見を命じた。又平はハッといって花道の付け際に行って座り、一心に向うを見つめる。ここが難しい。ただそれだけのことなのだが、ここでもまた又平は一心凝り固まった異常な集中を見せる。しかもその一心の姿が観客に面白く見えなければならない。

吉右衛門は付け際へ行って座ると、床の竹本の三味線のかけ声に合わせて首を振ってきまる。リアルでいて、そこから様式的な形に入って微動もしない。動かないのにその動きの面白さがジワッと体全体に光彩を放って、その光から目が離せないのである。そのイキ、その詰め方で私は思わず二代目尾上松緑の、ここの面白さを思い出した。他の人にはない味わいだったからである。

雅楽助が入ると、誰を救援にやろうかと将監は思案する。修理助はまだ前髪、又平は口が不自由、思案にくれる将監に、又平が使者にやってくれと願う。

この嘆願の長ぜりふは、吉右衛門の又平、第一のうまいところである。

まず出だしの「お願い」という一句がうまい。師匠の考え中に声をかければ怒るに決まっている。その恐怖を押しきってもここ一番いわなければならない、という決死の思いが、このたった一句の、そのいい方に滲み出る。その人間描写と歌舞伎のせりふ術が渾然一体見事に溶け合った一句だからである。つづいて、「遠州助定(すけさだ)、あっちへやるか、こっちへ取るか」の一条がうまい。又平は口が不自由、その不自由さを芸の面白さで見せるために、昔から多くの浄瑠璃の太夫、歌舞伎役者が工夫した。ここだけで山のように口伝がある。この作品の作者、近松門左衛門も実はこの技巧に多くのものを賭けたのだろう。本来流麗に語る「語り」が売り物の太夫にわざと口が不自由——つまり語らずに語る設定を与えた。したがってこの設定を見せ場にする人は、太夫、役者ともに少なくない。その一人は十代目坂東三津五郎だった。口が不自由なその語りが面白いのである。

しかし吉右衛門の又平のせりふは、そういう芸の面白さではなかった。ある部分だけは不自由でわかり難い。しかし、そのわかり難さをなんとかわからせようとする努力がリアルさを生む。そうしておいて、パッとわかりやすく普通に喋る、それを交互に繰り返すから実にわかりやすい。しかもリアルなので迫真力がある。三津五郎のように口が不自由なのを芸の面白さにするのではなく、リアルさをもってその不自由さに生きる又平という人間を生きる。そこに吉右衛門の真骨頂があった。例えば、「親もない、子もない、身がら一心」。

又平は孤児だったのか。その寂しさ、孤独の哀しさが色濃く出る。それでも将監は承知しない。そこで、「さりとてけ御承引ないか、吃りでなくば、こうもあるまい」という悲痛な嘆きになる。絶唱である。いわんかたなき悲嘆である。歌舞伎のせりふ術の語りの面白さのなかに、又平の人間的な悲劇が浮かび上がる。

だからこの長ぜりふが終わった時、客席が満場割れんばかりの拍手であり、私も胸を打たれた。口の不自由な人間が、なんとか自分の気持ちを人にわからせようとして必死になっている。その直情が場内に溢れたからである。

それでも聞き入れない将監に、「さりとはつれないお師匠さま」という仕どころになる。ここは床の竹本につれて、又平は二重に座っている将監に向かってつかみかかろうとして左手を右の二の腕にかける。そこで一歩出ようとするので、おとくがトンと床を叩いて止める。又平は、おとくを振り向いて左手を右の二の腕から放して、左手で将監を指差し、おとくを振り向いてきまるのが床いっぱいになる。という型であり、誰でもこうする。こうしない又平はほとんどいないだろう。吉右衛門もまたそうする。思わずカッとして立ち上って、それがイトについて型に入っていく具合は、吉右衛門ならば当り前の面白さである。しかしここで私が感心したのは、こういう型から吉右衛門が晩年になってほとんど自由になったということである。

型は型としてキナンとやる、それでいての自然さ、リアリティまたいうまでもない。怒りの感情が自然にイトにのって、それが形になる絶妙さもまた然り。しかし吉右衛門がここで見せたのは、型をやりながら型を超え、型から自由になったことである。型はまるでその自由になるための方便のように見えた。それだけ型が深く身体化されていたのである。そこが吉右衛門の他の人とは違う芸境だった。

　迷った将監が仕方なく修理助に使者を命じる。行かせまいと又平が必死で修理助を止める。ここも吉右衛門は鬼気迫る凄さである。まず修理助が、主命なれば退かぬと突くぞと刀の柄に手をかける。むろん脅しであるが、又平は真剣。「突け」と迫る。上手へ半身になって押していくイキの鋭さ、又平が捨身になっていることがよくわかる。

　修理助を引き止める又平に手を焼いた将監が、手討ちにするという。又平が「いっそ死にたい」という。この一句がこの男の覚悟を示して痛烈であった。さらに「斬らっしゃりませ」といって二重への階段を上がるところは、吉右衛門の又平の死物狂いの勢いが劇場いっぱいに広がって、客席はただ酔うばかりであった。

　吉右衛門の、階段を上る又平の姿は必死の覚悟をしていることが誰の目にもあきらかだったから、客席は息をのんだのである。

　それにはこの「斬らっしゃりませ」で、四代目中村雀右衛門のおとくと二代目中村吉之丞の将監の北の方が思わず顔を見合わせる無言の芝居も、吉右衛門を引き立てた。雀右衛門のおとくが絶品だったのはむろんだが、吉之丞の北の方もこの人一代の当り芸であった。昔の歌舞伎は、この北の方を軽く見て下女に代わらせたりしたが、六代目尾上菊五郎の近代的な演出から、本文通り北の方が出て、三代目尾上多賀之丞がよく勤めていた。吉之丞はその多賀之丞に次ぐ傑作であった。本文をよく読むとわかるが、おとくはすでにこの北の方を通じて、又平に苗字を与えてほしいと頼んでいたので、北の方とおとくの女同士では苗字の話が進んでいた。それにもかかわらず将監は許さなかったのだから、この「斬らっしゃりませ」で女二人が思わず顔を見合わせる芝居をするのは大事なのである。

この「斬らっしゃりませ」がイキ一つで迫力をもっていることはいうまでもない。しかし修理助は出発する。将監が又平を抑えるが、それをはねのけて平舞台へ下りた又平をおとくが止める。

又平とおとくの二人を残して、将監夫婦は奥へ入る。

おとくがもう望みは切れたぞえという。又平はこの家の庭先で自害しようとする。それを止めたおとくが手水鉢へ自画像を書き残してはという提案をする。有名なおとくの「手も二本、指も十本ありながら、なぜ片輪には生まれさんしたぞいの」というところである。このせりふは近松の浄瑠璃の本文にはない、歌舞伎の入れ事であって、なくともいいと思う時もあるくらいだが、吉右衛門だとここがまたよく生きる。このせりふを全てハラで受けて泣いた後、二人で刀を持ち合って床の三味線のチン、チン、シャンにはまって泣く。ここが人の胸を打つ。型が生きているのである。

吉右衛門がいいのは、この前の平舞台へ座って無造作に刀を手に取るところである。すでに死のうと覚悟した男の顔になっている。吉右衛門はいっさい芝居らしいことをしない。サッと刀を取る。それでいてそこの表情がなんともいえない深い決心をあらわしている。その無機的な動きがとても芝居とは思えぬほど真に迫っていた。

この「手も二本、指も十本ありながら、なぜ片輪には生まれさんしたぞいの」のせりふの、四代目雀右衛門のおとくも忘れられない。

又平が筆を持って上手の手水鉢へと舞台を横切っていく。吉右衛門最後の又平になった、平成二十九（二〇一七）年四月歌舞伎座のこのなんでもないところが実によかった。死を決して、この世に自分が生きた証拠を残しにいく男の哀傷かぎりなく、その思いが何気ないところにしたたるばかり。おそらく吉右衛門自身は意識もしなかっただろうが、その無意識のうちに出た芸の光彩が得もいわれず輝いていた。一期一会というほかない。

手水鉢の前へ立った又平が、竹本の〽名は石魂にとどまれと」で筆を持った右手を真横に一文字に伸ばして、その手をグッと引いて大きく廻して右脇へ立てて持ったツケ入りの見得が、その凄まじさ、その勢い、その迫力で圧倒的だった。大抵の人の又平はその見得の面白さだったが、吉右衛門のはそういう面白さを超えて人間の異様な迫力であった。入魂といっていい。

手水鉢の絵が反対側に抜ける。奇蹟である。

この奇蹟を見て、将監もようやく又平に土佐の苗字を与える。土佐の又平光起（みつおき）。そこで晴れて使者に行くことになり、北の方から衣服一式をもらう。

ここが吉右衛門はうまい。衣服を両手にもらって泣き笑いになる。嬉し涙が哀しみになり、それを超えて喜びに変わっていくその変化が、芝居の運びのうまい吉右衛門らしいうまさである。又平の、口が不自由であったための辛さ、その辛さと戦ってきた人間の哀感を尽くしている。それまでの芝居の積み重ねが、一挙にこの泣き笑いに凝縮されて見る者の涙を誘う。その意味ではこれまでの芝居の集約であり、頂点を超えた感動的な一瞬であった。これぞ人間ドラマという瞬間なのである。

敵方に使者に行っても、口が不自由では仕方がない。それを将監が心配すると、おとくが夫は大頭の舞の拍子にのると流暢に喋れるという。それではというので、大頭の舞をひとさし舞って出立することになる。芝居の設定ではそういう理由がついているけれども、本当は又平の喜びの表現であり、芝居としてはフィナーレになるだろう。

三津五郎は踊りがうまい人だったから、人一倍この舞が面白い。吉右衛門は踊りをあまり踊らない人であって、踊りの面白さよりも別な面白さを見せた。すなわち又平の人間としての姿を見せたのである。例えば正面を切ってジッと座ったところ、なんの動きもなくしばらくジッと観客席と対峙している。ハラ一つで持ちきって観客の思いを一身に吸い取る。それを見ているこちらも、この人生の苦境を乗りきった男の思い、一度は死のうとまでした男の苦難の思いに感動する瞬間であった。

さらに〽大津の町や」で、体を傾けて向こうを右手で指して見る。又平にとって忘れられない故郷の大津の町なみ、彼が将監から身分相応に「大津絵」を描いて世を送れといわれた、その差別の象徴であった大津絵の町。大津絵は土産物であって芸術ではないという差別の象徴であり、又平の貧しい暮らしの思い出のしみついた町が、おのずと又平の視線の先に浮かび上がる。

以上二か所、こういうところが吉右衛門の面白さである。それは大頭の舞の舞いの一手でありながら、人間又平の芝居の一節なのである。舞踊と芝居の合体。それは吉右衛門の又平の、これまでもしばしばふれてきた、リアルな人間描写と美的音楽的な古典劇としての歌舞伎の様式――型が合体する瞬間でもあった。

「手も二本、指も十本ありながら」

思えばこの作品は歌舞伎本来の面白さをもった、例えば記録に残る七代目三津五郎の又平のような傑作から、六代目菊五郎が近代的な演出に仕立て直したものであった。

六代目は初めて又平を演じた時、ある晩、三津五郎を訪ねて全てを習ったという。六代目も三津五郎の又平が名品であり、在来の歌舞伎の演出をふまえた正統であると認めていた。全てを教えられた六代目が三津五郎に見送られて、三津五郎家の玄関まで出てきてフッと立ち止まってこういったという。「これを俺流に直してやってもいいか」。本来歌舞伎界では人に教わった時、初役一回だけはその人の型通りを守らなければならないという不文律があった。これは伝承を守るためのルールでもあっただろう。役者の礼儀であった。六代目はその不文律を破って変えさせてくれといったのである。

三津五郎は六代目の無二の親友であり、ことに踊りを踊っては名コンビであった。玄関先で三津五郎は六代目の申し出を即座に快諾した。そうして今日、誰でもがやる六代目の型が生まれたのである。

私が初めて見たこの作品は、改作の『名筆傾城鑑（めいひつけいせいかがみ）』で、二代目市川猿之助（初代猿翁）と三代目中村時蔵で、六代目演出ではなかった。二度目になって初めて二代目尾上松緑と三代目市川左團次で、二人とも六代目の愛弟子だから正統な六代目型であった。

しかしこの時から、私には六代目演出にほんのかすかだが隙間風を感じた。それは六代目の近代的な人間描写と歌舞伎の型の造形との間に微妙なズレがあるためだった。例えば「さりとはつれないお師匠さま」である。ここの型はすでにふれた通り、平凡ではあるが歌舞伎らしい手順の型がついている。しかしそこへ行くまでの又平の、思わず師匠につかみかかろうとする怒りの表現には型よりもリアルな心情がある。そのズレである。

吉右衛門の人間描写と型との合体、あるいはこの大頭の舞の人間描写と舞踊との合体は、いずれもそのズレを埋めて二者の間に絶妙なバランスと融合をつくった。リアルな描写が自然な型になって、造形によってクライマックスを迎える。こういう絶妙なバランスが吉右衛門の芸の特徴であり、この特徴が義太夫狂言らしいコクを生むもとにもなった。

さらにもう一つ見逃してならないのは、この合体に古典と現代の融合が重なっているという事実である。在来の型も人頭の舞も、現代ではなく前近代の古典的な造形である。それに対してリアルな人間描写は、そのリアルな点からいって近現代の時間に生きている。したがってこの二者の融合は、古典――前近代と、人間描写――現代との融合を意味した。すなわち古典の様式と現代の感覚を両方もつ二義的な側面をもつことになった。この二義的な側面が、古典劇を現代に蘇生させることになることはいうまでもない。

吉右衛門の芸の特性は、この芸の二義性にあり、この特性はまたこの又平においてもっともあきらかだった。

「悪い人でも舅は親」——団七九郎兵衛『夏祭浪花鑑』

堺の魚屋団七九郎兵衛は、男達である。

吉右衛門の団七を見ていると町の俠客、いわば男達というものがどういうものかがよくわかる。

団七の稼業は、天秤棒の両端の桶に生魚を入れて町を売り歩く魚屋である。『夏祭浪花鑑』の四幕目、道具屋の場を見ていると、団七が天秤棒を担いで、裾の短い半纏風の着付に、下半身はほとんど素足で、売り声をかけながら町々を魚を売り歩く姿が見られる。『髪結新三』の新三内の鰹売りも同じような拵えだが、鰹売りは五月六月の初夏だけ鰹を売る季節の魚屋で、団七のように一年中町を歩いている魚屋ではない。

団七はもともと元禄時代に宿無し団七という魚屋の狂言がもとであって、これは現在も上演される並木正三の代表作『宿無団七時雨傘』でその姿を見ることができる。ことにこの作品には魚市場の場面があって、団七が魚をセリ売りしているところがあって、魚屋の風俗を目の当たりにすることができる。

しかし『夏祭浪花鑑』の団七は、魚屋であると同時に街の男達でもあった。男達は別に職業ではなく男を立てる、男の意地を張り、プライドを大事にしている顔役的な存在である。

『夏祭』には、硘船問屋の老主人釣船の三婦を中心に、団七、それと一寸徳兵衛とが男達として登場するから男達のそれらしい風俗がわかるだろう。

彼等は市井の顔役であり、何かもめごとの一つもあれば口をきく手合いであるが、喧嘩口論暴力も辞さぬ男たちである。

現に団七も、大島佐賀右衛門という武士の中間と喧嘩になり牢屋へ入れられた。それがなんとか無事に出獄できたのは、大島佐賀右衛門と同じ家中の玉島兵太夫という武家の口ききによる。玉島兵太夫の世話がなかったらば彼は釈放されなかったから、兵太夫は団七にとっては命の恩人。兵太夫の息子磯之丞は、琴浦という乳守の遊廓の遊女に惚れているので、団七はこの磯之丞、琴浦の世話もしなければならない。

そこで悲劇が起こる。

団七にはお梶という女房がいて、子どもが一人いる。団七が牢屋に入っている間、女房子どもは生活ができない。その面倒を見たのが、お梶の父親三河屋義平次という老人で、この人がまことに抜目がない。貧乏だから金のために悪事をする。今度も琴浦に惚れている大島佐賀右衛門に琴浦を誘拐してくるように頼まれた。連れてくれれば金をやるという仕事である。

団七が面倒を見ている琴浦は、釣船の三婦の家に預けてある。人目にたたないようにしているが、どこでどうやって知ったのか、団七が出かけているのを見計らって、義平次が団七に頼まれたと偽って三婦の家へ琴浦を連れに来る。団七の伝言と聞いて、三婦の女房おつぎは琴浦を義平次に渡す。琴浦を駕籠に乗せた義平次は一目散に走り出す。『夏祭』は長い一日の狂言だが、大抵は序幕が住吉鳥居前、二幕目が釣船三婦の家、大詰が長町裏の三場が出る。

序幕で団七が牢屋から釈放になる。役人が薄い水浅黄色の囚人服の、腰縄を打たれて月代も伸び、髭ぼうぼうの団七を連れてやってきて、釈放する。

三婦が迎えに来ていて、長い間の入牢で見る影もない団七をそばの髪結床で髪を整え着替えさせる。団七も、それでは一番「男をみがいてこようかい」というようなことをいって床屋に入っていく。

ここがこの幕の見せ場である。

見る影もない囚人服の男が、床屋に入って出てきた時には、月代も髭もきれいに剃って、首抜き縮緬のさっぱりした派手な浴衣を着て床屋の暖簾口から出てくる。

この見違えるような姿に客席から「播磨屋ッ」というかけ声がかかるところである。

歌舞伎はその根底に役に変わってみせる、つまり「変身」を見せるというのを見せ場にする演劇であり、変わっていく役者の身体の美しさを楽しむ演劇だから、この団七の変身はその性的な魅力を凝縮した面白さを示しているシーンである。

さて、そうなると役者の風格が問題になると同時に、団七という男の人格が問題になるだろう。男の顔を立てるといってもその顔が立派でなければ通用しない。

吉右衛門の団七を見ていると、そのことがよくわかる。床屋の暖簾口から姿をあらわした団七は、ただのスターの美しさをもっているだけではない。その人間のいい分を人が黙って聞くような貫禄がいる。貫禄がなければ、どんな立派ないい事でも通用しない。男達というのはそういう世界なのであって、いくら威張っていても人格がチンピラでは仕方がないのである。

吉右衛門の団七は、そういう人を説得する人格をもっていることがよくわかる人間なのである。

しかしそれだけではない。

団七を見知らぬ男たちが襲ってくる。この男たちは大鳥佐賀右衛門に頼まれて、団七に襲いかかってきたのである。その頭は一寸徳兵衛という男達である。

ここで男達は喧嘩の腕ッ節が強くなければならないことがわかる。要するに暴力的な無頼の徒であった。

それは団七が相手にした一寸徳兵衛の身分にもかかわる。この作品の序幕で一寸徳兵衛は「非人」であった。根っからの「非人」ではないが、一時的にもせよ「非人」であった男が、一方で男達として生きている、そこを団七の女房お梶は非難する。「非人」は「むさい（汚い）」、夫の団七とは身分が違うじゃないか、そういうお梶の非難は、男達といっている人間たちが実は正規の職業をもたない、一般市民とは違う人間たちが多かった、要するに無頼漢であったことを示している。

それはそうとして、団七と一寸徳兵衛との立廻りは役者が揃うと面白い。例えば、吉右衛門の団七に配する片岡仁左衛門の徳兵衛というのがもっとも面白かった顔ぶれである。

仁左衛門は吉右衛門と同じく、熊谷も由良助も盛綱も弁慶もやる。それぞれ特色があって面白い。そういう意味では二人は同じような芸質である。しかし違うところもある。例えば、『吉田屋』の藤屋伊左衛門は仁左衛門の当り芸の一つであるが、吉右衛門は経験がなかった。吉右衛門は実事師であり、仁左衛門は和事師なのである。二人とも一條大蔵卿がうまいが、その芸風の差が二人の大蔵卿の差になる。そういう二人が団七と徳兵衛で争うと、ちょうど似たような背丈の、色の違った芸風が面白い取り合わせになる。

二人の間にお梶が入って二人は仲直りをする。団七も徳兵衛もともに玉島兵太夫の世話になったことがわかって、二人はこれから協力することを誓い、兄弟分になる。その証しに互いの着物の片袖を交換する。

こういう交渉、対立と協力、あるいは仲直っての結びつきのいきさつを達引（たてひき）という。達引は本来交渉を意味する言葉だが、この男達の達引には特別な意味がある。それは相手の顔を立てる、男を立てるということである。

そこに男を立てる、男達の本分がある。

それはある意味では人間同士の深い絆を意味するが、一面ではほとんどバカらしいほどのものであることを示している。

私はかつて木ノ下裕一の主催する、歌舞伎を現代劇風にアレンジする仕事のなかで、この『夏祭』を見た。この『夏祭』は一風変わっていて、全員が女優であった。団七も徳兵衛も三婦も義平次も女性なのである。その女優たちが本気になって夢中でやる熱気は凄まじく、さながら女子プロレスのごとくであった。しかしこの舞台が示したきわめて大事なことは、歌舞伎では当たり前のごとく見ている男達の達引というものが、いかにバカらしいものであるかが鮮明になったことである。

男を立てるということを女性がいうとまことに空虚に聞こえ、そんなことにこだわっていることがいかにも無駄に見える。そう見えるのは、女性が男の論理を生きようとするからであるが、同時にこれらの達引の独善性をあばくものでもあった。

その時私は男を立てるという、その男が立派な人格をもつことが大事なことを知ったのである。吉右衛門の団七はそういう点を含みつつ、なおかつ立派な風格をもっていたから、男達の達引のウラもオモテもあきらかになったのである。

そしてこの団七がまた家族の一員になった時、当然のことながら、いい夫、いい父親としてただの市井の人間であることも示していた。これがいかに大事なことかは、その次の幕から起こる悲劇の、これが大事な前提になるからである。

二幕目の三婦内では、団七は幕切れ近くにしか出ない。喧嘩に出ていった三婦が、団七と徳兵衛とともに帰ってくる。

その留守の間に、三河屋義平次が団七のいいつけだと偽って琴浦を誘拐する。三婦と徳兵衛が奥へ入った後、三婦の女房おつぎからそれを聞いた団七は仰天する。義平次の日頃の行いから見て、人鳥佐賀右衛門に頼まれての誘拐だと推察したからである。しまったッと思った団七は、その後を追って花道へ駆け出す。折から聞こえる高津神社の祭り囃子の急調子。花道七三で団七は腰を落とし、両手で着付の両裾を持ってツケ入りの見得。〽裏町さして」の勢いに乗って、花道を入っていく。

ここの吉右衛門の団七がうまい。その勢い、その大きさ、その緊迫感、そのリアリティ。劇場全体が沸き返るような迫力である。芝居が一挙に盛り上がる。

すぐ引き返して大詰の長町裏になる。

この大道具にはさまざまな好みがある。確か、八代目松本幸四郎（初代白鸚）の団七の時だったか、二重ではなく全面平舞台で泥の池は小さな切り穴だったと思う。その前後に見た二代目尾上松緑の団七の立派な二重舞台に黒板塀の裏を見せて、四ツ目垣の緑が印象的な道具飾りとは対照的であった。吉右衛門は普通に二重舞台で前面が泥池という好みであった。

幕が開く、いきなり祭囃子に乗って、義平次が駕籠を急がせて行こうとするところへ団七が追いつく。この駕籠を帰せ帰さぬで、義平次といい争いになる。

このやりとりの間に義平次が団七を責める。男達のなんのといっても所詮は喧嘩で入牢、その間の女房子どもの生活の面倒は、全部俺が見たじゃないか、それに道具屋で折角金になる仕事（むろんカタリだが）を邪魔され、今また琴浦を大鳥佐賀右衛門のところへ連れていけば金になるのを止めるのか、絶対駕籠は戻さぬ、一々もっともないい分である。このやりとりが団七と義平次の関係を鮮明に描くのは、二人の役者、吉右衛門の団七に対してある時は市川段四郎の義平次、中村歌六の義平次、最後は嵐橘三郎の義平次とともに三人の義平次がよかったからであり、その傑作が生まれたのも吉右衛門とのやりとりのよさでもあった。段四郎は生まれついての堅親父（かたおやじ）という風貌のよさ、歌六はその骨太さをつくって見せる面白さ、橘三郎は脇役に徹してのよさ。それぞれのよさが吉右衛門の団七に引き立てられ、同時に団七を引き立てもする。

それはただ戯曲の言葉をしゃべっているのではなく、その言葉を生きているからである。道具屋の一件を見ていない観客が、団七の短い言葉で一件を目の当たりにするのは、吉右衛門がその言葉を生きているからである。役者は相持ち。それにつれて段四郎、歌六、橘三郎もまた自然に言葉を生きるからである。

吉右衛門はこのやりとりの間、義平次に気をとられながらごく自然に道端の石ころを手にしてもてあそぶところがうまい。そのうち義平次があんまり金のことをいうのに嫌気がさして、この石ころを手拭に包んで金包みに見せることを思いつく。思い入れ一つでこれを思いつく吉右衛門の芝居が実にうまい。

団七が金を持っていると知った義平次が駕籠を戻す。二人っきりになった義平次が早く金をくれといいかねて、「あによ、暑いなァ」というところは誰がやっても受けるところである。

団七が懐中から手拭に包んだ石ころがバラバラと落ちる。

騙されたと知った義平次は半狂乱。駕籠を呼び戻そうとするが、もはや声が届かない。一転、義平次の怒りが爆発する。草履で団七を叩く。団七の額が割れる。「こりゃこれ、男の生き面を」、「割ったがどうした、なんとした」。男達の実態がここであばかれる。いい気になって町を闊歩している男達のエゴイズムが粉々になる。

そこで吉右衛門の団七は、刀を抜きかけて飛び上がって下へ落ちる。刀を抜けば人殺し、しかも尊属殺人は竹でできたよく切れない刀で首を少しずつ引き切るという残虐な極刑である。ここの吉右衛門が壮絶なのは、この動きで一度は思い止まるからであり、それでも思いきれずについ刀が鞘走ってしまうからである。

それから始まる団七と義平次の立廻りのカドカドのきまりの面白さ。それは今さらいうまでもない。本来残酷で目をそむけたくなるような殺人が、この造形によってかえって目を離すことができないほどの美しさをもつ。歌舞伎の不思議な魅力という他ない。

吉右衛門の団七はその数々のキマリの美しさにおいても、そのスケールの大きさ、その勢いのリアルさ、スリリングな緊迫感によって一流であるが、私にとって印象的なのは、団七の花道の引っ込みであった。

義平次を殺した団七は、「悪い人でも舅は親」といって手を合わせる。ただの人殺しではない。尊属殺人、まして女房お梶の父親である。ほとんど事故に近いような殺人だとしても、団七はどう言い訳ができようか。この一句にはそういう苦悩と悲哀も含まれている。

このせりふに吉右衛門の団七は、後悔と絶望溢れるばかり。さながら岩の崩れんばかりであった。そこへ竹本葵太夫と鶴澤（つるざわ）慎治の竹本が〽八丁目さして」とかぶってくる。それに引かれるように花道七三へ行って、両手は祭りの囃子に合わせて踊りながら、頬冠りした顔の目が妖しく血走って光る具合、吉右衛門の体から絶望が立ち上ってくる。

むろんどう償いようもない罪。『夏祭』の芝居はこの後も続くが、この男の人生はここで終りだろう、一生この罪が消えることはない。どんな殺人もそうだろうが、ましてこれは尊属殺人であり、女房の父親なのである。「悪い人でも」どうしようもない。吉右衛門の目の光はそういう罪を犯した人間の妖しい、しかも凄味と殺気に光っていた。

あの義平次とのやりとりからこの殺しまで。私は見てはならぬものを見てしまったという気がした。それはすでにふれた通りのリアルな臨場感のせいであり、同時に舅と婿だからこその愛憎のやりとりが頂点に達して、殺しの造形によって美的な迫力となり、それがもう一度現実へ戻っての後悔がわれ人ともにその場に居合わせた人間の体験として生きるからである。

観客である私も傍観者であるばかりでなく、罪を犯したようになるのである。あゝ人生はかくのごときものか。そう思わざるを得ない。そういう絶望が吉右衛門の体から吹き出すようであった。

淀川の十五夜――濡髪長五郎

『双蝶々曲輪日記』「角力場」「引窓」

ここは大坂堀江の河岸、高台橋南詰の角力小屋である。

その木戸口から三ヶ津（江戸・大阪・京）一の横綱といわれた名力士濡髪長五郎が姿をあらわす。小さな木戸口の向こうに立った濡髪は、初め黒地に七五三縄の模様の着付の下半身しか見えない。いかに巨漢かと見せるうまい演出である。

おもむろに木戸を潜ってあらわれた濡髪は、高いのめりの下駄を履き、すでにふれた黒地の羽織、着付、大銀杏という前髪風の髪に結って、白鮫鞘の一本差し。堂々たる風姿である。

吉右衛門が平成十二（二〇〇〇）年一月歌舞伎座で勤めた濡髪はその大きさ堂々たるものだった。むろん役者は肉襦袢を着て大きく見せているのだが、それでもこの時の吉右衛門はそんなものによる大きさではなかった。芸の幅の見せる大きさのうえに、あたりを払う気迫充分で、歌舞伎座の観客を圧倒する大きさであり、天下の関取の貫禄に溢れていた。

濡髪は悠々と歩いて、目の先に床几にかけている山崎屋与五郎の脇へ座る。

今日濡髪は、素人相撲の大宝寺町の米屋の倅と勝負をした。なぜ天下の関取がアマチュア上がりの米屋の放駒長吉と勝負をしたのか。大坂には各大名の蔵屋敷があり、そこの侍たちの強い希望に、角力の帳元が動かされての勝負だった。いわばスポンサーの意向に沿った一番だった。蔵屋敷は放駒を屋敷の抱え角力にしていたのである。

この取り組みを濡髪が承知したのは、むろん帳元の意向に沿ったのだが、濡髪自身の下心もあった。濡髪の実母お幸は、もと山崎屋与五郎の母の召使いであった。山崎屋は大坂で菜種油を扱う豪商だった。そこで与五郎の母の世話で結婚して、夫を亡くしたので幼い濡髪を養子にやって、この後の「引窓」に登場する南与兵衛の父南方十次兵衛が妻を亡くして、一人息子の与兵衛を抱えているのと再婚した。南方十次兵衛は、家代々山崎の代官であった。山崎屋が油の原料の菜種畑をもっている、山崎である。二人はバツ一同士で再婚したのであり、お幸にとって濡髪は実子であり、南与兵衛は再婚先の義理の継子であった。

お幸を世話したのは山崎屋の妻であったから、濡髪には大きな恩がある。そのうえ、山崎屋与次兵衛には一人息子がいる。それが与五郎である。この息子が放蕩者で手に負えない。遊女藤屋吾妻に惚れている。そのうえ山崎屋父子は濡髪の大の贔屓である。一方藤屋吾妻には蔵屋敷の侍、三原有右衛門が惚れて通っている。そこで身請けの話になったが、与五郎は部屋住み、金が自由にならない。濡髪になんとか吾妻を身請けできるように頼んだ。

濡髪も母子二代の恩があり、かつ贔屓筋の若旦那。そこへ放駒との一番勝負の話。放駒の贔屓は蔵屋敷の三原有右衛門とその同輩平岡郷左衛門が控えている。ここで一思案した濡髪は、とんでもない放駒との一番勝負を引き受けた。

誰もが濡髪が勝つと思った、天下の関取とアマチュア上がりの駆け出しである。勝負は見えている。

ところが予想外のことが起こった。濡髪が負けたのである。角力小屋は大騒ぎになり、「長吉勝った」というほめ声と罵声が場内に満ち溢れて、小屋も崩れんばかり。長吉ファンの逆上、濡髪ファンの落胆いうまでもない。与五郎もすっかりしょげ返って小屋を出た。

そこへ濡髪である。

好きな濡髪が負けたのに意気消沈している与五郎は、濡髪に会っても心が晴れない。その与五郎を吾妻の待つ料理茶屋へ送って、さて濡髪は、祝いの席に行っている放駒を呼び出す。二人ッきりで濡髪は今日の勝負に放駒を勝たし、その代わりに吾妻をこっちへ譲ってもらおうというハラである。むろん放駒はうんといわない。第一放駒は自分が本当に勝ったので、濡髪が勝ちを譲ってくれたとは思っていない。そこで濡髪は、自分がわざと負けたのだということをそれとなく放駒に納得させなければならない。

この二人の対決こそがこの場の見どころである。

この時の放駒は五代目中村富十郎だった。富十郎は私に、吉右衛門と芝居をするのがとてもやりやすい、気持ちがいいと何回も語っていた。舞台を見ていてもそれはよくわかった。それは第一に二人が芝居がうまく、イキがよく合っていたからである。その芸質の対照的な違い、それでいてどこか通じ合う共通点、それがイキの合う理由だったろう。

しかし第二にもっとも大きな理由は、二人の芸質が、かつての六代目尾上菊五郎と初代吉右衛門のように対照的だったからである。六代目菊五郎は女形も二枚目もやって、しかも髪結新三や竹垣道玄のような悪党も見せた。一方、吉右衛門は時代物役者で熊谷や光秀や由良助が得意芸。六代目が柔らかければ、吉右衛門は堅いという対照であった。

富十郎と吉右衛門もそれに似ている。

富十郎に大きな影響を与えた武智鉄二は、富十郎を六代目のような役者に育てたいと思ったと語っているし、富十郎白身、十代後半に自分は歌舞伎役者になるべきかどうか悩んでいた時、六代目の「道行初音旅」の忠信を見て、この道へ進む決心をしたと語っていた。生きる目標が「六代目」だったのである。

吉右衛門が初代をよく学ぼうとしていたことはいうまでもない。そしてここに初代吉右衛門の後継者としての吉右衛門がいて、この二人のコンビはいくつかの名舞台を残した。この「角力場」の濡髪と放駒もその一つであった。二人の競演、二人の立ち会いは、角力にちなむわけではないが、平成の大勝負、横綱角力であった。

吉右衛門の大盤石のようなスケールの大きさ、強さに対して、花道を急いで戻って来た富十郎の放駒は、独特のチョコチョコ歩きと甲高い声で、いかにも米屋の息子、素丁稚らしい小粒のキメの細かさ、愛嬌と若さで吉右衛門との対照をつくる。

そういう放駒を迎えた濡髪はそれとなく勝負が八百長であったことを匂わせる。むろんここは往来。いくら角力がはねて人通りが絶えたといっても人が通らないとはいえない。濡髪はあたりに目を配る。目を配りながら放駒に勝負を再現して見せる。

土俵際へ濡髪が「ズル、ズルズル」と下がる。濡髪が放駒を見る。吉右衛門の眼光が鋭く光る。わからないか。放駒が繰り返して「ズル、ズルズル」。富十郎が「ハッ」とする。その反応に濡髪が思わずあたりを見る。放駒がアッと気づく。わざと負けたのか。ここの吉右衛門と富十郎の五分の隙もない気合いが無類の見ものだった。

一瞬後、放駒が怒り出す。今までよもや勝てると思っていなかった濡髪に勝った、その喜びに有頂天になっていたのが一気に反転して屈辱から怒りになる。「振ったな」。振るとは勝負を八百長にして俺を馬鹿にしたという意味である。濡髪が慌てて打ち消す、「イヤ、そうじゃない」、「インヤ、振ったんじゃい、振りさらしたんじゃい」。そんなことはいやだ。放駒はまだ若いだけに潔癖である。「もがり商売、いやでごんす」。「もがり」とは人を騙すことをいう。

こらえにこらえていた濡髪がこらえかねてついに怒りを爆発させる。ここの吉右衛門の怒髪天をつく勢いが凄まじい。すでに顔色が変わっている。ギラリと目が無気味に光って怒りが噴出する。土俵の上のぶつかり合いを見るような殺気である。

そこでついに濡髪が床几から立って羽織を脱ぎかけ、放駒が腰を落として四斗樽を前にして、手を頬杖をつく形にしたお約束の見得。吉右衛門と富十郎の二人立ちの錦絵が、歌舞伎座のプロセニアムから溢れんばかりの勢いであった。濡髪の怒りはもとより、それに鋭く突きかかる放駒の意気、それが合い、競い合うからこその勢いである。

濡髪が茶碗を握り潰せば、放駒はそれを見えぬように刀の柄にあてて割るまで。濡髪の不動、放駒の小気味よさが対照的であった。

幕切れは、上手(かみて)に畳んだ羽織を肩にかけた濡髪、下手(しもて)に腰を割って左足を伸ばして右足にかかった放駒、二人がともに扇をパラッと開くのが柝(き)のカシラ。濡髪が扇子を大きく外から内へ丸く廻してきまれば、放駒は逆に内から外へと水平に伸ばして、二人あくまで対照的にきまる。

誰でもやる型だが、二人のそれは、吉右衛門が大きく時代に出れば、富十郎は小さく世話にその代わり鋭くきまって、いつもとは全く違うような対照の面白さ、ダイナミックな波のゆり返しのうちに幕が閉まってくる面白さである。

濡髪はこの後、大宝寺町の米屋つまり放駒の実家で長吉の姉お関の肉親の愛情にほだされ、さらに次の幕の難波裏で三原有右衛門と平岡郷左衛門と争い、暗闇の手違いとはいえ四人を殺して、山崎の実母お幸の家へ訪ねていく。すなわち「引窓」である。

この時の歌舞伎座では「角力場」一幕だったが、三年後の一月国立劇場で、やはり吉右衛門と富十郎のコンビで『双蝶々』の通しが出て、今度は角力場、米屋、難波裏、引窓の四幕が出た。吉右衛門が濡髪の通し役、富十郎が放駒を中村又五郎（当時歌昇）に譲って南与兵衛であった。

吉右衛門の濡髪は「角力場」がもっとも印象深く、米屋、難波裏は役そのものがさしたることもなく、やはり「引窓」がいい。

花道から糸立てをかぶっての出。七三での「たしかにここ」は難しい口伝があるところであり、そういうスミズミにその気持ちの手に取るようにわかる濡髪であった。

もとより他家に再婚している母、その家には与兵衛という立派な息子がいて、そこへ自分はいくら前段の米屋の放駒姉弟の肉親の愛情を見て母恋しの思いにかられたとしても、行ってはならぬ家なのに、そこへ訪ねてきてしまった暗い情熱がこの男を焼き尽くしている。その暗さ、その複雑さがよくわかる濡髪なのである。

ことに吉右衛門でいいのは、自分を助けようとする母親をいさめて、義理の息子南与兵衛への義理を立てるためには、自分を捕らえて与兵衛に手柄を立てさせなければ、「未来の十次兵衛殿にすみますまいがな」という一句であった。この一句は、「未来の」つまりあの世にいる亡き夫の十次兵衛にすまないだろうという意味であり、この芝居の大きなポイントであるが、その深さ、大きさが私の胸を打った。

もう一つ、私が思わず知らず胸が熱くなったのは幕切れで、捕縄を切って自分を逃がそうとする与兵衛の手を取って二人が中腰になるところ。誰でもやるところであるが、吉右衛門の濡髪ほどこの件(くだり)が胸を打つのは、すでにふれた「未来の十次兵衛殿」の件が生きているからであった。

さて、この濡髪のよさに対して、私は長い間、吉右衛門の南与兵衛が気に入らなかった。すでにふれたように私は豊竹山城少掾の「引窓」に熱中していたし、初代吉右衛門の与兵衛にも夢中になっていた。山城少掾の「引窓」がすぐれていたのは、この場に出る家族四人、母お幸、与兵衛とお早の夫婦、そして濡髪の四人が何か少しずつ秘密をもっている、家族は毎日顔を合わせて暮らしていながら、どこかで隠しごとをしている。それが「引窓」では家族とは何かを考えさせる。そういう現代性を山城の「引窓」はもっていた。そのことは、私は一度『豊竹山城少掾』(新潮社、平成五年)という本のなかで詳しくふれたから繰り返さない。しかしそういう「引窓」のドラマとしての本質が、吉右衛門には見られなかった。一方、初代吉右衛門のもっていたような芸の陶酔も吉右衛門にはなかった。初代は山城とは違ってドラマの本質というようなものはなかったが、その代わり深い芸の巧さの陶酔があった。例えば、よそながら濡髪に河内国へ逃げる抜け道を教えるところ。「狐川を左にとり、右へ渡って山越えに」。こんな有名なせりふでも晩年の初代はプロンプターにせりふをつけさせていた。その後見の声が大きいのである。三階席で見ていても聞こえてくる。みんなシーンとしている。ところが後見の声から一間遅れて初代が「狐川を」とやると、満場「播磨屋ァ」という歓声でいっぱいになる。みんながさっきの冷たい静寂を忘れたように夢中になる。陶酔している。そういう光景のなかで私が見たような初代の芸は真似手がなかったし、二代目に求めても無理だと思っていた。

だから気に入らなかったのである。

ところが平成十八（二〇〇六）年九月歌舞伎座の「引窓」で、私は初めて二代目吉右衛門の与兵衛に感心した。それまでどこかウソッぽく上ッ面で身にしみなかったのに、それが今度はいい。まるで目からウロコが落ちたようであった。どうしてそうなったかは今でもわからない。どういう与兵衛だったかを書いてみよう。

まず最初によかったのは、お早との夫婦喧嘩である。お早は夫与兵衛が代官所から帰ってきて、指名手配の濡髪逮捕の命令を受けたことを知った。しかし彼女は夫の帰宅前に濡髪が訪ねてきて、姑お幸の実子であることを知ったし、自宅の二階にとりあえずかくまった。そこでなんとか夫に濡髪逮捕はさせたくない。といって夫に事情を打ち明けることはなおできない。そうすれば姑が悲しむことは間違いない。ここが隠しごとのあるところであるが、なんとか夫の気をそらそうとするから、夫は余計気に入らない。せっかく今日代官所から亡父南方十次兵衛の名をついで、領内警護を仰せつかっての初仕事、これが出世の糸口であるのに。

そこで夫婦喧嘩になる。

この時のお早は中村雀右衛門（当時芝雀）だった。雀右衛門の父四代目雀右衛門のお早もよかったが、当代の雀右衛門もよかった。母お幸は二代目中村吉之丞。濡髪は富十郎だから、吉右衛門にとってはいつも顔を合わせている人々、家族も同然である。それがよかったのかもしれない。この夫婦喧嘩がいつになく楽しい。いつもだとここがウソッぽく上すべりするところなのに、いつまでも聞いていたいほど楽しい。生々していてリアリティがある。気持ちの真実味、せりふの面白さが客を引きつける。そのうえ吉右衛門は、笑いを含んで引き締まってトントンと運ぶ。

水鏡に写る二階の濡髪の姿を見るところ、続いての引窓をめぐってのお早、お幸とのからみも充分に突っ込んで、きまるところはきまってその形の一つ一つに濃厚なコクがある。これまでになくふっ切れた具合である。

しかし夫婦喧嘩に次いでいいのは、二階の濡髪を見つけてからの、濡髪の人相書きをめぐっての母とのやりとりである。まず「ナニ、倅の私へのお頼みとは」の感情のこもったうまさ、母が人相書きを売ってくれ（ということはすなわち見逃してくれということだが）というのを聞いて、向うを見て、さては濡髪は母の実子かと気づいての思い入れ。なんともいえぬ暗然たる気持ちが浮かぶ。「母者人、あなた」といって「なぜものをお隠しなされます」。ここが私のいう家族同士の隠しごとという山城の発見したテーマにふれるところである。つまりそこには継子の自分よりも実子を愛する母への複雑な思いがある。せりふがハラの底から出るから、おのずから人を感動させる名調子になる。

前の夫婦喧嘩といい、ここといい、与兵衛は前半では女房お早に、ここでは母お幸に、赤裸々な自分の素顔を見せる。しかし彼は代官南方十次兵衛と町人南与兵衛の二つの顔を生きなければならない。

そこで人相書きをもつ南方十次兵衛の顔から町人南与兵衛に変わってみせる。この変わり目、砕け方が吉右衛門はうまい。すなわち「丸腰なれば八幡の町人」となる。この両面を生きるうまさでこの役のカンドコロが生きてくる。吉右衛門は初めてこの役のカンドコロを目いっぱいに大きく突っ込んで対照的に描いた。メリハリ、濃淡、芝居が立体的になってこまかい一つ一つのしぐさ、せりふが舞台に立ってくる。

それは二つの顔の対照によって、家族とは何かという視点にふれてくる。山城少掾が描いたこの作品の本質、そして初代吉右衛門が必ずしも描かなかった視点だから、初代とは違った感覚ではあるが、生きてくる。

家族とはむろん血縁によって成り立つ。親子、兄弟、しかし結婚によってわかるように、そこにどうしても他人が入ってくることによって発展せざるを得ない。他人が入ってくれば隠しごとが生まれ、互いの間に義理が生まれる。

その関係を明確にしたのが、お幸の再婚である。

お幸にとって濡髪は実子、再婚によって与兵衛という継子との関係が生じた。しかも実子は犯罪者、継子は警官、「夜に入らば拙者の役」。昼間は警官の職から離れるが、夜になれば一手に活躍するルールである。「昼夜に分かつ継子、ほんの子」。さらに、お早という女が与兵衛の女房として間に入ってくることによって、この家の関係は少なくともお幸、与兵衛、お早の三人に限っては他人同士の関係であり、そこには隠しごとも義理も生まれざるを得ない。さらにそこへ、お幸、濡髪という血縁が入ってきて、与兵衛と濡髪というさらに深い他者との関係が生まれる。

しかし家族はこの溝を越えなければ本当の家族にはなれない。隠しごとや義理は家族のルールの一つであるが、このルールを越えなければ真の家族は生まれない。

濡髪の説得によって、母お幸が義理を立てて濡髪を縄付きにして与兵衛に渡す。ところが与兵衛は十五夜の放生会（ほうじょうえ）になぞらえて、濡髪の縄を切って逃がしてやる。母お幸への寸志だという。義理が立ち、それを越え、それから自由になった与兵衛。

その手を濡髪が両手で握りしめる。お幸の二人の息子「継子ほんの子」はここで初めて犯罪者、警官――追われる逃亡者と追う者という立場を越えて手を結ぶ。与兵衛も濡髪も自由に生きる。その時二人は義理も血縁も越えて真の兄弟になり、同時に与兵衛は二つの顔を一つに生きるのである。真の人間、真の家族――胸が熱くなる。

それはまた吉右衛門と富十郎の生涯のコンビでもあった。

しかし吉右衛門の与兵衛が本当にすぐれているのはこの後であった。濡髪が花道へ行く、それを見送って、吉右衛門が外をうかがいながらソッと格子戸を閉める。スルスルと音もなくすべる格子戸。富十郎に芸の仕どころ、観客の視線を譲ってあくまで邪魔をしない。こういうところが吉右衛門はうまい。目立たずソッと体を殺しながら、それでいて芝居も受けながら自分も十二分に芝居をしている、濡髪に気を送っているのである。

その顔、その手つき、その姿。無類の味わいだった。この味はむろん吉右衛門の芸の深さであるが、同時に与兵衛が二つの顔を一つにして、一人の人間として生きた充足感のためであった。

それは吉右衛門が初代の芸を守りながら、山城と同じ視点に達した瞬間でもあった。

六、南北三悪人

藤田水右衛門　『霊験亀山鉾』

民谷伊右衛門　『東海道四谷怪談』

薩摩源五兵衛　『盟 三五大切』

鶴屋南北の傑作『霊験亀山鉾』の吉右衛門の藤田水右衛門は素敵な敵役であった。

「三悪人」の他の二人は誰かというと、一人は『東海道四谷怪談』の民谷伊右衛門、もう一人は『盟三五大切（かみかけてさんごたいせつ）』の薩摩源五兵衛である。いずれも南北の傑作のなかの人物である。

この三人のなかでは、吉右衛門の出来は藤田水右衛門が飛び抜けていた。いや、吉右衛門が演じた敵役のなかでもほとんど唯一最高の傑作であった。

藤田水右衛門は、仕官のことから石井右内を殺す。これがことの発端で、水右衛門を敵と狙う石井一族の者を次から次へ殺していく。この作品は実際に元禄時代に起こって『忠臣蔵』と並んで有名な『元禄曾我』といわれた事件をモデルにしている。鶴屋南北は生涯にこの事件を四回劇化しているが、そのなかでも『霊験亀山鉾』は傑作といってもいい。

藤田水右衛門は石井右内を闇討ちにした後、まず彼を敵とつけ狙う右内の弟石井兵助を石和川（いさわがわ）の河原で敵討ちと見せかけて、水と称して毒を飲ませて斬殺する。公式の敵討ちで、これが返り討ちとして認められ無罪放免になる。

吉右衛門の水右衛門は、この序幕石和川の返り討ちからその手強い強悪ぶり、陰謀家らしい悪が効いてすぐれた出来栄えであった。人を人とも思わぬ極悪人を線の太いタッチで描いて、南北の人間らしさがよく出ていたのである。

二幕目が興津宿の法台院という寺である。

水右衛門は無罪放免になったとはいえ、そのままでは仕官できない。そこで藤田家伝来の面相の変わる秘薬を飲んで人相を変えてしばらくはここに潜んでいる。この幕は全体五場から成り立つ。第一場が法台院の門前で、ここへ水右衛門を召し抱えようとする武田家の上使がやってくる。第二場が卵塔場（墓地）で石井兵助と水右衛門の墓が並んで建っている。水右衛門は病死したことになっているのだ。そこへ武田家の奥女中藤川がやってくる。彼女は人知れず水右衛門を見染めて末は夫婦と思っていたが、思いがけなく水右衛門が病死してしまったのを嘆き、墓前でその面影を偲び、その敵石井兵助の墓を破壊する。

その女の姿を一間からのぞいている人間がいた。水右衛門である。原作では「好みの頭布、顔へ薄絹にて引まくをおろし、面体を隠せし体（てい）」と指定されているが、吉右衛門はいっさい薄絹を使わず、右の顔に大きな痣をつけて面相を変えていた。

悲運を嘆いて自害しようとする藤川をとめた水右衛門と藤川の色模様になるが、さすがに水右衛門はそれを振りはらって武田家の使者に会いにいく。

第三場が法台院の奥座敷で、使者との目通りをすませた水右衛門はついに藤川の色仕掛けにかかって密通する。それを人々に暴露された水右衛門は、むろん武田家召し抱えの話も白紙になり、法台院も女犯の罪で追放される。藤川こそ石井兵助の妻白綾（しらあや）で、水右衛門は身分をあばかれる。唐傘一本で所払い。その唐傘のなかに仕込んであった刀を使って、水右衛門は白綾をなぶり殺しにして水門口から逃れ出る。ここで解毒剤を飲んでもとの面体に変わった姿を見せる。敵役の名人だった五代目松本幸四郎にはめて南北が腕をふるった傑作である。

吉右衛門の水右衛門は、その手強さ、その強悪さ、その色気と凄味によってゾッとするような傑作であった。白綾は九代目澤村宗十郎で、この二人の芝居がこの舞台の白眉であった。

水右衛門はこの後もさまざまな殺人を犯し、大詰でついに石井の忠僕袖介に討たれるが、この大詰まで吉右衛門の水右衛門は目のさめるようなスケールの大きさの、「悪の華」ともいうべき美しさであった。

もっともこの時の公演では、台本が「国立劇場文芸研究会」、演出・戸部銀作で、原作とはこの法台院の後が違っていた。原作でいけば、この後に水右衛門にそっくりな丹波屋八郎兵衛のお妻殺しの廓場から一転して焼き場があり、そこに水右衛門がからむ。

初演の五代目幸四郎は、水右衛門の他にこの顔がそっくりという隠亡（焼き場の人足）の八郎兵衛を勤め、さらにその後の水右衛門の父藤田卜庵（ぼくあん）という老け役の三役を演じた。

吉右衛門はこの八郎兵衛をカットし、ここへ南北のもう一つの亀山の仇討（あだう）ち物『藤川船𦪌話（ふじかわふねのりあいばなし）』のなかの俗に「モッコ渡し」と呼ばれる深い谷をモッコに乗って渡る難所をめぐって水右衛門と石井源之丞と忠僕九助が追っかけっこを演じる場面を挿入した。

モッコ渡しの視覚的な面白さを狙ったのだろうが、この狂言の一つの見せ場である「お妻八郎兵衛」の件（くだり）がなくなったのは痛手であった。この件はのちに仁左衛門が復活した。

さてこの改訂によって、吉右衛門の水右衛門の源之丞、九助主従の返り討ちというさらに残虐な殺人が加わり、吉右衛門がその手強い強悪さを発揮した。その後『亀山鉾』の本筋に戻っての、袖介が水右衛門をおびきよせるために、俗に「相ねらい」といわれる事件を起こす。すなわち水右衛門の父卜庵を殺してわざと敵を討つために水右衛門をおびき出すという計画である。

吉右衛門の二役卜庵は、台本のカットのためもあってさしたることもなかった。やっぱり水右衛門が本役だったのである。

このト庵殺しから大詰の敵討ちへと進む。

吉右衛門の水右衛門は、法台院が第一の出来、つづいて源之丞の返り討ちの石和川という結果であった。

『霊験亀山鉾』の藤田水右衛門のスケールの大きい敵役にくらべれば、『四谷怪談』の民谷伊右衛門は淡彩であった。

序幕浅草額堂（がくどう）から浅草裏田圃（たんぼ）の殺しまで、二幕目が浪宅と伊藤喜兵衛の内と行って来いの元の浪宅。私が見たのが初日であったせいもあってタッチが浅くサラサラと進んだ。

中村福助のお岩と小平、市川段四郎の直助権兵衛、市川染五郎（現松本幸四郎）の与茂七、中村芝雀（現雀右衛門）のお袖、中村歌六の宅悦という顔ぶれであった。

吉右衛門の伊右衛門が本道へ出たのは三幕目の隠亡堀、この一幕の伊右衛門が水右衛門に匹敵する素晴らしさであった。

伊右衛門は、序幕は好みの着付、二幕目は藍の弁慶格子が普通であり、隠亡堀で初めて黒の着流しになる。吉右衛門にはこの黒の着付がよく似合った。深編笠の伊右衛門が隠亡堀に釣り糸をたれる、煙草に火をつけようとすると火がない、フッと見ると目の先に直助権兵衛の吸っている煙草の火が見える。一寸借りようとして思わず顔を見合せてスーッと上手（かみて）へ逃げようとする伊右衛門、呼びとめる直助、いつもの段取りであるが、吉右衛門の伊右衛門と段四郎の直助ではこの出会いがことのほか面白かった。吉右衛門の若さ、強さ、段四郎の同じ強悪でも世馴れた砕けた味が対照的だったからである。

初演は七代目市川團十郎の伊右衛門、五代目幸四郎の直助である。今売り出しの團十郎のはなやかさに対して、じっくり芝居を締めるベテランの幸四郎。親子ほど年の違う二人の芸風の違いを南北が、この一瞬に克明に書き分けている。

直助権兵衛と出会った後の吉右衛門の伊右衛門はほとんど無言の芝居、土手下のお弓を堀へ蹴落として深編笠をぬいで肩にかける大見得まで。「首が飛んでも動いて見せるわ」のせりふの立派さ、凄味ともに水右衛門に劣らぬよさであった。

続くだんまりには、福助のお岩と小平の二役から変った小平女房お花、幸四郎の佐藤与茂七が伊右衛門と直助二人にからんで、久しぶりにだんまりらしいだんまりの面白さだった。

この伊右衛門の吉右衛門の成績から吉右衛門論のデータ二つがわかる。

一つは、吉右衛門が祖父七代目幸四郎の芸談の通り、伊右衛門を一人の人間としてとらえてその悪人に変わっていくプロセスを表現していること。

もう一つは、そういう理屈とは別に吉右衛門が水右衛門でも見せたような悪の美しさを描くのにふさわしい花を潜在的にもっていたことである。

七代目幸四郎は、色悪というのはだんだんに変わっていくのだといった。伊右衛門はお岩に惚れぬいていて、その結納金が御家の御用金と知ったお岩の父四谷左門に絶縁されて、お岩を無理に離別させられても、お岩をあきらめなかった。どうしてもお岩に戻ってもらいたい、それだけでは悪人というわけにはいかない。確かに御家の御用金を横領したかもしれないが、それも塩冶家が断絶して御家がなくなってしまった以上、それ以上に追及することはできないだろう。四谷左門がそれを許さなかったとしてもどうすることもできない。

しかし浅草額堂で、四谷左門にお岩との復縁を嘆願した伊右衛門を四谷左門は拒絶したばかりか、恥辱を与えた。そのために怒った伊右衛門は浅草の裏田圃で左門を殺した。そこで伊右衛門は初めて悪に染まるのである。そしてそれが爆発するのは、伊藤喜兵衛一家の出現、お梅という少女と仕官と金、それが目に入った時、伊右衛門は変身する。その変身の結果、お岩の怨念のための錯誤とはいえ、お梅、伊藤喜兵衛を殺し、ついにお梅の母お弓を殺害した結果が深編笠をとった時の不敵なせりふである。

伊右衛門はこの強悪も直助の仕込みだという。そのかげには五代目幸四郎という大先輩に導かれた七代目團十郎の師匠とはいえないまでも、それに似た尊敬の念があるだろう。

そういう関係が、伊右衛門という「悪の華」の水右衛門とは違うところであり、吉右衛門の伊右衛門が前半のタッチが薄いように見えた理由でもあるだろう。

そこでもう一つの理由が浮かび上がる。そういう人間性を超えてあらわれる「悪の華」が吉右衛門の芸風のなかにあったという点である。

吉右衛門の伊右衛門の成績は『四谷怪談』につづいて初演された『盟三五大切』にも理由がある。まずその歴史的いきさつにふれよう。

『四谷怪談』が大当りにもかかわらず、お岩を演じていた三代目尾上菊五郎がかねて念願の九州の天満宮へ参詣に行くといって退座してしまった。そこで困った劇場は南北に頼んで残った幸四郎、團十郎の一座にはめて『盟三五大切』を書いてもらった。

薩摩源五兵衛と奴（やっこ）の小万のロマンスは、西鶴や近松の手によってさまざまにつくられたが、それを源五兵衛と小万、そしてその小万に惚れている笹野三五兵衛の恋のさや当てとして並木五瓶が『五大力恋縅（ごだいりきこいのふうじめ）』という決定版を書いた。その大当りに五瓶自身も書き換えて『略三五大切（かきなおしてさんごたいせつ）』という作品を書いたが、南北はさらにそれを書き換えて『盟三五大切』を書いた。『四谷怪談』の世界を引き継いでその「後日狂言」というふれ込みである。

民谷伊右衛門が主家の御用金を盗んだ夜、その添番だった不破数右衛門はその責任をとって金を弁償している。その残金百両。それをつくろうと苦心しているのが、数右衛門の叔父富森助右衛門で、その百両が数右衛門に届いたのを知った深川の芸者小万と情夫船頭三五郎は共謀して、小万が数右衛門から色仕掛けで騙し取る。小万がそうしたのも実は三五郎の父で出家した了心が、旧主が百両の金に困っているのを知ってなんとか用立てたいといったからであった。小万と三五郎は薩摩源五兵衛こそ不破数右衛門と知らず、騙して父了心の手から数右衛門に渡そうとした。

小万と三五郎に騙されたと知った源五兵衛は、屈辱にたえかねて大勢の人を斬り、ついに小万とその一家を殺す。

小万、源五兵衛と三五郎の愛想尽かしと裏切りも結局、富森助右衛門が源五兵衛に与えた百両が転々としていくうちに大勢の犠牲を出しながらもとの鞘におさまる。これほど三五郎と小万が父了心の忠義のために苦心して源五兵衛から奪った金も実は源五兵衛のものだということになれば、虚無と不条理と同時に忠義とは一体なんだったかという疑問に辿りつかざるを得ない。そしてその疑問が終末、不破数右衛門の行動につながっている。不破数右衛門は大詰の幕切れに大勢の人を手にかけた殺人者であるにもかかわらず、赤穂義士たちが迎えに来ると、別人のごとくスーッと義士のなかへ入って討入りに出発する。

その事実は私たちを忠臣義士といわれる赤穂浪士も結局は殺人者ではないかという疑問に向かわせるし、情痴と復讐の果ての源五兵衛の十人斬りも、赤穂浪士の討入りも同じ殺人ではないかという問題に達して、忠義批判に至らざるを得ないのである。

そういう内容の故もあるだろうが、初演は『四谷怪談』に引きかえて不入りで、戯曲がすぐれていたにもかかわらず、その後一度再演されたきりであった。その後にこの狂言を復活したのは歌舞伎ではなく、新国劇で、澤田正二郎の源五兵衛と久松喜世子の小万であった。戦後になっても上演したのは歌舞伎ではなく新劇の青年座で、石澤秀二演出、生井健夫の源五兵衛と山岡久乃の小万であり、その後も若山富三郎の源五兵衛、木の実ナナの小万であった。

歌舞伎で本格的に上演されるようになったのは、それより遅れて郡司正勝演出、尾上辰之助（三代目松緑）の源五兵衛、坂東玉三郎の小万であった。その後多くの俳優が演じるようになって、吉右衛門源五兵衛もその一人であった。

しかし吉右衛門の源五兵衛は、他の役者とはだいぶ違うものであった。大抵の役者は源五兵衛を白塗りで初めから無気味な殺人者として演じる。ところが吉右衛門は序幕の洲崎の鼻の場は、白絣の着付け、黒の羽織、顔も白塗りではなく薄肉の、普通の浪人であった。これは吉右衛門が正しい。初演の源五兵衛は、『四谷怪談』とは逆に五代目幸四郎の源五兵衛、團十郎の船頭三五郎だったが、幸四郎は四谷鬼横丁の小万が住む長屋の大家弥助と二役をかねていたからである。弥助は三枚目の小悪党で白塗りではない。この役を早替りでやるからには、源五兵衛の白塗りを落としてまた塗り直すのは時間的に不可能である。したがって源五兵衛も薄肉でなければならないはずである。

戦後の郡司正勝演出の時も辰之助が源五兵衛と弥助を薄肉で勤めた。しかしその後なんとなく白塗りになった。吉右衛門は、弥助は中村歌六に譲って源五兵衛一役であったが、それでも薄肉であった。そうなると源五兵衛は、最初は普通の浪人であり、そういう人間が小万と三五郎の奸計にかかって殺人を犯すというドラマになって南北の作意が生きたのである。

現にしつこく小万を斬る源五兵衛は「身どもを鬼には、おのれら二人がいたしぞや」という。殺人鬼にしたのは小万三五郎だというのである。あくまで一人の人間源五兵衛なのである。そうするとその人物が小万への恋、そしてその裏切りへの復讐によって殺人鬼になるドラマもあきらかになるし、すでにふれた殺人鬼でも義士になれるのかという「忠義」批判が生きるのである。

吉右衛門の源五兵衛は『四谷怪談』の民谷伊右衛門と同じく、その殺人鬼になるプロセスを写し出した。そしてそういう普通の人間が一度狂気にとりつかれて殺人を重ねていく爆発力が水右衛門と同様にもの凄かった。

しかし吉右衛門の源五兵衛は、ただの敵役ではなくて、一人の人間であった。人間は誰しも殺人鬼になる可能性をもっている。その怖ろしさ、その複雑さ、その不可解さを吉右衛門は表現した。そこが南北の源五兵衛の現代性であり、吉右衛門の源五兵衛がこれまでの俳優の源五兵衛と違うところであった。

その特色のもっともよく出たのは四谷鬼横丁のお化け長屋。『四谷怪談』のお岩が死んだその現場からこの名がある。そこまで小万を追ってきた源五兵衛が彼女を惨殺する。ゾッとするような残酷なブラッディ・シーンであるが、吉右衛門では意外なことにここが実に歌舞伎味たっぷりの美しさであった。

なぜそうなったのかは私にもよくわからない。しかしそれを見た時私が感じたのは、吉右衛門が一方にすでにふれた現代的な社会性、その現代的な矛盾に生きる人間性に到達しながら、その一方でこの人には天性、水右衛門に見たような、あるいは『四谷怪談』の隠亡堀の伊右衛門に見たような「悪の華」の甘美さであった。

殺人は本来残虐であり残酷である。それを美しく見せるのが歌舞伎だろう。しかしそれはマゾヒズムでもサディズムでもない。そういう変態的な感覚ではなく、この源五兵衛におけるような矛盾を生き抜く人間の姿が美しいからである。人を殺して美しいのは、その超えられぬ矛盾を生きた瞬間を歌舞伎がとらえたからである。

現に吉右衛門はここで小万を斬りながら、例のこの作品の性根ともいうべきせりふをいう。この一句こそ源五兵衛の人間としての全てであり、人生をかけた絶叫である。

小万を殺していくところは、いつもは目をおおいたくなる残虐さであったが、吉右衛門の場合にはただひたすら美しかった。

小万の首を斬って、格子越しに門口の軒端の掛け行燈にすかして見て、「げに定めなき浮世じゃのう」という。そこにこめられた感情の深さこそ、人間のなんでこの世に生きているのかという疑問を響かせて美しい。残虐さを超えて作品全体がほのかに行燈の灯影に浮かび上がる。だから美しいのである。

花道の小万の首を懐に唐傘をさして雨のなかを去っていく源五兵衛は、一人の殺人犯が去っていくのではなく、何ものかが私たちの目前から去っていくのを見ているようだった。

大詰の小万の首をおいて茶漬けを食べるところは南北らしい趣向であるが、私が見た日は初日でもあったためにそれほど面白くなかった。

ことにこの出の前後に謡があるのをカットしたのは残念だった。あの謡こそ源五兵衛の異様な快楽を彩る大事な音楽だからであり、この謡によって源五兵衛の法悦が一つの精彩になるからである。

こうして吉右衛門の南北の三役、藤田水右衛門、民谷伊右衛門、薩摩源五兵衛の三人は、一方に人間の社会的な意味を、しかしその一方に殺人の恐怖と、その二つの矛盾を描く傑作になった。水右衛門の強悪も、伊右衛門の色悪も、そして源五兵衛の殺人も、そうやって一つの華になったのである。

七、江戸の街角で

俠客を生きる──幡随長兵衛　『御存鈴ヶ森』と『湯殿の長兵衛』

長兵衛は若い頃、武家奉公をしていた時、過ちを犯し幡随院の住職に助けられたという。そこで幡随院の長兵衛と名乗りもし、人にもそう呼ばれもした。実話かどうかはわからない。歌舞伎では幡随院を略して「幡随長兵衛」と呼ぶ。幡随院から独立して、その師名を名字にしたのである。

その長兵衛が東海道の鈴ヶ森で白井権八に出会った。その出会いにどんな意味があるのかを知ったのは、初めて『鈴ヶ森』の芝居を見て以来、何十年かたった平成三十一（二〇一九）年四月歌舞伎座のことだった。

私が初めて見た『鈴ヶ森』は、昭和二十年代の東京劇場、初代吉右衛門の長兵衛、六代目尾上菊五郎の白井権八であった。何しろ初めてのことだから、私はただその面白さに目を奪われていた。六代目のしゃがれ声の、しかし、いかにもそれらしい前髪の権八。六代目は舞台を投げているという噂もさんざん聞いたが、私にはそんなことはわからなかった。ただただ魅せられていたのである。吉右衛門は例によって渋い、いわゆる播磨屋調で大向うをうならせていた。

そして、それ以後も多くの名優たちの『鈴ヶ森』を見たが、すでにふれた通り『鈴ヶ森』の本当の意味を知ったのは、実に平成三十一年の舞台であった。一期一会。その夜、偶然、街道筋で長兵衛に出会った白井権八は、初めて行く江戸の生活の全てを長兵衛に任せ、それからの人生は全て長兵衛あってのものになった。

一方、長兵衛も、この夜、権八に出会ってから、権八をかくまったために旗本奴との抗争に巻き込まれ、自分の人生を支配されることになった。

運命的な出会いといっていい。人はこういうふうに人と出会い、こういうふうに人生をつくっていくものなのか、そういう感慨が深い。

その出会いはどういうものであったか。

ここは深夜の闇につつまれた東海道の品川の近く、鈴ヶ森と呼ばれる海辺である。正面には巨大な石塔が立っている。南無妙法蓮華経の題名が彫られているのは、ここが江戸の刑場であり、死刑にあった罪人を供養するための石塔だからである。ここには大勢の非人、無宿者、それに街道で旅行者にたかる雲助と呼ばれる人足が集まっている。彼らはしばしば旅行者を襲うために人々におそれられている。

そこへ白井権八が通りかかる。まだ前髪の少年であり、故郷、因幡国（鳥取）で人を殺して江戸へ逃げてきた。指名手配の殺人犯。つかまえて警察に突き出せば褒美の金がもらえると聞いた大勢の雲助たちが襲いかかる。ところが、この少年が無類の腕前。暗闇のなかで雲助たちをものともせずに斬り立てる。この腕の立つというところは、十七代目中村勘三郎が実にうまかった。夜の闇だから何も見えない。人の気配だけで斬っていく。自然に手が動いて次から次へと斬り倒していく。そのあざやかさ、夜の闇の濃さの表現が実にあざやかだった。

それをジッと駕籠の中から見ている男がいた。幡随長兵衛。江戸の花川戸で人入れ稼業をする親分肌の侠客である。人入れ稼業というのは、江戸に集中している大名屋敷に、臨時傭いの労働者を時に応じて斡旋するエージェントである。大名には格式があって、その格式にのっとって移動の行列、例えば、江戸市中はもとより参勤交代の時に定められた人員がいる。大々名ともなれば二千人、三千人の人がいる。それを常時傭っていては財政的にたまらない。そこで臨時傭いをする。それを調達するのが人入れ稼業であり、そのため大名の御屋敷方との付き合いも多く、長兵衛はその人々のお供で江の島見物に行き、一足早く帰京する途中、今夜は品川泊りと決めて、深夜に駕籠に乗って鈴ヶ森に来かかったところで、権八が雲助を斬り倒しているところに出会った。

一息ついた権八が、刀の刃こぼれを見ようと灯りのそばへ立ち寄った。その灯りこそ長兵衛の乗った駕籠の棒鼻の小田原提灯であった。

それとも知らず刀をあらためたところで、フッと長兵衛と目が合って逃げようとする。

「お若えの、待たせえやし」

有名なせりふである。呼び止めた長兵衛がまず、「御刀、お納めなせえやし」といって、自分から権八の刀の刃こぼれをあらためる。すなわち提灯を片手に持ってかざし、片手の袖口を口に当てて権八の差し出す白刃を上から下へ次に下から上へと見る。『石切梶原』で、梶原の刀の目利きが一つの役者の見せ場になっているように、この瞬間も長兵衛の見せ場の一つなのである。

権八は油断しない。長兵衛が何者か知れないからスキを見せられない。したがって長兵衛の前につき出した刀は、自分のためであると同時にいざとなれば返す刀で長兵衛を斬ろうとする刀でもあった。

むろんこういう仕草は誰もがやる型であって、三十一年の時も変わりがなかった。この時の長兵衛は吉右衛門、権八は菊五郎であった。私が初めて見た『鈴ヶ森』の初代吉右衛門と六代目菊五郎の孫同士であった。にもかかわらず、私がそこに発見したのは、この演出のなかに隠されていた深い本質であった。

菊五郎の権八は、ピタッと吉右衛門の長兵衛を見つめている。吉右衛門の長兵衛は、それにいっさいかまわない。傍若無人というよりも、無心に刀に吸いつけられるようにして他を省みることがない。いつ斬りかかってくるかもしれない権八の刀が目前にありながら、なんら省みない。刀に集中している。菊五郎がいつになく鋭く吉右衛門を見ている。吉右衛門は深く刀に没入している。その豪胆な表情の深さに私は驚いた。これほど無心に刀を見る長兵衛を見たことがなかったからである。

その時、私は二つのことを思った。一つは長兵衛が権八をいかに信頼したかということである。いつ斬られてもおかしくない刀を平然と見るのは、権八への信頼以外の何ものでもないだろう。

もう一つは、これだけ念入りに刀を見て、長兵衛は何を見たか、である。おそらくあれだけ人を斬っていながら、権八の刀には刃こぼれ一つなかったのである。ということは、権八はあれだけ大勢の人を斬りながら、無駄な力を使っていない。だから刃がこぼれないのである。そのことを見て長兵衛は改めて権八の天晴な手の内に感動して、ますます信頼を厚くしたに違いない。男のなかの男一匹である長兵衛は、権八もまた男のなかの男一匹であることを知って、この男の面倒を見ようと思った。

それを知って、権八も自分の人生をこの人に預けた。その感慨の深さ、おそらく人生のなかで一度あるか二度あるかわからぬ運命的な出会いがそこに生まれた。私が一期一会というのは、この深さの意味であり、この意味によってこの出会いの深さは人生のもっとも重要なドラマになった。

ということは役のうえの一期一会であると同時に、菊五郎と吉右衛門の役者としての一期一会でもあった。この時、菊五郎七十六歳、吉右衛門七十四歳。二人は長い間、同世代のライバルとして育った。菊五郎は音羽屋一門の総帥、吉右衛門もまた播磨屋一門を率いてお互いの祖父同士の「菊吉」という伝統を引き継いでいる。しかしまたいつ二人で『鈴ヶ森』をやることができるかわからない、そういう思いが二人のうえにも観客のうえにも去来した。

ここが歌舞伎の芸の面白さで、役の上の権八と長兵衛の一期一会は、たちまち役者の人生に重なる。そして吉右衛門は平成二十四年二月には、今は亡き十八代目中村勘三郎の白井権八と演じた。その時まで二人は不仲だという噂が広まっていたが、この時の吉右衛門は、大病後回復したばかりの勘三郎を労わる度量の広いところを見せ、勘三郎もまたそれに正面からぶつかる舞台を見せた。しかし吉右衛門はその配慮にもかかわらず、その数か月後には勘三郎を送ることになった。そのことの運命を思えば、われ人ともにこの菊五郎との出会いがひとしおの感慨であったろう。

こうして吉右衛門最後の長兵衛は忘れがたいものになった。

忘れがたいといえば、私には吉右衛門の初舞台であった『俎板(まないた)長兵衛』という芝居が忘れがたい。その時の長兵衛は初代吉右衛門、二代目は五歳の初舞台で長兵衛の倅長松だった。長松が自分の家来に狼藉をしたというので、寺西閑心という浪人が、花川戸の長兵衛の家へ乗り込んでくる。長兵衛はそれを聞いて、長松を俎板の上に乗せて寺西閑心の前に突き出して、二人が対決するという芝居である。他愛のない芝居だからその後見たことがないが、私が忘れがたいのは、この長松をはさんで劇中郎。初代吉右衛門の長兵衛に対して寺西閑心は七代目松本幸四郎の初舞台の口上があったからである。吉右衛門の長松は萬之助と名乗って、母方の祖父吉右衛門の養子になり、父方の祖父幸四郎と二人の祖父に囲まれて初舞台を踏んだ。孫に目を細めているあの二人の名優、ことに自分の後継者を得た初代吉右衛門の嬉しそうな顔が忘れられない。

二代目吉右衛門はこの長兵衛を演じることがなかったが、明治になって河竹黙阿弥が書いた『極付幡随長兵衛』俗に『湯殿の長兵衛』は、初代同様、当り芸としてたびたび演じた。

初代の長兵衛は私も何度か見たが、序幕村山座（のちの市村座である）の、客席から出ての旗本水野十郎左衛門との対決、へりくだった愛嬌溢れるばかり。二幕目の花川戸の長兵衛内の水野の屋敷へ行く覚悟と子別れの哀愁。大詰の水野の屋敷の、これがこの作品の名前にもなった湯殿での水野との対決。「頃も丁度木の芽時」の胸のすく啖呵に陶酔させられた。

長兵衛は当時流行の「町奴」と呼ばれて、旗本の暴れ者の「旗本奴」と対立抗争していた。一説によれば、長兵衛はこの抗争のために水野十郎左衛門に謀殺されたといい、黙阿弥はその説にしたがって、リアルに長兵衛の最後を描いたのである。この長兵衛は鶴屋南北の書いた『鈴ヶ森』や桜田治助の『俎板長兵衛』の華麗な色彩の俠客と違って、さすがに明治の黙阿弥らしいリアリティに富んでいる。

それでも初代吉右衛門の長兵衛は、すでにふれた通り、その哀感を尽くしたコクのある名調子で人を陶酔に誘うものであったが、二代目になるとそれがまた違ったリアルさになった。さすがにそのせりふの名調子は、小音であるにもかかわらず、せりふ廻しのうまさで劇場中へ響く凜々たるものであったが、ただそれだけではなかった。

初代の時には私は少しも感じなかったが、二代目になると私は一つの疑問をもつようになった。これは吉右衛門に限らず誰の長兵衛でも感じるのだが、唐犬（とうけん）権兵衛はじめ子分たちが止めるのに、なぜ長兵衛は水野の屋敷へ出かけていくのかという疑問である。殺されるかもしれない、いや十中八九殺されるだろうと誰もが思う水野の屋敷へ出かけて行くのは、無謀というほかはない。そしてどうしても出かけなければならないと長兵衛が思う理由は、実は默阿弥の脚本のなかには明瞭には書かれていないのである。

水野の屋敷からの使者が来る。それを聞いて長兵衛が奥から出てくる。使者の口上は長兵衛に屋敷へ来てほしいということである。一も二もなく長兵衛が引き受ける。そして使者の帰った後に子分たちが反対してもいっさい説明しない。そしてみんなを奥へやった後の一人舞台になって、初めて自分の胸中をつぶやく。それによれば、もしここで自分が水野の屋敷へ行かなければ旗本奴と町奴との間の紛争はさらに激化し、ついには大勢の犠牲者が出るだろう。そのために大勢の者が悲しむよりは自分一人が責任を負って、たとえ殺されても水野の屋敷へ行くべきだという。

いつも誰もが、このせりふをいう。默阿弥がそう書いているのだから仕方がない。しかし私にはその理由がピンとこない。それが実感として深い意味をもったのは、吉右衛門にしても平成十八（二〇〇六）年二月の歌舞伎座の時が初めてだった。默阿弥の書いたせりふが、この時初めて舞台に生きたからである。

むろん序幕の村山座の水野への応対の二言三言にもそれは見えている。見ていて、この男は命を捨てかかっているなと思わせる。しかしそれが明確になるのはやはりこの述懐である。「先達(せんだ)ってから吉原や」が深い響きをもっていて胸に響く。このままいけば天下の騒動になる。その騒動は避けたいが、避けることができないだろう。それを止めるには自分が命を捨てるしかない。そこには自分の運命を見定めて、そこにおのれの責任をまっとうする男の姿があざやかだった。まさに「捨てるその身は苦にもせず、後の難儀を思う」男がそこに座っていた。

さらに平成二十一年六月の歌舞伎座では、この男の覚悟はさらにあざやかになった。

長ぜりふが終ったところへ、女房のお時が外出用の晴れ着を持って出る。二十一年の時、女房は七代目中村芝翫だった。この芝翫が実によかった。止めても止まらぬ夫の気性、覚悟を決めた夫の行動は全てわかっているから、ただ黙々と着替えを手伝う。

ここには三度ほどポイントがある。第一のポイントは竹本の〽妹背の」で、足袋をはきかけた長兵衛が無言で仕度をしているお時をチラッと見る。手もとが止まって思い入れになる。二つ目はお時と帯を持ち合って思わずその手が止まる。最後は、仕度ができ上がってお時が仕立おろしの仕つけの糸が残っているのに気がついてそれを取る。

前後三回。といってもここは全て二人ともハラだけで、説明的な演技も形の目立つ芝居もいっさいしない。全て無言のままでのハラ一つ。それでいて、見ている観客には二人の気持ちが痛いほどわかる。長年つれ添った夫婦の情愛、男の覚悟がよくわかる。そのハラ芸の面白さが、最近にない面白さだった。

この無言の演技を見ていると、大事なことが隠されていることがわかる。お時はカゲでさんざん泣いてきたのだろう。そういうカゲの芝居が無言のなかに生きるから、芝居が生きる。長兵衛も同じなのだ。

彼が水野の屋敷の使者にうかがいますと即答したのは、すでに奥から出てくるまでに今日かくあるだろうことを覚悟していたからであり、一人つぶやく述懐とこの無言の芝居によって、この男の死ぬ覚悟、一身を投げうってもみんなの難儀——それが避けられないとすれば、それを最小限に——すなわち自分一身でくい止めようとする男の覚悟、そういう生き方をしてきたこの男の人生の姿を描いているのだ。

そしてこれだけの仕掛けがあって、有名な「人参牛蒡（ごぼう）を売ればとて」こんな人生を息子に送らせてくれるな、あるいは「人は一代、名は末代の幡随長兵衛」といったせりふが生きて、見る者の胸を打つのである。むろん「人参牛蒡を売ればとて」平凡な人生を生きてほしいという願いと、「人は一代、名は末代」というのでは、前後矛盾している。しかしそういう矛盾を超えて生きようとする男の人生がそこには浮かんでいた。

黙阿弥は必要なことをあえて書かずに、長兵衛を勤めた九代目市川團十郎の無言のハラ芸に任せたのである。この無言を空白としか受け取れなければ、このドラマは成立しないのである。そこに桜田治助とも鶴屋南北とも違う黙阿弥のドラマツルギーがあったのだろう。

したがって大詰の水野屋敷で、再三風呂をすすめられて、「アアおれの最後はここだな」と思って向うを見る長兵衛の思い入れに全てがこめられている。ここは「水野めッ」というふうに水野を見返る人もいるが、吉右衛門は向うを見る。その表情にはさっき別れた妻や子や、そして子分の顔が浮かんでいた。ここにこの男の人生がある。

しかし全てはハラ芸であり、それが次の風呂場で爆発するから、その豪快さが人を撃つのである。

しかし平成二十九（二〇一七）年九月歌舞伎座の吉右衛門の長兵衛はさらに洗練されていた。

私は劇評に「今日、私は新しい長兵衛を見た」（拙著『続歌舞伎日録』）と書いた。

むろん台本や演出がこれまでと違うわけではない。何も変わっていない。にもかかわらず私が「新しい」と感じたのは、吉右衛門の芸が洗練されて深くなって、そこに描かれた一人の男の人生が新鮮に見えたからである。

どこが新しいのか。

この時の長兵衛は、自分の人生の死に場所、終焉を探している男であった。人間はいつ死ぬかわからない。それを自分でそれと決めるのは自殺する人間だけである。長兵衛は自殺者ではない。自殺するために水野の屋敷へ行くのではない。ただ自分の死に場所はここだと思って、自ら人生の終止符を打とうとしたのである。このことと自殺は大いに違う。

というのは、自分の死に場所はここだと見極める目が大事であり、その覚悟が大切である。そのためには自分の人生の終局をいつも見極めて、そういう生き方をしてきたし、現にしているということである。

長兵衛は若い時から命を的に白刃の下をかいくぐってきた。いつでも死ぬ覚悟をしていたに違いない。しかしその覚悟と、自分の死に場所はどこかを探すことは別なことである。覚悟はその場の危険性にもよる。しかし死に場所はどこかを知ることは、自分の人生の全体を総括することである。そうしなければ死に場所、ここが自分の人生の終りだということを知ることができない。

吉右衛門最後の長兵衛は、序幕から自分の死に場所を冷静に見つめている男であった。だからこそ、急な水野家の使者に慌てず騒がずうかがいますと答えた。そして一人煙草をくゆらせながら述懐もした。女房とただひたすら着替えもした。そのことにくらべれば「人参牛蒡を売ればとて」はむろん「人は一代名は末代」などどうでもいいことである。

それを発見した生き方をしてきた長兵衛にとって、全ては自分の人生の歩みの一端にすぎないだろう。そういう透明な生き方の果てに、吉右衛門の長兵衛は私たちの前から去っていった。

そういう長兵衛と出会ったのも、私にとっては一期一会であった。

「時雨時雨て」江戸の街——河内山宗俊　『天衣紛上野初花（くもにまごううえののはつはな）』「河内山（こうちやま）」

松江家十八万石の上屋敷の白書院。

白綸子（しろりんず）の布団の上に、白の着付、緋の衣を着た上野寛永寺の一品（いっぽん）親王の使者北谷（きただに）道海が座っている。

むろん河内山宗俊が化けた姿である。

その吉右衛門の顔が初代吉右衛門にそっくりであった。吉右衛門は初代の養子であるが、血のつながった孫でもある。孫が祖父に似るのはよくあることだが、私はこれまで、吉右衛門の顔が初代吉右衛門に似ていると思ったことは一度もなかった。初代はどちらかというと頬のあたりが締まって痩せていながら、実に豊かな感じがする顔つきだった。芸容とでもいうのだろうか、芸のよさがつくった柔らかな顔であった。それに比べて二代目は目も細く面長で固く初代に似ていなかった。

それが今、舞台に座っている河内山の顔が今までと違ってふくよかで初代そっくり。私は目を疑った。平成二十（二〇〇八）年九月の歌舞伎座である。

この五年前の同じ九月の秀山祭にも「河内山」が出て「初代中村吉右衛門五十回忌追善」というふれこみで、その時、私は初代吉右衛門の死を知った日のことをまざまざと思い出した。昭和二十九（一九五四）年九月五日。まだ暑い夏の日であった。私は大学一年生、学校の旅行から帰ると父が、

「さっきラジオでいっていたが、吉右衛門が死んだよ」といった。その日のことはよく覚えている。あれからもう五十年も経つのか。あの時まだ十歳の少年だった今の吉右衛門（当時萬之助）がこうして祖父の五十回忌に「河内山」を出そうとは夢にも思わなかった。しかしその時にも、私は吉右衛門の河内山の顔が初代に似ているとは思わなかった。

それが五年後、どうしてこうもそっくりに見えるのか。おそらく吉右衛門の芸が進んで初代の河内山を身体化することができたからであろう。あのふくよかさは、芸の、それも初代の芸を辿った結果としか思えなかった。

もっとも吉右衛門の河内山は、かなり早くからドラマの骨格がはっきりしていた。

例えば、平成三（一九九一）年十月歌舞伎座の時に私が感心したのは、そのせりふ廻しのうまさである。松江家へ乗り込んだ河内山は、漢語まじりの堅い言葉を使う。例えば、「当松江家の興廃にも関わる」といったたぐいである。黙阿弥は河内山を初演した九代目市川團十郎の活歴好みに合わせて、こういう言葉を使ったのか。あるいは世話物のなかで大名の家を描くために使ったのか。あるいはまた、河内山が上野寛永寺の一品親王の御使者に化けているためにこういう言葉を使ったのか。それは定かではない。しかし独特の言葉づかいである。初代はそれを独特なニュアンスで聞かせた。一度聞いたらば忘れられないアクセントである。しかし吉右衛門は初代とは違って訛らずに、台本に書かれた通りそれをスミズミまで丁寧に真直ぐにいい廻した。それを聞いて私は、吉右衛門が並々ならず戯曲を深く掘り下げているのを思った。少なくとも吉右衛門の名調子は、この戯曲の不思議な文体を真直ぐに生かしてつくられたところが、初代の名調子とは違っていた。その正確さに限っていえば、初代以上であった。

そして八年後の平成十一年一月の歌舞伎座で見た吉右衛門の河内山は、大詰の玄関先で正体をあらわした時、有名な「悪に強きは善にもと」のせりふの最後の「ただこのままじゃァ帰られねえぜ」と北村大膳を脅かした時、私はその凄みで背筋がゾッとした。誰でもいうせりふだが、今までこんなにゾッとしたことはなかった。こんなに凄まれたらば、北村大膳は無論、松江家の家中一統さぞゾッとしたに違いないと思った。

その一方で、なぜそんなにこの凄みが生きているのかも考えた。それは凄むのはここ一か所だけだからである。質見世では軽さと愛嬌、白書院ではネチネチと松江侯を脅かす芝居を丁寧に見せておいて、正体がばれた途端にガラリとこの凄味。それもここ一番の凄味である。その芝居運びの骨格のつかまえ方があざやかであった。この骨格を飲み込んだところで吉右衛門の河内山は、彼の薬籠中のものとなり当り芸になった。その努力があってこそ、あの顔のなんともいえず豊かなふくよかな初代そっくりの顔が生まれた。

ご存知の通り、河内山は黙阿弥が九代目團十郎のために書いた役である。九代目の河内山を見た人の話では、九代目の河内山は白無垢鉄火の男一匹、大名の権勢にもびくともしない強さであったという。しかしその九代目の後を継いだのは二代目市川左團次のみで、その型は滅びてしまった。初代吉右衛門が愛嬌たっぷりに下手(したて)から出て松江侯をへこますという九代目とは違う河内山をつくって、それが観客に受けて一世を風靡し、誰でも河内山といえば吉右衛門型になったからである。

初代吉右衛門は大坂出身の三代目中村歌六の長男。しかし母が大変な九代目贔屓(びいき)で息子には九代目を学ばせた。父の大坂流の愛嬌沢山、母の九代目崇拝。その間でできたのが初代の河内山である。白無垢鉄火でなくなったのは是非もない。

二代目は無論初代を見習った。しかし、漢語混じりのせりふ廻しの点で指摘したように台本に忠実でもあった。そこに、初代に似ながらもどこか九代目に一脈通う骨格の正しさが浮かぶことになった。あの初代そっくりの顔の輪郭はただの猿真似ではなく、初代の精神を充分に尊重しながら、二代目一流の発見があってできた芸のつくった顔だからこそ、嫌味でなく吉右衛門そっくりになった。二代目は初代が父と母との間でおのずと道を開いた、その苦難の道を自分もまた歩いた。ただの物真似ででできる顔ではなかった。

そしてその顔が舞台の円熟をつくった。

大体、質見世、松江家広間、白書院、玄関先の二幕四場を通して、吉右衛門の特質は次の四点であきらかになる。

第一に、芝居の運びが緩急自在で軽くなったこと。時代に張るところは張るが世話に砕けるところはガラリと軽くなって、そのイキの差し引きの落差が大きく、それが面白味になっている。これが世話物の面白さである。

第二に、リアルなところが身に付いて、そのリアルな味わいが円熟して面白い。例えば玄関先で、江戸っ子は気が短い早くしろというところ。いかにも江戸っ子の気質があらわれて自然に身についたものに見える。早くことの決着をつけようと焦っていうのではなく、天性の気質が自然に出て、気持ちが体にピタリとついてこれが世話物のいわゆる地芸の面白さ。地芸の地は地紋、小説の地の文章というその「地」で、世話物にはとり分けて欠くことのできないものである。

第三に、張ることの張り方が突っ込んで深くなった。例えば有名な「悪に強きは善にもと」のせりふのなかでの「衣でしがを忍ぶが岡」の「忍ぶが岡」の張り方、いい廻しのコクの深さである。同じことは「曰く窓」や「大名風情」にもある。ことに「大名」のいい廻しは「デエミョウ」と聞こえるほどであり、その味わいの深さが陶酔をよぶ。ただ誇大に突っ込んだだけでは人に陶酔を与えることはできない。そこに突っ込むと同時に独自の味わいの面白さが出た証拠である。

第四に、白書院で抵抗する松江侯を追い詰めてついに屈服させて、腰元浪路を実家へ返すことを承認させる芝居の運びが明快でわかりやすい。ドラマの骨格、河内山のハラがまことにハッキリしているからである。

以上四点。世話物の芸の真髄ともいうべきものが徐々に整ってきた。それでもまだ生々しい、大げさなところがあったが、それが洗練され磨かれたのが、その後の吉右衛門の進歩であった。

そうなってみると吉右衛門にはひときわ格調とでもいうべきものが滲み出てくるようになった。お使い僧として化けているから当たり前でもあるが、いかにも上品なのである。その上品さはお使い僧だからということでもあるが、それ以上に芸のあり方の上品さである。

河内山をやる人によっては、白書院で時々チラチラと無頼漢の本性を見せる人もいる。それはそれで面白いが、あんまり強調されると、これでは松江家の家来がニセモノとわかってしまうと思うほどの人もいる。そのかね合いが難しい。

吉右衛門はいっさいそういうことをしない。上品にやる。それでも河内山が化けていることをそこはかとなく匂わせる工夫があるが——例えば白書院で本舞台にいる松江家の家臣たちの名乗りに一々声を上げてうなずく芝居——その他は玄関先で北村大膳に見破られるまではいっさい底割りをしない。つまり本性の凄味をずーっと隠していて、最後にパッといきなり凄味むき出しになるというのが吉右衛門のやり方であり、初代のどこか愛嬌の陰に野卑さ、下品さがあるのとは違うのである。あくまで品よく、それは化けているという劇的設定のためであると同時に、吉右衛門の芸そのものの上品さである。そこが九代目の白無垢鉄火ビクともしない男とも違った上品さなのである。

そういう円熟した吉右衛門の河内山を順を追って書いていこう。

まず、質見世上州屋の店先である。平成三十（二〇一八）年九月歌舞伎座の吉右衛門最後の河内山は、ここが滅法な面白さであった。舞台下手（しもて）から羽織を着て懐手で出たところへ、店の中から小僧が飛び出してくる。ここは片岡仁左衛門のように花道から出る人もあるが、吉右衛門はいつも下手から何気なく出る。この軽さがこの人の身上である。明るくて上機嫌、小僧をかばって番頭を止める愛嬌、見ているこっちも思わず浮き立つような上機嫌さである。

番頭に木刀を質草に五十両貸せという。むろん番頭たちは、河内山がいくらさる大名から拝領した木刀だといったところで、ただの木刀に五十両も貸すわけがない。そこで後家のおまきに会って直談判をしようと立ち上がるところは、キッパリと時代になる。そこでおまきから浪路のことを聞いて、「それはどういうわけあって」といって話を引き出す聞き上手。浪路が「死ぬる覚悟」だといっているのを聞いてサッと驚く具合は、思わず見ている観客が話に引き込まれるうまさである。こういうところが地芸の面白さである。番頭が口をはさむと「いい工夫がぞくぞく出るのだ」という具合、むろんこの時点では河内山に「いい工夫」などないのだが、ここが話のカン所だと察して押しきる様子、果たして「礼はいくらおくんなさるね」と本音が出る。次の幕の上品さとは違った下品さである。こういう手に入った芝居で舞台が盛り上がって熱を帯びる。これがいつも見慣れた台本とはとても思えぬ新鮮さ、見違える面白さである。観客はただただ膝を乗り出すわけである。

河内山は無事に浪路を松江家から救い出したら二百両欲しいという。むろん番頭が断る。それを「ハテ気の毒なことだなァ」と嘲笑う具合、立とうとする河内山を奥から和泉屋清兵衛が呼び止める。河内山は「そんならこなたが親類の」と時代にいって話を聞き、「ヘッ、承知しやした」と引き受ける。

煩雑さをいとわずに書いたのは、このこまかく丁寧な芝居運びの面白さが重要な意味をもっているからである。むろんそれ自体のうまさの面白さもあるが、それ以上に重要なのは、この次の幕の松江侯の白書院でスーッと出ると観客がアヽ河内山が化けてきたのだなと黙っていてもわかるからである。そうするとムリに化けていることを強調しなくとも、観客には充分面白い。その仕込みのためにここまで丁寧にやる。

もう一つ大事なのは、ここを丁寧にしておくと、これが河内山にとっても上州屋一族にとっても一か八かの危険な大博打だったことが自然にわかるからである。

河内山は二百両を要求した。番頭がいうように法外な金額である。今日の価値に換算すると一両が大体九万円だから、二百両といえば千八百万円である。上州屋がいくら豪商でも右から左へといかぬ大金である。それを出そうという和泉屋清兵衛と後家おまき。二人にはこの事態の重大さと、これが絶大な権力をもつ大名相手の、どんなに危険な仕事かわかっているからである。そこまでしなければ浪路を救えない。そう思ったから清兵衛もおまきも二百両出す気になったし、河内山もこの仕事の危険性がよくわかっていたのである。

いくら腰元浪路を無理に監禁して自分のものにしようとしている暴君松江出雲守にしても、大名は大名、しかも十八万石の名家である。河内山がお城へ自由に出入りができて御直参だといっても、所詮は御数寄屋坊主である。御数寄屋坊主というのは、単身お城へ上る大名（たとえ百万石の大々名であろうとも城中では家来を連れずに単身である）たちの昼食はじめ雑用をする坊主のことをいう。そのために御数寄屋坊主は諸大名にコネもあれば権力もある。しかし所詮身分でいえば、大名の敵ではない。そこで松江家と事を起こせば、うまくいったところでどんな復讐をされるかわからない、上州屋も同じことである。町人の家に危険が及ぶことは当然考えなければならない。だから二百両はおろか何百両でも高くはない。それだけ危険な大博打なのである。しかも河内山はただの木刀で五十両を借せというほどのほとんど無頼漢である。その男に全てを賭ける上州屋も和泉屋も危険を覚悟している。そこにどちらにも闇社会の力が匂うだろう。吉右衛門の河内山は、その芝居の端々に悪の闇社会の暗さが滲んでいる。だから次の幕では、見破られてもどこまでも上品にやるのである。決して闇社会をチラつかせたりしないのだ。

さてこれだけの危険を背負って、河内山は上州屋の門口を出る。番頭にいい考えが「ぞくぞく出る」といったもののさすがの河内山も考えあぐねて足取りが重くなる、そこへ鳥羽屋里長（りちょう）の唄う独吟「時雨時雨て」が聞こえてくる。花道七三へ来た河内山がああしてこうしてと考える。吉右衛門も若い頃はこの考えが指先に出て説明的だった。しかし七十歳を過ぎて円熟してからは、全てはハラのなか、気持ちだけで指が自然にかすかに動く。いい思案がついてポンと膝を叩く。そこまでの面白さは無類だった。何を考えているかはわからない、それでいて河内山の心の行方が目の先に見えるような、無言でいて何かが雄弁に語られる。そのズッシリした芸の重み。言葉に尽くせぬものが体から流れる。後はサーッと軽く引っ込むだけである。

二幕目第二場が白書院。

すでにふれた通り、花道を出た緋の衣の北谷道海実は河内山が一瞬にせ者らしく見えるのは、松江家の家臣の名乗りを一々うなずく件だけである。

それから高木小左衛門が松江侯病気の旨をいうと、それでは帰院すると手強くいって立とうとする。それで松江侯出座になって人払いのうえ二人だけの対話になる。

吉右衛門もこの長い物語は噛んで含めるように話すうまさが、初代そのままで堪能させる。まず、「只今発語いたすでござろう」の時代に張った名調子で、客席の空気を一気に変えて緊張させる。一品親王と囲碁の勝負をした和泉屋清兵衛の盤面の乱れまで丁寧に噛んで含めるような物語が、大して変わった話でもないのに聞いてまことに面白いのは不思議である。ここらは初代にまさるとも劣らぬ出来栄えであった。

それを聞いた出雲守が河内山の提案——浪路解放を拒否する。「家の掟が立たざるゆえ」。ここは「なにをこ奴めが」と上から出る人もあるが、吉右衛門は初めから下手に出ていたのが、「ハテ御承知なされぬとなァ」と初めて脅しにかかる。「もってのほかの御乱行」を老中方へ訴えるという。本当は大名の犯罪は老中ではなく大目付が担当だが、そこを大きくしたのもこの乱行を政治問題にするぞという河内山の策略である。

こうしてみるとこの対決は、前半は下手に出ておとなしく、松江侯が承知しないのでやむなく強面の脅迫と二段に対照がついている。

松江侯が不承知を受けて、「ハア御承引なされぬとなァ」の突っ込みからガラリと変わっての「当松江家の興廃にも」から「もってのほかの御乱行」まで、理に理を重ねて、ある時は強く、ある時は軽く真綿で首を絞めるごとく松江侯をジワジワと責め上げていくうまさは、黙阿弥の書いたせりふを生かす壮快さ。「御承知か」と本性をチラリと思わせる止めまで、理非曲直を糺すわかりやすさで松江侯を追いつめていく面白さはなかった。

幕切れ。「あいなるべくは山吹の」の「山、吹の」と二つに区切って「お茶が一服」と世話に砕ける呼吸も、相手にそれと飲み込ませる具合が無類の丁寧さであった。あくまで上品を表に、締めるところは締める面白さ。これでは松江侯もひとたまりもない。

三場目の玄関先。

北村大膳に呼び止められての「よく似た者もママござれば」のとぼけた具合から、大膳に「高頰のほくろ」と図星を刺されての「ア、アア、アハァ、ハア」と笑っていく大胆さから、「エエ仰々しい静かにしろ」と一喝して、例の琴の合い方での「悪に強きは善にもと」の名せりふ。すでにふれたように「衣でしがを忍ぶが岡」や「仕掛けた仕事の曰く窓」「大名風情」で、観客を陶然とさせる突っ込み方である。

「十八万石に傷がつくぜ」と凄味を効かせるところは、序幕に闇社会を思わせて、この危機一髪を大胆に乗り越えていく度胸まで。溜飲の下がる出来栄えだった。

幕切れの「馬鹿奴ッ」はもともと黙阿弥の台本にないせりふだが、吉右衛門はこれを北村大膳に直接いって、間接的には襖を開けて出てきた松江侯にかけていう。

いくら御数寄屋坊主で御直参でも松江侯は大名、その大名に「馬鹿奴」はないだろうというのがよくわかる。吉右衛門の見識である。

以上を含めて、吉右衛門の至芸であった。

「菊見がてらに秋の露」——佐野次郎左衛門『籠釣瓶花街酔醒』

初代吉右衛門の佐野次郎左衛門、六代目中村歌右衛門の八ツ橋の『籠釣瓶花街酔醒』は、戦後歌舞伎史の名舞台の一つであった。

昭和二十六（一九五一）年一月、戦争で焼けた歌舞伎座が華々しく復興再開場した時の演目は、この『籠釣瓶』であった。序幕の新吉原仲の町の見染めで、花道七三へかかった歌右衛門（当時はまだ芝翫だった）の八ツ橋が、本舞台で茫然としている吉右衛門の次郎左衛門を振り返ってニッコリ笑う。白い顔の赤い唇に黒いお歯黒を塗った歯がこぼれる。その妖しい艶やかさは満員の観客の魂を奪って、客席はただ水を打ったような静けさであった。

しかし三年後には吉右衛門が死に、次郎左衛門の役は、女婿八代目松本幸四郎（初代白鸚）、実弟十七代目中村勘三郎の手に渡り、そのどちらにも八ツ橋を勤めた歌右衛門が、今度は初代の孫に当たる二代目吉右衛門に次郎左衛門を伝授した。その二代目が次郎左衛門の「人間」を深く描き出した。

次郎左衛門は、国（佐野）から商用で江戸へ出てきて、国への土産話にとちょうど見頃の新吉原の夜桜を見物に行った。

吉原の夜桜は江戸名物の一つ。吉原というと色街と思うかも知れないが、一般の人も見に行った。

私の母は福島県の白河生まれ。明治四十二（一九〇九）年生まれで、大正六（一九一七）年初めて親に連れられて東京見物に来た。その時数えで八歳の少女は、歌舞伎座で初代中村鴈治郎の『河庄』（孫右衛門は二代目中村梅玉、小春は五代目中村歌右衛門）を見て、二子玉川で白魚をすくって食べ、そして吉原の夜桜を見物した。少女も行く名所の一つだったのである。

この桜は春になると駒込染井の植木屋が植えに来る。吉原の道路に桜の他に山吹はじめ下草を植えて竹の垣根で仕切り、引手茶屋や揚屋の名前を記した紅枠の行燈を立てた。そのほのかな灯りに夜桜が浮かび上がる。その景色は『籠釣瓶』の序幕そのままだったらしい。

そこへ花魁道中が来る。

廓には三業の商家があった。一つは女性が寝泊まりする置屋。もう一つは客に呼ばれて遊ばせる揚屋。一つは揚屋へ客を案内する引手茶屋。この三つである。江戸中期には、この置屋と揚屋が一つになった。『籠釣瓶』を見るとよくわかるが、八ツ橋がいる兵庫屋は、置屋と揚屋を兼業している娼家である。

江戸の市中から吉原へ行くには二通りの道があった。一つは陸路。駕籠か徒歩で浅草を通って吉原へ行く。吉原は四角形の隔離された一つの町で、碁盤の目のようにタテ横十文字に道路が走っていて、出入り口は大門一か所。それをくぐって最初の大路の両側に並んでいる引手茶屋へ上る。むろん直接安い女郎屋へ行くこともできるが、大見世で正式に遊ぶためには、この引手茶屋を通さなければならない。

もう一つの行き方は、舟で隅田川を上流へ上る水路である。まず客は柳橋の舟宿へ行き、ここで芸者を揚げて一遊びして、舟に乗って浅草を越え、その先の山谷堀の舟宿へ行く。そこで山谷堀の芸者とまた一杯。舟宿の若い衆に送られて大門をくぐり引手茶屋へ行き、ここで吉原芸者と宴会になる。そこで引手茶屋から揚屋へ知らせが行き、敵娼の女性を指名する。そうすると指名された花魁が客を迎えに来る。そして同伴して揚屋へ行く。その行列が花魁道中である。

『籠釣瓶』の序幕新吉原の見染めの花魁道中、続く二幕目の引手茶屋立花屋、そして三幕目の八ツ橋のいる揚屋兵庫屋では、こういう風景が克明に描かれている。

何も知らない田舎者の次郎左衛門は、たちまち悪い客引きに引っかかるが、そこに通りかかった引手茶屋立花屋の主人長兵衛に救われる。そこで長兵衛がいうには、一目で田舎の人と見えるそのなりではどんな目にあうか知れない。遊びたければ、それなりに事情を知った人を頼んでいらっしゃい。それでなければどんなひどい目にあうか知れませんよと。

長唄『松の緑』にもいう「廓は根引きの別世界」。「根引き」とは遊女を身請けすることをいう。身請けしてこそ遊女は普通の女性になるが、そうでなければ「別世界」の籠の鳥だというのである。廓――つまり色里は一度でもその味を知ってしまえば、日常の市民生活の現実とは全く違う、体が浮き立つ「別世界」なのである。その証拠に大の大人が野球拳などという他愛のない、くだらぬ遊びに夢中になっていることが理解できないだろう。そこが同じように見えて、クラブやキャバレーと全く違うところなのである。

次郎左衛門は、八ツ橋を見染めただけではなく、その「廓」のトリコになった。『籠釣瓶』はそういう廓の制度が一人の男をトリコにし、その制度の非人間的な矛盾によって一人の女を犠牲にするドラマなのである。

二幕目、立花家店先の場。

この場と次の三幕目大音寺前浪宅の場の二場は、初代吉右衛門の晩年の健康と時間の制約もあってしばしばカットされた。しかし歌右衛門はこの二場がないと次の愛想尽かしがやりにくいといって、吉右衛門没後はほとんどこの場をカットしなかった。確かに歌右衛門は立花屋の店先では次郎左衛門への目いっぱいのサービスぶりを見せ、次の浪宅では八ツ橋の愛人である繁山栄之丞が八ツ橋に次郎左衛門の身請け話を断れという動機をつくった。その動機をつくるうえで、この二場は欠くことができないのだろう。しかしあまり気づかれていないようだが、この立花屋店先は次郎左衛門にとってもきわめて大事な場なのである。

序幕で八ツ橋を見染めた次郎左衛門は、立花屋長兵衛の忠告に従って、その後は立花屋の客になり、立花屋を通して八ツ橋の馴染みになった。見染めの脚絆、手甲、草履掛けという田舎者の姿でこそないが、この場になるといっぱしの遊客になっている。自分の吉原での通人ぶりを見せびらかしに、同じ商売仲間の丈助と丹兵衛の二人を連れてきている。むろん自分の招待である。この二人が序幕の次郎左衛門の位置にいるから、次郎左衛門はこの二人の野暮さ加減、廓なれぬ具合を笑いものにして、立花屋の者たちや自分たちを迎えにきた八ツ橋たちの賛同を得ようとする。自分はもはや野暮ではない。粋な遊客。この顔こそが廓の別世界の官能のトリコになった男の病気の進捗状態を示している。

しかしその次郎左衛門の自負を無慙（むざん）に打ち砕くシーンがやってくる。

八ツ橋を目の前にして、八ツ橋を買いたいという丹兵衛、丈助に「私が来ぬ時、（八ツ橋を）お買いなさい」と二人にいうのだ。いくら遊女が売り物買い物といっても、このデリカシーのなさは野暮むきだしだが、そういった後で八ツ橋が煙草の火を次郎左衛門の掌につける、「アツイ」となった次郎左衛門に八ツ橋がすぐ吸い付け煙草を出す。

次郎左衛門がそれを両手でハァーッといただくのが幕切れ。どこの国に吸い付け煙草を敬って捧げる人間がいるだろうか。これ一つで次郎左衛門の遊客ぶりがいかに付け焼き刃かわかるだろう。

初代吉右衛門はここがほろ苦い哀れさだった。廓の遊びにひかれながら、それでもそれにひたりきれぬ人間の哀感が出たからである。

十七代目勘三郎は逆に明るく喜劇的だった。勘三郎はもともとこの人があばたの醜男でさえなければこれほどいい男はいないだろうと思うほど女にもてる男だったから、ここもただ笑いの、それも好意的な笑いにつつまれて面白かった。

二代目吉右衛門は哀れでも笑いでもなく、廓の遊びに半分トリコ、半分必死でついていこうとしている人間の滑稽さを出した。ここから愛想尽かしの悲劇へは一気呵成であった。

四幕目の愛想尽かしは、前後三場に分かれる。すなわち兵庫屋の二階の引き付け、廻し部屋、八ツ橋の本部屋である。

三代目河竹新七のこの作品は、実に吉原の風俗をこまかくよく描いている。

第一場の引き付けもその例である。ここは女郎が指名された客に紹介される部屋で、大きな廊下の向うに小部屋があり、その脇に遣り手の部屋がある。ここへ立花屋の女中が白鳥徳利を持ってくるのも、引手茶屋が客の好みの酒肴にまで気を配る景色だろう。次いで立花屋の女房おきつが次郎左衛門たちを案内してくる。揚屋のなかにまで引手茶屋の意向が強く反映しているのである。

次郎左衛門は有頂天になっているが、一方では思いがけない方向から爆薬の導火線に火がついている。すなわち二幕目の立花屋の店先で起こった、八ツ橋の請け人（身許保証人）釣り鐘権八が立花屋に次郎左衛門に金を借りてくれという申し込みをして、断られる件である。むろん立花屋も最初の内は次郎左衛門に取り次いで金を借りてやっていた。しかしあまりに度重なるので断った。それを恨んだ権八が、八ツ橋の情夫繁山栄之丞を焚き付けて八ツ橋と次郎左衛門の仲を裂こうとしたのである。大音寺前の浪宅はすなわち栄之丞の家で、権八はここで栄之丞の嫉妬心を煽ったのである。

八ツ橋はもと中国筋のさる藩中で清水三郎兵衛といった人の娘であった。繁山栄之丞は当時からの仲であったが、事情があって御家が離散、清水三郎兵衛も繁山栄之丞も浪人して、八ツ橋は親の貧苦を救うために新吉原へ身を売った。その時、清水三郎兵衛は武士の面目、表だって親元にはなれなかったので、仮親になったのが当時下僕として使っていた釣鐘権八である。この男が金に困ってしばしば八ツ橋を通して、ということは、実際は立花屋長兵衛の口ききで次郎左衛門から借金をする。むろん返すあてのない金だから、その再三の金の無心に立花屋も閉口している。

ちょうど八ツ橋の身請け話が起きている。むろん次郎左衛門が受け出そうというのである。身請けは八ツ橋の抱え主兵庫屋にとっても、次郎左衛門の遊びを一手に引き受けている立花屋にとっても大きな利益である。仮親でもある権八にとっても利益になる。

ところがここに大きな障害になっているのは、八ツ橋と栄之丞の関係である。浪人の栄之丞の生活は八ツ橋が全部見ている。今さら別れる気もないだろう。それを見越しながら立花屋と兵庫屋は身請け話を進めようとしている。いざとなれば八ツ橋に発言権はないからである。

そこへ権八がまた借金を申し込んできた。さすがの立花屋は、この大事な時にということもあって断った。それを恨んだ権八は、栄之丞に身請け話をぶちまけて八ツ橋の不実をなじって栄之丞の嫉妬を煽った。

四幕目の引き付けへ上がった次郎左衛門一行はすっかりいい気分になっているところへ、権八を連れた栄之丞とバッタリ鉢合わせをする。なんとか立花屋の女房と遣り手がごまかしたものの、次郎左衛門は直感でそれと悟った。

ここが二代目はうまい。

幕切れに煙管をしまいながら、私は一寸あの人たちの部屋を覗きに、と立ちかかる次郎左衛門の疑いと嫉妬深さがうまく出る。こういうところにうまさが出るのは吉右衛門の次郎左衛門が「人間」の真情に溢れているからである。

一方、八ツ橋の側にも「人間」的な感情が動いている。

それが四幕目の引き付けに続く廻し部屋である。廻し部屋というのは、遊女が一晩のうちに何人もの客をとる。これを、廻しをとるといい、そのために使う部屋が廻し部屋である。ここに客を待たせておいて遊女のほうがその部屋を廻って歩くから、この名がある。

栄之丞がこの廻し部屋で八ツ橋を詰問している。なんで身請け話を俺に打ち明けないのだ、俺を袖にする気だな。八ツ橋はまだ正式に決まったことではないという。それが本当ならば今夜、次郎左衛門に愛想尽かしをしろ。

八ツ橋は次郎左衛門が嫌いではない。むろん栄之丞が愛人であるが、次郎左衛門には贔屓にしてもらっているばかりか、さまざまな自分の節季節季で太鼓持ちや芸者に配るものや積み夜具といった飾りの費用、全てを次郎左衛門に出してもらっている。その恩と義理もある。しかしそれ以上に八ツ橋は、田舎者らしい次郎左衛門の誠実、朴訥な「人間」味を愛しているのだ。だから栄之丞に迫られても二つ返事で愛想尽かしをすることはできない。

そうしているうちに、次の八ツ橋の本部屋――日頃常に使っている部屋の愛想尽かしが訪れてくる。八ツ橋は泣く泣く次郎左衛門に愛想尽かしをする気で部屋へ入ってくる。しかしそういう気持ちで入ってくる八ツ橋の愛想尽かしには、二つの意味がある。一つは次郎左衛門への恩も義理も好意も捨てて、栄之丞を愛する一人の女として自分の「人間」的な感情に生きようとする決意である。

しかしそうするには、引手茶屋、揚屋、ひいては廓の制度と戦わなければならない。この廓の制度の根本は金である。その金のために身を売った彼女は、今またその金と戦わなければならない。八ツ橋が吉原の女王だとしても所詮は遊女である。廓あってこその自分。しかしその廓と彼女は戦わなければならない。もう一つの意味はここにある。しかしこの戦いに勝ち目はない。そんな我儘は遊女には許されていないからである。所詮その全盛で一世を風靡したとしても金儲けの道具にすぎない。今、彼女は道具であることを充分承知しながら、私は道具ではない、生きた「人間」だと叫んでいるのである。

それは八ツ橋ばかりでなく、次郎左衛門も同じである。次郎左衛門は廓の制度に一所懸命で慣れて、野暮な客から「粋な遊客」になろうとして必死で生きてきた。金を使ってきた。しかし今やその金に復讐されようとしている。彼がひたすら愛してやまず、金をつぎ込んだ女が「金ではない」と叫んでいるからである。

次郎左衛門にとっては予想もしなかった出来事だったろう。「菊見がてらに秋の露、濡れて見たさに来てみれば、案に相違の愛想尽かし」。次郎左衛門と八ツ橋の間の認識にはあきらかに矛盾がある。しかしそれでも二人に共通なのは、その時二人が「人間」だったことであり、「人間」が廓という制度に立ち向かっていたということである。

次郎左衛門は「そりゃあおいらん、袖なかろうぜ」という。この言葉はあきらかに「おいらん」つまり八ツ橋に向けられている。しかし今、直接的に八ツ橋に向いていたとしても、その本質は八ツ橋が象徴している廓であった。次郎左衛門はあきらかに廓そのものに向かって呪咀の言葉を投げかけているのだ。

初代吉右衛門の「おいらん、そりゃあ袖なかろうぜ」は、聞いている我々を陶然とさせた。これから始まる名せりふの数々、その珠玉の一つ一つが呼ぶ陶酔、それを思ってこの一句に人々は「播磨屋ッ」という声をあげたのである。そして予想どおり、この男のせりふは女性のソプラノ歌手のアリア以上に甘美で、人の心を震えさせたのである。

しかし二代目はそうではなかった。彼が「おいらん、そりゃあ袖なかろうぜ」といった時、このせりふは陶酔ではなく、絶望の悲痛な叫びであって、ここには不毛な闘いに乗り出した男のうめきだけが満ちていた。そして聞けば聞くほどそのうめきは深くなり、周囲には人なきがごとき孤独の闇が濃くなった。そう、彼の周囲には八ツ橋をはじめ一座の人々、誰一人として存在しなかったのだ。彼が語る言葉は、その闇に吸い込まれて消えていった。私はこれほどの絶望の声を聞いたことがなかったし、その絶望の深さは、自分がすべての財産をつぎ込んで戦ったのが、廓という個人を超えた制度、その制度によってつくられた一つの社会だった。八ツ橋という女さえ問題ではなかった。彼は廓と戦い、廓によって身を滅ぼした。

チラリと自分を見ている栄之丞を見た時、彼は八ツ橋のなかの「人間」を見て、その人間のために廓と戦った八ツ橋の本性を見た。そこに二人の「人間」を見たから、立花屋の女房が八ツ橋を翻意させるといった時、身請けは思い止まったというのである。吉右衛門の次郎左衛門はその時自分の敵は八ツ橋ではなく廓であること、そしてあえていえば八ツ橋のなかの「人間」、自分のなかにも生きた「人間」であることを知った。

だから初代があれほど人を泣かせた、人々が去った後の九重との別れ、あるいは立花屋の女房との別れ、忠僕治六とのやりとりにおいて、二代目はほとんど感傷的ではなかった。それよりも「ことによったら」という一句に復讐の気配の凄味を匂わせた。初演以来の初代市川左團次の、そしてそれを受け継いだ二代目左團次の、すでに現代では滅んでしまった左團次系の演出では、この件は初代吉右衛門ほど悲傷の濃厚さではなかったらしい。二代目の次郎左衛門は、この左團次系に近いのかもしれないが、そうなったのは二代目が次郎左衛門の標的が八ツ橋ではなく、はっきり廓と見定めたからだと私は思う。

そして大詰になる。一年ぶりで吉原へ戻ってきた次郎左衛門は、立花屋の二階へ八ツ橋を呼んで、そこで彼女を名刀「籠釣瓶」で一刀のもとに殺した。ここで次郎左衛門が使った凶器の村正の妖刀の銘を「籠釣瓶」という。井戸の水を汲む釣瓶が、桶ではなく籠では水は全て流れてしまう。水を切る釣瓶に遣ったのが籠釣瓶である。すなわち「水もたまらぬ」という洒落である。その刀で八ツ橋を斬った次郎左衛門は、「籠釣瓶は、よく斬れるなァ」と凄味に笑う。その時、次郎左衛門は、八ツ橋を斬ったのではなく、吉原という廓そのものを斬ったのである。

吉右衛門は一度だけこの『籠釣瓶』を通しで出したことがある。松岡亮の補綴した上演台本で、彼がもともと佐野の商家の出身であり、都築武助という剣客を世話したために剣術を習い、武助の死にその遺品として「籠釣瓶」という村正の名刀をもらったことがわかった。「籠釣瓶」が妖刀なのは刀の祟りからで、武助はこれを決して抜くなといって死んだ。この刀をつくったのは村正で、村正の刀が妖刀とされたのも徳川家康がこれを嫌ったからである。むろんここには籠釣瓶の刀の祟りについても書かれていたが、そんな因果噺は関係ないと私は思った。

次郎左衛門が一刀のもとに斬って捨てたのは廓という別世界、官能の遊びにのみ生きる不思議な誘惑に満ちた世界であり、立花屋長兵衛がいうように素人には近寄ってはならぬ別世界であった。

私にはそのタブーを犯した次郎左衛門の、あの「おいらん袖なかろうぜ」という絶望が今でも聞こえてくる。

八、人生の終わりに

「桜の林の大島台」――大判事清澄『妹背山婦女庭訓』「山の段」

私が子どもの頃は、「山の段」は滅多に出ない大曲だった。

私が初めて見た「山の段」は、東京劇場のさよなら公演、昭和二十五（一九五〇）年十一月だった。翌二十六年の一月には、戦災で焼けた歌舞伎座が開場するため、それまで東京では歌舞伎の拠点であった東京劇場はこれを機に映画館に転向した。「山の段」がなかなか上演されなかったのは、一つは東劇にはこの芝居に必要な仮花道がなかったからで、私はこの時、両花道を使う芝居を初めて見たのである。

大判事は初代吉右衛門、定高は三代目中村時蔵、久我助は十七代目中村勘三郎、雛鳥は六代目中村芝翫（六代目歌右衛門）、腰元桔梗が四代目尾上梅朝、小菊が五代目助高屋高助であった。

私は偶然一階の一番前の席で、この初めて見る「山の段」を食い入るようにして見た。吉右衛門の大判事は意外に弱々しく線が細かったが、時蔵初役の定高が意外の健闘であり、誰よりも安定して美しかったのは歌右衛門の雛鳥で、私はこの時一度しか見なかったが、のちの定高よりも歌右衛門は雛鳥がよかったと思う。

そして次に「山の段」を見たのは、初代吉右衛門が死んだ翌年、昭和三十年の九月、新橋演舞場で菊五郎劇団が全員初役で取り組んだ「山の段」であった。二代目尾上松緑の大判事、三代目市川左團次の定高、七代目尾上梅幸の久我助、七代目中村福助（七代目芝翫）の雛鳥であった。

大判事を中心に見れば、五年前の初代吉右衛門のそれを戦後の第一世代として、これが新しい世代の「山の段」であり、その後大判事を勤めたのは、初代松本白鸚、十三代目片岡仁左衛門、十七代目中村勘三郎であり、定高は歌右衛門の持ち役になった。

そして昭和六十三（一九八八）年五月の歌舞伎座で歌右衛門の定高のもとで、九代目幸四郎（現白鸚）と二代目吉右衛門半月替りの大判事によって「山の段」は戦後の第三世代の手に渡ることになった。この第三世代、ことに吉右衛門の大判事がその後玉三郎の定高を相手にして勤めた前後二回の舞台が「山の段」の上演史上画期的な舞台になった。

大判事清澄は大和の国主、太宰少弐の未亡人定高は紀伊の国主。「山の段」はこの両国の国境を流れる吉野川を舞台にして、大和国背山に大判事の息子久我助が住み、紀伊国妹山の下館（しもやかた）に定高の一人娘雛鳥が住んでいる。

久我助と雛鳥は恋仲であるが、二人の親たちは年来の領分争いから犬猿の仲である。天下を横領した暴君蘇我入鹿は、諸大名が共謀して自分に敵対することを恐れ、大判事、太宰両家の争いも実は表面だけのことでけないかと疑っている。ことに二人の子どもたちが恋仲であることを知って、その疑惑を強くした。そのうえ久我助は、入鹿が追放した天智天皇の寵姫采女（うねめ）の局を猿沢の池に入水したと見せてかくまっているらしい。そこで入鹿は大判事と定高を呼び出し、大判事には息子久我助を自分の側近として召使うために出仕を、定高には雛鳥を自分の側室として入内（じゅだい）させよと命令した。もし命令に従わなければ二人の命はない。その検分役は大判事と定め、両家の動きを家来の荒巻弥藤次に「百里照の目鏡」つまり望遠鏡をもって、妹山背山の間にある天の香具山の頂上から監視をさせた。絶体絶命の大判事と定高は吉野川のほとりへ急いでやってくる。

大判事は仮花道、定高は本花道。両花道を吉野川の両岸、客席を川に見立てて進んでくる。二人の争いはすでに前の場の定高館で始まっているが、この場の第一ラウンドはこの花道のやりとりである。

大判事を呼び止めた定高がどうするつもりかと聞く。大判事は息子といえども天下国家から見れば、「同じ世界に湧いた虫」天下のため家のためには入鹿の命分に背くならば殺すつもりだという。ここが吉右衛門は手強くてうまい。

〽眦くしゃつく」の袖口を返すきまり、〽この国境は生死の境」の桜の一枝を横に持ったきまりの大きさ。とりわけてこの時（平成十四〔二〇〇二〕年一月歌舞伎座）は一つ一つのしぐさ、きまりが明確な輪郭をもって空間に浮かび上った。それは何よりもこの時の吉右衛門の気迫であった。これまでは吉右衛門の大判事は、歌右衛門、四代目中村雀右衛門という先輩の定高を相手にしてきた。しかし今度は玉三郎初役の定高、久我助は中村梅玉、雛鳥は現福助である。一番経験があり、大判事である自分が二時間に及ぶ大曲を引っ張っていくしかない。その一身に舞台を背負った人間の気迫の凄まじさであった。それが一つ一つのきまりに力になって溢れた。初代吉右衛門の大判事の芸の滋味、初代白鸚の手堅さ、それらにくらべればあるいは反論があるかもしれない。しかし私は吉右衛門の、その輪郭の正確さとその力強さにおいては二人を凌ぐものがあったと思う。そしてそれだけの気力がこれまでにない「山の段」をつくることになった。

大判事の手強さに対して、玉三郎の定高もまた決して引けをとらぬものだった。ここで大判事の言い分を聞いた定高は、娘雛鳥が入鹿の命令を聞かぬ場合は「切って接木をいたさねば、サ、太宰の家が立ちませぬ」といいきり、自分は大判事の息子久我助のことは「真実なんとも存じませぬ」と断言する。その強さが玉三郎に出たのは、一つはむろん玉三郎自身の研究の結果であり、しかしもう一つは吉右衛門の引く力の強さ、その手強さとの対照による。私はその二人のある時は拮抗し、またある時は激しく対立する有り様を見ていると、この二人の「山の段」が今までにない壮大なスケールをもっていることを思わずにはいられなかった。

しかし二人の対立は本舞台へ来た時に一変する。最初は妹山であり、定高が雛鳥を入鹿の側室にすることを説得する。その説得のポイントは雛鳥が入内しなければ久我助は腹を切らなければならないということであった。もし久我助のことを本当に助けたいと思うならば、入内するしかない。それが女の操の立て方だという。それを聞いてようやく雛鳥は入内を決心する。

そこで場面が背山へ移る。ここでは妹山とは対照的に親子の関係が逆転している。大判事がいうまでもなく、久我助が切腹を願い出たばかりか、父に知らさずに天皇の寵姫采女の局をかくまっていることを告白した。父は自分が入鹿に降参しているのに対して、息子の抵抗精神、天智天皇への忠誠に感動し、「ナニ、倅の一人など葎(むぐら)に生える草一本引くよりも些細な事」という。しかしその一方、一人息子を失う悲しみはさすがの大判事にもこたえて「倅が首切る刀とは五十年来知らざりし」と嘆く。

吉右衛門はこゝがうまい。五十年来、毎日腰に差してきた刀を見ての嘆きが悲痛をきわめる。この父親としての心情こそ、この役の性根であり、その性格を描いて観客を大いに泣かせる力は、初代吉右衛門や白鸚よりも激情溢れていい。

もっともここの吉右衛門のよさは、花道の手強さと対照的なよさなのである。あれほど強く武士の意地を主張し、暴君の乱世を生きてきた男の打って変わった内心が赤裸々になるからであり、妹山の定高のいざとなると男性以上に子を押しきる母親の強さに対して、これはまた父親の一種の弱さを見せるからである。

背山の父子が手を取って嘆くところで、今度は妹山の障子が開く。

妹山ではすでに雛鳥が入内のための仕度をしている。白装束になって、下げ髪を定高が梳いている。そして雛の節句に飾られた女雛男雛を雛鳥がうらやましいといって、思わず袖で打つはずみに雛の首が取れる。それを見た定高は娘の死ぬべき運命を悟って、彼女に真情をあかす。実はこれは入内のための仕度ではなくて、お前を殺すための仕度であった。そのわけは、入内してもお前は自殺するだろう。それがはっきりしている以上、私が手にかけて殺す。入鹿はお前を側室にというよりも命を望んでいるのだ。それを、入内を承知したことにして仕度をしたのは、お前が死ねば久我助も死ぬだろう。「せめて一人は助けたさ」。

玉三郎の定高が上出来だった理由の一つは、この一句の血を吐くような激情にあった。定高の本当の気持ちここにありという深い思いが溢れていた。それは正しく吉右衛門の大判事の「倅が首切る刀とは五十年来知らざりし」に対照する悲痛な親の真情であった。

ここで今までの「山の段」とは大きく違うドラマがあらわれたのである。

例えば今までの私が見た定高は、三代目時蔵、三代目左團次とともに傑作であったが、二人ともその古風な姿、芸の味だけで私たちを圧倒した。理屈ではなく、こういう女がこうするのだということが前提になっているから、ドラマの構造は問題ではない。しかしリアルになった現代ではそういってすむわけではない。そこでドラマの構造が問題になる。その構造は吉右衛門の大判事の「倅が首切る刀とは」であり、玉三郎の定高の「せめて一人は助けたさ」である。二人はともにこの状況のなかで人間的な私たちと同じ感情に到達した。そのことが重要なのである。

久我助の降参と雛鳥の入内を知らせる桜の枝が吉野川に流される。しかしその知らせにもかかわらず、久我助は切腹のための白装束、水裃（みずかみしも）になり、雛鳥は死装束になっている。背山と妹山の密室の中でそれぞれ死への準備が進んでいる。「子よりも親の四苦八苦」。子を殺す親二人のドラマのクライマックスである。その苦しみが生きるのも、吉右衛門と玉三郎のそれぞれ一人の人間になった大判事と定高のドラマが生きたからである。

そしてついに二人が子を失う現実がやってくる。定高が雛鳥を討った音が山にこだまして、大判事の「肝に徹して」障子を開けると、すでに雛鳥の死。思わず大判事は「刀からりと落ちたる障子」。ここは歌舞伎では手真似で二人が子どもの死を語る入れ事がある。ところが、これがいつも不自然に見える。第一世代も第二世代もそうであった。そのために幸四郎（現白鸚）の大判事と四代目坂田藤十郎の定高の時には、藤十郎の提案でここを本文通りにして、手ぶりの入れ事をカットしたほどである。

しかし吉右衛門と玉三郎は、ここが実に自然で二人の絶望的な衝撃が客席へ伝わってきた。なぜかといえば、そこへいくまでの人間としての芝居の運びがリアルだったからである。この一事でもってしても吉右衛門、玉三郎の成功は画期的といわなければならない。

二人が人間として目ざめた以上、数十年来にわたって続いてきた大和、紀伊国両国間の抗争も和解することになる。逆にいえばいかなる抗争もこの人間的な前提なくしては解消することがないことをこのドラマは示している。

吉右衛門の「倅に立てて一人の娘、よくこそお手に掛(かけ)られし」という感謝の言葉は、私の胸に強く響くものであった。「山の段」はよくシェイクスピアの『ロミオとジュリエット』に比較されるし、一見似たところがないわけではないが、この一点において大きく違っている。「山の段」は、この大判事と定高の二人の人間的な成長のドラマなのである。

そして、この時から十四年後。平成二十八（二〇一六）年九月歌舞伎座で、再び吉右衛門と玉三郎の「山の段」が再演された。そこにはさらに大きな飛躍があった。吉右衛門も玉三郎もこの十四年の間に大きく円熟した。例えば、吉右衛門の「川向いの喧嘩」とやらの笑いの余裕、〽眦(まなじり)くしゃつく」の左袖口を返し右手で裃の襟をしごくきまりの手強さ、〽この国境は」の右手で逆手に持った桜の一枝で空間に線を強くクッキリと描き、「天地から見る時は」と遥かに天井を遠く見る大きさ。ともに前回の比ではなかった。

ついで二度目の出は、例の「倅が首切る刀とは」がうまいが、とりわけて前回とは全く違う深いニュアンスをもっていた。私は思わず大判事の「五十年来」の人生を思ってしまった。元服した時にこの刀を持ったのだろう。そして妻を持ち、息子をもうけ、そして妻を失い、入鹿の暴逆にたえて、今ここに息子を失うハメに至る。それが人生の運命というものだろう。だからこそ吉右衛門の大判事は一人の人間に帰る。

せりふの深さの違いは、「不和な仲ほど義理深し」では人間の生き方の倫理にふれ、「いえど心の乱れ咲き」は前回とけ全く違っての大芝居でこの場第一の出来であった。この人間的に深さがある故に次の「刀からりと落ちたる障子」の自然の深さになる。さらに今回無類のうまさは、雛渡しが終って背山へ来た雛鳥の首を前にしての水盃の三三九度。なんでもないようでいて、「千秋万歳の」が痛切をきわめていて、満場ひたすら涙々。その後の「(雛鳥が)なんで入鹿に従おう」という毅然とした覚悟を思う心情と、「未来で早う添わせたさ」の断腸の思いがあって、「過分に存ずるコレコレコレ」というところで玉三郎との気持ちが通い合う。まことに長年の不仲が「溶けて流れる」さまが目に見えるごとくである。

実はこまかい部分が集まって前回の十四年前と全く違う局面があらわれたのはここであった。ここを見ていて私は、これは単なる和解ではないと思った。和解は和解、しかしその意味が違う。この一点が大きく十四年前と違い、その違いがこのドラマの構造を全く違うものに見せたのである。

二人の親は手を尽くしたにもかかわらず「せめて一人」も「助け」ることができなかった。二人の親は絶望の淵に沈むと同時に初めて「同志」になって、真の和解が成立する。それが見えたのは吉右衛門と玉三郎二人が渾身の力をもってこの目に見えぬ心の応酬によって「和解」の意味を明確にしたからである。

二人は子を殺し、家を捨て、国を捨てて一体何を守ったのか。

直接には天皇であり、天皇の寵姫である。それだけを考えれば、二人の行動は忠君愛国に見える。

しかしそれは表面的なものにすぎない。すなわち二人が守ったものは、天皇でも采女の局でもなく、ましてや家でも領地でもなかった。実は人間としての自由なのである。すでに両家は共謀して入鹿に謀叛を起すのではないかという嫌疑がかかっていて、このままでは二人の子どもを犠牲にしても、両家は滅亡しかないうえ、そのことは単に家の滅亡だけではなく人間の生きる権利の滅亡を意味した。たとえ生き残ったとしても、そこには人間としての自由がない。そのことを知って、二人は暴君に抵抗して闘うことを決めた。滅亡覚悟の反抗である。そこで二人は全てを捨てて「同志」になった。彼らは和解したのではない。同志として生きることを選んだ。それがこの時、吉右衛門と玉三郎によって示された「和解」の意味である。その魂の響き合いが「千秋万歳の」からの芝居になった。その感動はこの時初めて達成されたものであり、今までの第一世代の「山の段」にも第二世代のそれにも、いやこの二人でも前回まではなかったものであった。そう思った時、私には大判事のいう咲きほこる「桜の林の大島台」が実に美しく深く見えた。それが、二人が発見した新しい「山の段」の景色であった。

人間の自由——幸崎（さいさき）伊賀守　『新薄雪物語（しんうすゆきものがたり）』「三人笑い」

京都六波羅は、鎌倉幕府が朝廷を管理する京都出張所である。その重鎮園部兵衛の一人息子左衛門が奴（やっこ）妻平と腰元籬（まがき）の仲立ちで幸崎伊賀守の一人娘薄雪姫と恋仲になった。

桜満開の清水寺で出会った二人は、恋を語り合った後に薄雪姫が「忍」という字の色紙を残した。自分の屋敷へ「忍」んできてほしいという大胆な艶書である。

それが裏目に出た。

かねてから薄雪姫に横恋慕していた秋月大膳がこの色紙を手に入れて、「忍」という字は「刃の下にした心」という謀叛の合図と訴え出た。むろん根も葉もないいいがかりである。しかし謀叛となれば無視はできない。

六波羅の家老職葛城民部之丞は、訴え出た秋月大膳、当事者の親すなわち園部兵衛を連れて幸崎伊賀守の館へ出かけ、とりあえず園部左衛門を幸崎伊賀守に、薄雪姫を園部兵衛にお預けという判断を下した。

しかしそれにしても謀叛とはただごとでない。むろん罪科が立証されれば死刑である。

左衛門と薄雪姫もそうなるに違いない、と思った園部兵衛とその妻梅の方は、薄雪姫を妻平と籬に預けて都を落すことにした。しかし薄雪姫はいうことをきかない。落ちるのはありがたいが、そうなればお預かりの兵衛は責任をとらなければならない。罪人を逃した以上、切腹はまぬがれないだろう。そう思うから動かぬ姫を兵衛が叱りつける。大事な息子の嫁、自分は親だと思っているのに。さすがの姫も決心して落ちていく。

『新薄雪物語』の浄瑠璃本文でいけば、中の巻園部館の段。歌舞伎台本でいけば序幕「花見」二幕目「詮議」と続いた後、三幕目「合腹(あいばら)」の冒頭である。

園部館は、本文では一杯道具であるが、歌舞伎では最初が座敷、道具が廻って二場目が別な座敷になる。第一場で姫の一行を落してホッとした園部夫婦のもとへ、それと入れ違いに幸崎邸から使者が来た。使者の口上は、今朝思いがけなく左衛門が謀叛の計画を白状したので、この刀で首を打った。となれば薄雪姫も同罪なので即刻首を打ってほしい。後刻、伊賀守自身に左衛門の首を持参するのでご一緒に六波羅へ出頭しようと。

園部夫婦の驚き。幸崎伊賀守への怒りのなかで兵衛は刀を見つめる。

ここで歌舞伎は道具を変える。

変わってすぐ梅の方が出て、待つところへ花道からゴマ塩の鬘(かつら)、茶地錦の着付と裃、首桶を抱えた吉右衛門の伊賀守が出る。この出が大変である。後でわかるが、伊賀守は陰腹を切っている。陰腹とは、表は平静に見せて実は人知れず腹を切っていることをいう。むろん陰腹だから見た目にそれとわかっては困るが、さりとて腹を切っているのだから普通の人間のようにサッサッとは歩けない。これが難しい。ハラに栗のイガを抱いているように歩けという口伝がある。栗のイガと伊賀守を掛けた洒落でもあるが、実際はいかにもそれらしい口伝である。初代吉右衛門の伊賀守は、この歩き方がなんともいえずコクがある芸でよかった。むろんここを丁寧にする人も少なくない。

しかし二代目吉右衛門は、この出はごく抑えて、アッサリしたものだった。揚幕を出て花道七三の木戸へ辿りつくまで、床の「焼野の雉」と「歩みかね」の二か所でそれとなく立ち止まるだけである。木戸を越えるのも一仕事な人もいるが、吉右衛門はそんなところで場当たりをいっさいしない。なんとか向うの座敷へ辿りつこうという気持ちの焦りだけを全てにしたハラ芸である。

本舞台へ来て沓脱ぎで草履を脱ごうとして脱げず、草履のまま座敷へ上って人に知られぬようにソッと脱いで平舞台へ捨てる。この間、吉右衛門はイキ一つでこの難場を乗りきっている、ハラ一つ。表に陰腹を隠し、むしろ剛直に見える。それでいて耐えに耐えている苦しさは、見ている人間の胸を焼く苦しさ。その苦しさのイキが深いから顔が蒼白に見える。その顔色にだけ陰腹を見せる凝り方。偉いものである。

続いて、梅の方への長いせりふがある。これもイキづかいが大事であるが、それ以上に気持ちも大事である。「兵衛殿には姫が首討たれしか、それ聞きたし」。兵衛が使者の口上の謎を解いたか、口上通り我が娘を斬ったか、それを聞きたいという父親の焦り。「なんとでござる」と詰め寄るところが悲痛をきわめる。

しかし伊賀守が左衛門を斬ったと思い込んで、怒りに燃えている梅の方は、そっぽを向いていて答えもしない。それを見ての焦りと不安と苦しさを見せる吉右衛門のせりふがうまい。梅の方の沈黙を見て伊賀守は諦めて、自分も沈黙する。〽ただ木像の如くなり」。首桶についていた手を両膝の上に置いて、正面をきってきてまる。そのきまった姿が、微動もしない盤石の重さで大きい。初代のそれを彷彿とさせる滋味深さであった。

そこへ左衛門が出る。

ここが吉右衛門はうまい。

死んだはずの左衛門の声を聞いた梅の方が、不審に思って思わず腰を浮かす。我が息子は生きていたのか。その梅の方を伊賀守が座ったまま、太刀を横にして抑える。その形での、吉右衛門の伊賀守のせりふのうまさ。例えば、あれほど実家へ戻るなといって聞かせたのにここへ来るとは、それでも人か、いや「人間ではあるまい、ウウウ、但しは」といって、思わず「幽霊」と出て「か」といって、「ヤイ左衛門のバカ幽霊」という絶叫になり、さらに「娑婆に名残りが惜しいか」と叱って梅の方を見る。そこには、あれだけ言い聞かしたのにそれを守らずノコノコ実家に来た左衛門への絶望が溢れる。それを聞いてなお梅の方が焦るので、それにもっともだという思い入れ。情である。そう思いながらもたまらず「うろたえ幽霊」と大きくいって、梅の方を抑えていた刀を外し、コジリを下にトンと突いて、「なくなれェェ」と大音声になる。我を忘れて感情が爆発する具合は、芝居と思えぬ迫力である。理屈をいえば腹を切った人間がそこまでの大音声が出せるかというところだが、そんなことを超えて絶望の声が見る者の肺腑をえぐる鋭さだった。仕込みに仕込みを重ねて爆発する。そのせりふの仕込みがうまいからこそ、これだけの大爆発が起きる。つまりその大音声になるまでの針を運ぶようなせりふのうまさ、運びのうまさ、芸のうまさ、それが初代を思わせて堪能させたのである。

内山美樹子は、この件(くだり)の伊賀守に本来沈着冷静な伊賀守らしからぬ乱暴な言葉づかいが出るのは、それだけ状況的かつ身体的な極限状況を表しているると指摘しているが〈新 日本古典文学大系〉『竹田出雲・並木宗輔浄瑠璃集』脚注。岩波書店刊、平成三年）、けだし名論であり、その作意を吉右衛門はうまく芝居にしている。伊賀守の赤裸々な心情が思わず爆発してしまうのであり、これがのちの「三人笑い」の伏線にもなっている。

吉右衛門の伊賀守初役の時（平成二十〔二〇〇八〕年六月歌舞伎座）は、兵衛が九代目松本幸四郎（現白鸚）、梅の方が七代目中村芝翫、左衛門が中村錦之助であった。

吉右衛門にとっては、この芝翫の梅の方、錦之助の左衛門に囲まれているのがよかった。もともと「合腹（あいばら）」は、腹を切って死にかけた人間が笑うという、荒唐無稽かつグロテスクな芝居であって、なみ大抵の現代の役者ではその面白さが出ない。陰腹を切っている兵衛と伊賀守の二人はむろん、その二人に促されて三人の笑いになる梅の方も同様な難しさである。かつて梅の方を勤めた六代目中村歌右衛門ですら、ぴったりというわけにはいかなかった。ところが芝翫のような、古典的で、ある意味で現代ばなれのした古風な女形だと、この不可思議な芝居の世界の扉がスーッと開いて、現代の観客も我を忘れてその世界へすんなり入っていける。この梅の方を向こうにおくから、吉右衛門の伊賀守の芝居が鮮明になる。大爆発が当然になる。

錦之助の園部左衛門もそうである。この役は七代目尾上梅幸のそれが、その品のよさ、その柔らかさ、その純真さにおいて傑作であったが、錦之助はその梅幸とはまた違ったよさであった。どう違うかというと、錦之助は情でだけ動いている人間の本能的なところがうまいのである。あれだけ伊賀守にいわれているのに、ついそれを忘れて、いや忘れはしないのだが、それでも自分を抑えることができずにここへ来てしまった。そういう若者の前後の見境のなさ、考えのなさがよく出ている。梅幸が理知的で真面目な貴公子ならば、錦之助は情で動く若者の本能を描いて秀逸なのである。伊賀守がつい人間ではない、「幽霊」といい、かさねて「バカ幽霊」といってしまう、そういわれても仕方がない若者がそこにいた。

左手に芝翫の古典のグロテスクさ、右手に錦之助の前後見境のない若者、その両方を抱えるから吉右衛門の伊賀守の悲劇が浮かび上がる。

片や過去の体制、片や未来の若者への絶望。この過去と未来の両方に囲まれてこそ伊賀守は絶叫せざるを得ないのである。吉右衛門はそこのところをうまくつかまえて、二人との対比をあきらかにした。そうしたからこそ「消えてなくなれェェ」が人の肺腑をえぐったのである。過去にしろ未来にしろ、今、目の前には絶望しかない。伊賀守はそこまで追い込まれている。

果たして腹まで切った伊賀守は、この窮地を乗り越えることができるのか。

左衛門がスゴスゴ姿を消したところへ、同じく首桶を抱えた兵衛が出る。

伊賀守はその兵衛の抱えた首桶の中が一刻も早く見たい。兵衛も同じ。果たして伊賀守の首桶の中には倅左衛門の首があるのか、見たい。

それでは二人一緒に首桶の蓋を取ろうということになって蓋を取ると、そこには首はなく一通の書状ばかり。

何回もこの芝居を見ている観客はこの結果を知っている。ことに前の場で、兵衛夫婦が薄雪姫を逃がしたところを見ているから、この首桶はカラであることを観客は知っている。園部左衛門が出たことで伊賀守の首桶もカラであることがわかっている。となればどうするのか。そこがサスペンスである。二人が開けた首桶にはともに「上」と上書きした訴状が入っている。左衛門、薄雪の助命の嘆願書である。その代わりに兵衛も陰腹を切った。それを知った梅の方の驚き。

続いて梅の方を制した兵衛は，伊賀守を見ろという。梅の方が見ると伊賀守も腹を切っている。二人はいい合わせたように、同じことを考えていた。伊賀守が兵衛に向けて使者につかわした謎を兵衛は正確に解いた。使者が持参した左衛門の首を斬ったという刀には、とても人間を斬ったとは思えぬ少量の血しかついていない。この血はなんだ、あゝ伊賀守は腹を切ったな、それも陰腹だな、それで自分も腹を切る覚悟をした。二人揃って子どもの無実を、死をもって訴えに六波羅へ行こう。いわず語らず、二人の意志が合っての陰腹。そこでこの場を俗に「合腹」という。二人がともに陰腹を切ったのが符節を合わせているからである。

兵衛は互いに子どもを取り替えて預かったその日から今日までの心の苦しさ、どうしたらいいかという不安のために暮らした日々を思って、一つ「笑おう」という。笑いを忘れた日々だったから、せめて六波羅へ出仕する前に笑いたいという。

そこで伊賀守も賛成して笑おうという。兵衛はこれを中国の説話「虎渓（こけい）の三笑（さんしょう）」に見立て、梅の方にも笑えという。梅の方は泣きながら笑えないというのを、兵衛が無理に笑えという。梅の方は夫と伊賀守の二人を送る悲しみのなかで笑わなければならない。陰腹とはまた別な苦痛があり、そこに涙の悲しみとその悲しみを含んだ笑いという皮肉なニュアンスが舞台に溢れる。

この見立てが作者の味噌だろう。

「虎渓の三笑」は、中国の伝説。「虎渓」は中国江西省廬山の渓谷。六朝時代（後漢滅亡後から隋の統一までの時代）に晋の慧遠法師が白蓮社という結社をつくって廬山にこもり、三十余年間その麓の橋から出ずに修行することを誓った。ところが三十余年後、詩人陶淵明と陸修静の二人が会いに来て、この橋を渡ると禁酒だというが、それでは我々は帰るといったので、慧遠法師は禁を破って酒を汲み交わし、歓楽を尽くして二人を送り、いつの間にか橋を渡って三十余年守ってきた禁を破って廬山の外へ出てしまった。それに気づいた三人は大いに笑ったという。この故事を「虎渓の三笑」という。

この説話が『三笑』という能になった。シテが慧遠禅師、陶淵明と陸修静の二人はツレで、ワキは出ない。詞章は短いが、中の舞、楽の三人の合舞があって全体は決して短くない。私は一度、観世寿夫のシテでこの能を見たが、その長さ、その頃は私は舞のよさがよくわからなかったために大変だった。しかしそれでも私はこの能で二つのことを学んだ。一つは、歓楽は人によっては禁を破ることになること。もう一つは人生にはある瞬間、時を忘れるという不思議な体験があること。

この二つは能ばかりでなく、本来説話そのものにも含まれているだろう。

『新薄雪物語』の作者松田和吉（文耕堂）はこの作品が絶筆となるが、この「三笑」を園部兵衛、幸崎伊賀守、梅の方に当てはめたところに、彼がどうしても書きたいポイントがあったのだろう。一見すると物好きな、趣味的な趣向のように見えるが、松田和吉にとっては決して単なる物好きでも趣味でもなかった。それどころではない、凄惨な隠喩がここには秘められている。

そのことを私が知ったのは、何回かこの「合腹」を見てからであった。最初は初代吉右衛門の伊賀守、三代目市川寿海の兵衛、三代目中村時蔵の梅の方。二度目が二代目尾上松緑の伊賀守、十一代目市川團十郎の兵衛、二代目市川左團次の梅の方。それぞれに面白かったが、それでも「三人笑い」は芸の競演であっても、それ以上のものは発見できなかったし、この「三笑」の故事が、また能の『三笑』の意味するものが、ここに挿入されなければならない理由は発見できなかった。

どうしても役者の技巧以上のものを見ることができなかった。そして、二代目吉右衛門の伊賀守で初めて私はこの「三笑」がどうしてもここに必要な理由、そしてそれによってつくられたこのドラマの本当の意味を知ったのである。

まず梅の方が笑う。

七代目芝翫初役の時は、ここで客席が笑った。どうにも不自然だったからだろう。失笑である。しかし二度目の吉右衛門初役の時には誰も笑わなかった。水を打ったような客席に梅の方の涙まじりのせつない笑いが響いたからである。

つづいて白鸚の兵衛が笑う。

そしていよいよ伊賀守の番が来る。

吉右衛門は初めは低く笑い出す。可笑しくて笑うわけではないのだから、初めからニコニコだのワッハッハというはずがない。自分の辛かった日々のために、たった一度の笑いだから低くなるのは当然だろう。

それがだんだん大きくなって、ついに場内を圧する笑い声になって爆発する。陰腹なぞ吹き飛ばすほどの勢いである。

その吉右衛門の笑い声を聞いていて（見ていてといったほうがいいかもしれない）、私は初めてその笑い声のなかに人間が自由を求める声を聞いた。吉右衛門の笑いのなかには、人間が現実のあらゆる束縛から解放された絶対的な自由がある。その深い意味がある。

人間にとって自由とはなんだろうか。人間には生きるためのさまざまな制約がある。その制約から全て自由になる。伊賀守は六波羅の重職の一人として鎌倉幕府への責任がある。大名としての、政治家としての、責任もあるだろう。それに何よりもさし当たっては、娘薄雪姫とその恋人左衛門の犯した謀叛の罪への申し訳がある。子を育てた親の責任。にもかかわらず、あれだけ噛んで含めるようにいい聞かせたのに左衛門のこのザマである。娘の行末はどうなるのか。しかしそこには未来への絶望があるばかり、家も家族もどうなるのか。

しかしそんなことはどうでもいい。全てから今自分は解放される。吉右衛門の大きな笑い声は不気味なほど深い。とても日常の笑いとはいえない。その深さは、彼が今得た自由が個別の自由ではなくて、絶対的な人間の条件としての自由だからである。なぜならば、この自由は、伊賀守がその生命をかけ、人生をかけたものだからである。間もなく彼は死ぬ。命と引き換えに得た自由。それは人間がその存在そのものをかけたから、絶対的なのである。あの笑いの不気味さと爽快さは人間の感情を超えている。それは聞いた者にしかわからないだろう。

それを聞きながら、私は能『三笑』を思い、『三笑』の原曲になった説話の意味を思った。これは単なる自由ではない。人間が生きていくための絶対的な自由なのである。

慧遠禅師は三十余年守りつづけた禁を興にのったまま破った。禅師は二人の友人とともに、歓楽のおもむくままに廬山の橋を出てしまった。それでも彼ら三人が笑ったのは、そこで自由を得たからであり、初めて自由を得たから彼らは笑ったのである。そこに人生の意味があり、悦びがある。

そう思った時に、私は思わず伊賀守たちの不幸を思った。虎渓の三人は悦んだだろうが、伊賀守たちの悦びの前には生ではなくて死があった。死をもって自由を得る不幸。しかしそれでも彼らは幸せかもしれない。『三笑』の三人が示した「笑い」の意味は、それが人生を超えて、まして人間の生死を超えているからである。それが自由の絶対的な本当の意味だろう。

相対的な自由か、絶対的な自由か。この一点において、吉右衛門の伊賀守はあらゆる名優たちの伊賀守を超えて、松田和吉の作意にもっとも近くなり、能の『三笑』や説話に近づいていた。

不幸なことに吉右衛門二度目の伊賀守は、令和二（二〇二〇）年三月歌舞伎座に予定されていたが、その初日直前の新型コロナウイルスの大流行にあって、初日から公演が中止になった。

のちに本番そのまま（ということはおそらく舞台稽古を撮影したのであろう）映像が配信された。私はそれを見て劇評を書いたが、吉右衛門の伊賀守は初役よりさらに洗練されて彫りが深く、そのうえ相手の園部兵衛が片岡仁左衛門という傑作であったために、二人がいい合わせたように腹を切るところが水が湧き立つごとく自然に流れ、人間の連帯が生まれて、私は胸を熱くした。

人は吉右衛門といえば、その当り芸として熊谷をいい、由良助をいうだろう。しかし私は吉右衛門が他の誰よりも独創的な伊賀守をつくったという点で、これを当り芸の第一にしたいと思う。

そしてこの映像が遺品になって、吉右衛門は再び伊賀守を演じることはなかった。あれをもう一度見たかったと切に思う。

あとがき

吉右衛門が雑誌のインタビューで、こう話しているのを読んだことがある。

――役者の芸は、ご覧になったお客様の心にしか残りません。

今日では映像も写真もレコードもある。そういう史料は百年後にも残るだろう。それなのに吉右衛門はそういうものには芸の本当の姿は残らないのだという。

吉右衛門が死んだ時、私はこの言葉を思い出した。もし、吉右衛門のいう通りならば、私たちの心に残る吉右衛門の芸こそが、その本当の姿かもしれない。私は自分の眼だけが正しいとも思わないが、私の心に残ったのが吉右衛門の芸の姿だとすれば、私たちにはそれを後世に伝えなければならない責任があるだろう。むろん人の命には限りがある。吉右衛門を見た人間もいつかは死に絶える。それならば私たちが一体何を見たか、せめてそれを書き残すのが私たちの責務だろう。

昭和二十三（一九四八）年の初舞台、初代吉右衛門没後一周忌の『山姥』の怪童丸、吉右衛門襲名、そして最後の舞台となった『楼門五三桐』の五右衛門まで。吉右衛門七十余年の一生を見てきたなかでも、後半生の吉右衛門が歌舞伎の歴史に果たした役割は大きい。その役割を知ることは、即、歌舞伎の近代から現代への転換を知ることであった。吉右衛門は、歌舞伎の大黒柱として、その転換期の中心的な存在だったからである。その瞬間を見ることができたのは私たちの幸せだったし、それを生きたことこそ我々の体験であった。

それを書き残したいと思って、私はこの仕事を始めた。

私の少年期には「吉右衛門」といえば初代吉右衛門のことであった。しかしこの仕事をしているうちに私のなかの「吉右衛門」は、初代から二代目になっていった。そして今では「二代目」とは呼びたくない。今、私の前にいる「吉右衛門」は初代ではなく二代目その人だからである。

渡辺 保

本作は、書き下ろし作品である。

中村吉右衛門（なかむら　きちえもん）

歌舞伎俳優。昭和十九年五月二十二日、八代目松本幸四郎（初代白鸚）と初代中村吉右衛門長女・正子の次男として生まれる。のちに祖父である初代吉右衛門の養子となり、二十三年六月東京劇場『御存俎板長兵衛』の長松ほかで中村萬之助を名乗り初舞台。四十一年十月帝国劇場『祇園祭礼信仰記　金閣寺』の此下東吉ほかで二代目中村吉右衛門を襲名。屋号は播磨屋。平成十四年日本芸術院会員、二十三年重要無形文化財（人間国宝）に認定。二十九年文化功労者。令和三年十一月二十八日逝去、享年七十七。

「秀藝院釋貫四大居士（しゅうげいいんしゃくかんしだいこじ）」という戒名からは、初代吉右衛門の俳名「秀山」にちなみ平成十八年九月から「秀山祭」と銘打った公演でその芸の継承に努めたことや、「松貫四」の筆名で数々の歌舞伎作品の脚本などを手がけたことが偲ばれる。旭日重光章追贈。

渡辺 保（わたなべ　たもつ）
1936年東京生まれ。慶應義塾大学経済学部卒業後、東宝入社。1965年、『歌舞伎に女優を』で評論デビュー。企画室長を経て、東宝退社。淑徳大学、放送大学など多数の大学で教鞭をとる。演劇評論家。芸術院会員。受勲には、2000年11月【紫綬褒章】、2009年11月【旭日小綬章】、2017年12月【日本芸術院賞・恩賜賞】がある。
主な著書に『女形の運命』（紀伊國屋書店、1974、芸術選奨新人賞）、『忠臣蔵 もう一つの歴史感覚』（白水社、1981、平林たい子賞、河竹賞）、『娘道成寺』（駸々堂、1986、読売文学賞）、『昭和の名人 豊竹山城少掾』（新潮社、1993、吉田秀和賞）、『四代目市川団十郎』（筑摩書房、1994、芸術選奨文部大臣賞）、『黙阿弥の明治維新』（新潮社、1997、読売文学賞）、『明治演劇史』（講談社、2012、河竹賞）などがある。

吉右衛門
――「現代」を生きた歌舞伎役者

2023年 7 月25日　初版第 1 刷発行
2023年10月24日　初版第 4 刷発行

著　者――――渡辺保
発行者――――大野友寛
発行所――――慶應義塾大学出版会株式会社
〒108-8346　東京都港区三田2-19-30
TEL〔編集部〕03-3451-0931
〔営業部〕03-3451-3584〈ご注文〉
〔　〃　〕03-3451-6926
FAX〔営業部〕03-3451-3122
振替　00190-8-155497
https://www.keio-up.co.jp/
装　丁――――中島かほる
カバー写真――鍋島徳恭　／舞台制作 松竹株式会社
写 真 協 力――中村吉右衛門事務所
編 集 協 力――大木夏子
組　版――――株式会社キャップス
印刷・製本――中央精版印刷株式会社
カバー印刷――株式会社太平印刷社

Printed in Japan ISBN978-4-7664-2902-2